1,000,000 Books

are available to read at

Forgotten Books

www.ForgottenBooks.com

Read online
Download PDF
Purchase in print

ISBN 978-0-365-47268-1
PIBN 11262686

This book is a reproduction of an important historical work. Forgotten Books uses state-of-the-art technology to digitally reconstruct the work, preserving the original format whilst repairing imperfections present in the aged copy. In rare cases, an imperfection in the original, such as a blemish or missing page, may be replicated in our edition. We do, however, repair the vast majority of imperfections successfully; any imperfections that remain are intentionally left to preserve the state of such historical works.

Forgotten Books is a registered trademark of FB &c Ltd.
Copyright © 2018 FB &c Ltd.
FB &c Ltd, Dalton House, 60 Windsor Avenue, London, SW19 2RR.
Company number 08720141. Registered in England and Wales.

For support please visit www.forgottenbooks.com

1 MONTH OF FREE READING

at
www.ForgottenBooks.com

By purchasing this book you are eligible for one month membership to ForgottenBooks.com, giving you unlimited access to our entire collection of over 1,000,000 titles via our web site and mobile apps.

To claim your free month visit: www.forgottenbooks.com/free1262686

* Offer is valid for 45 days from date of purchase. Terms and conditions apply.

English
Français
Deutsche
Italiano
Español
Português

www.forgottenbooks.com

Mythology Photography **Fiction** Fishing Christianity **Art** Cooking Essays Buddhism Freemasonry Medicine **Biology** Music **Ancient Egypt** Evolution Carpentry Physics Dance Geology **Mathematics** Fitness Shakespeare **Folklore** Yoga Marketing **Confidence** Immortality Biographies Poetry **Psychology** Witchcraft Electronics Chemistry History **Law** Accounting **Philosophy** Anthropology Alchemy Drama Quantum Mechanics Atheism Sexual Health **Ancient History Entrepreneurship** Languages Sport Paleontology Needlework Islam **Metaphysics** Investment Archaeology Parenting Statistics Criminology **Motivational**

# HARVARD COLLEGE LIBRARY

FROM THE BEQUEST OF

HUGO REISINGER

OF NEW YORK

For the purchase of German books

D 756

Phot. E. Bieber, Hofphot., Berlin.

Aus dem Nachlaß

von

Theodor Fontane

Herausgegeben von Josef Ettlinger

Zweite Auflage

Berlin
F. Fontane & Co.
1908

Alle Rechte
besonders das der Übersetzung
vorbehalten

Inhalt.

Seite

IV   Inhalt.

Inhalt.

Vorwort.

Eines Dichters Nachlaß an die Öffentlichkeit zu geben, ist je nach dem Stande der Dinge: ein Wunsch, eine Pflicht, eine Verantwortung, bisweilen auch alles das zugleich. Ein Wunsch, wenn Witwen- oder Kinderpietät danach verlangt, von dem Lebenswerke des Verstorbenen nichts der Nachwelt unverloren zu lassen; eine Pflicht, wenn es sich um Arbeiten handelt, deren Veröffentlichung noch in der sicheren Absicht des Verfassers gelegen hat; eine Verantwortung dann, wenn es Zweifeln unterliegt, ob das Nachgelassene vom Autor selbst überhaupt oder doch in der vorliegenden Form zum Druck bestimmt worden wäre. Je nach der Altersstufe des Dahingeschiedenen, je nach dem Stadium seiner Entwicklung, aus dem ihn der Tod abgerufen hat, je nach den persönlichen Verhältnissen wird der Wunsch stärker, die Pflicht gebietender, die Verantwortung größer oder geringer sein. Was in einem Falle literarisches Verdienst oder berechtigte Vollstreckung eines verstummten Willens ist, wirkt im anderen vielleicht als Pietätlosigkeit, Indiskretion, Überschätzung oder Experiment. Existenzsorgen hinterbliebener Angehöriger können ebensowohl die Triebfeder solcher posthumer Veröffentlichungen sein, wie Verlegerspekulation oder literarhistorischer Übereifer. Speziell bei frühverstorbenen Schaffenden besteht in unserer Zeit alexandrinischer Vielbücherei eine manchmal sentimental übertriebene Neigung, dem Toten aus seinen nachgelassenen Skripturen ein Denkmal zu errichten, die Spur von seinen Erdentagen künstlich zu vertiefen; und für den einen oder anderen sollte erst das eigene Grab die Wiege eines wenn auch nur kurzwährenden Schriftstellerruhmes werden. Wo dagegen ein Dichterleben sich nach dem allgültigen Naturgesetz ausgelebt hat, kann der Nachlaß zumeist nicht mehr als einen Epilog und eine Ährenlese zu seinem Schaffen darstellen, wenn ein solcher dann überhaupt noch vorhanden ist; denn gar nicht wenige Autoren geben ihre Nachlaßwerke — diejenigen nämlich, die ihr Talent im Nachlassen zeigen — schon bei Lebzeiten selbst heraus, weil ihnen mangelnde Selbstkritik oder die Erwerbsverhältnisse das Aufhören zur rechten Zeit nicht ermöglicht haben.

Zu diesen Opfern eines geistigen Beharrungsgesetzes zählte Theodor Fontane nicht, ein so hohes Lebensalter ihm zu erreichen vergönnt war. Als er im September desselben Jahres 1898, in dem der reiche Erinnerungsbau „Von Zwanzig bis Dreißig" und das Roman-Idyll eines Lebensabends „Der Stechlin" erschienen, ohne Kampf noch Schmerz aus dem Leben ging, durfte man ergriffen fragen: Tod, wo ist dein Stachel? Nach allem Schweren, was ein opferreiches Dasein ihm auferlegt hatte, ohne daß der Rost der Verbitterung sein Gemüt zerfressen konnte, war es gewiß eine hohe und seltene Schicksalsgunst, daß ein erfülltes Leben und ein eben abgeschlossenes Schaffen in ein und derselben Kadenz unisono ausklingen durften. Was sich Bismarck vergeblich dereinst gewünscht hatte: in den Sielen zu sterben, war diesem so gut märkischen als bismärckischen Dichter beschieden, nur wenige Wochen, nachdem er dem ihm vorangegangenen großen Toten im Sachsenwalde noch im Lapidarstil seiner letzten Verse gehuldigt hatte.

Dieser unverkennbare und bewußte Abschiedscharakter der letzten Bücher schloß die Hoffnung auf einen irgendwie belangvollen dichterischen Nachlaß vorerst nahezu aus. Ein Schaffender, der so offenen Auges und karen Geistes selbst sein Haus bestellt und den Schlußstrich zieht, dem die innere Stimme das nahe Ende so mahnend angekündigt hatte ("was du tun willst, tue bald" — "ihr könnt's, aber bei mir heißt's eilen") mochte schwerlich noch unveröffentlichte Schätze hinterlassen haben. Als solche kamen zunächst nur die Briefe in Betracht, nicht sowohl als biographische und menschliche Dokumente, als um ihres künstlerischen Wertes und Reizes willen, und demgemäß richtete sich die Sorge der testamentarisch eingesetzten Nachlaßpfleger*) vorerst auf die Sammlung, Ordnung und Sichtung des reichen Briefmaterials. Die beiden Bände der "Briefe an die Familie" haben inzwischen die Reihe eröffnet, eine Auswahlsammlung von "Briefen an die Freunde" ist im letzten Stadium der Vorbereitung. Dagegen erwiesen sich die von Fontane mehrere Jahrzehnte lang geführten Tagebücher zu irgendwelcher Herausgabe nicht geeignet, teils ihres meist sehr lakonischen Notizenstils wegen, teils weil ihr wesentlicher Inhalt mittlerweile schon in den autobiographischen und Reisebüchern des Dichters aufgegangen war. Im eigentlichen Sinne Nachlaßpublikationen waren aber weder die Briefe, noch waren es die von Paul Schlenther auswahl- und auszugsweise herausgegebenen "Causerien über Theater", die schon zu Fontanes

---

*) Es sind nach der letztwilligen Verfügung des Dichters: seine Tochter Martha (Frau Prof. Fritsch) und zwei langjährige nahe Freunde des Hauses, Burgtheaterdirektor Dr. Schlenther und Justizrat Paul Meyer (Berlin).

Lebzeiten wenigstens dem flüchtigen Druck der Zeitungspresse überantwortet worden waren, wenn auch seiner Bescheidenheit in diesen Dingen der manchen heutigen Theaterkritikern schon so früh geläufige Gedanke einer Sammlung in Buchform ferne gelegen haben mochte.

Es durfte somit, nachdem einmal das Korpus der Briefe und die Sammlung dramaturgischer Kritiken in den Scheuern geborgen oder doch auf dem Wege dazu waren, fraglich genug erscheinen, ob in dem äußerlich sehr umfangreichen literarischen Nachlaß noch ungedruckte oder verschollene Arbeiten vorhanden wären, deren Veröffentlichung nicht gegen den mutmaßlichen Willen ihres Urhebers und gegen den Geist seiner strengen Selbstkritik verstieß. Zur Entscheidung dieser Frage bedurfte es der Durchsicht von etwa vierzig zum Teil sehr dickleibigen Mappen jenes großen Aktenformats, dessen ständige Verwendung für alle seine Manuskripte des Dichters große, schöne, schnörkelfrohe Handschrift erforderte. In dem Speicher dieser Faszikel und Konvolute fand sich mit haushälterischer Ordnungsliebe alles gesammelt und aufbewahrt, was sich mehr als ein halbes Jahrhundert hindurch an Entwürfen, Notizen, Fragmenten, Vorstudien, Ausschnitten, Gedichtanfängen, an Jugendarbeiten, gedruckten und ungedruckten Kritiken, Erinnerungen, Dokumenten, Bildern aufgestapelt hatte. So groß indessen auch der Affektions- oder Museumswert dieses papiernen Inventars einer Dichterwerkstatt an und für sich erschien, das einem künftigen Biographen noch wichtige Aufschlüsse und Fingerzeige für Fontanes ganze Schaffensweise und die Stoffe, die ihn dann und dann beschäftigten, zu geben vermag, so hielt doch den strengen Forderungen, die die verantwortlichen Nachlaßwalter im Sinne des Verblichenen an jede Veröffentlichung knüpfen mußten, nur ein geringer

Teil schließlich stand, der nun im vorliegenden Bande teils überhaupt zum ersten Male, teils erst nach langjähriger Vergessenheit wieder dem Druck übergeben wird.

* * *

Einer glücklichen Fügung ist es zu danken, daß den in Fontanes letzten zwanzig Lebensjahren erschienenen fünfzehn großen und kleinen Romanen ein bisher unbekannter hier noch angereiht werden kann. Keine Jugendarbeit, kein Stiefkind aus unfruchtbarer Zeit, sondern ein Stück aus der besten und reichsten Schaffensperiode und mit allen Kennzeichen der Edelreife, die den spätesten Werken eigen ist. Wäre es üblich, dichterische Schöpfungen gleich musikalischen mit Opuszahlen zu zeichnen, so müßte „Mathilde Möhring" in der Folge der erzählenden Werke als opus 15 zwischen die „Poggenpuhls" und den „Stechlin" eingereiht werden. Allerdings läßt sich solche Numerierung gerade bei Fontane nicht genau durchführen, denn seine Romane erschienen keineswegs immer in derselben Reihenfolge, in der sie entstanden, und von manchem entstand der Entwurf früher, die Ausführung später als das inzwischen erschienene nächste Werk. So war „Stine" in der frühesten Fassung schon 1881 niedergeschrieben (wie die Tagebücher erweisen), erschien aber erst acht Jahre später im Druck. Die Entstehungszeit von „Irrungen, Wirrungen" umfaßt die Jahre von 1883 bis 1886; dazwischen einher geht die Ausarbeitung der Novellen „Unterm Birnbaum" (1884—1885), die übrigens ursprünglich „Fein Gespinst, kein Gewinst", nachher „Es ist nichts so fein gesponnen" betitelt war. Auch „Effi Briest", 1896 erschienen, lag schon 1890 in der ersten Niederschrift vor. Diese erste Niederschrift pflegte bei Fontane meist ziemlich rasch vonstatten zu gehen: die

Handlung wurde skizziert, ein vorläufiges Gehäuse von Kapiteln eingerichtet, einzelnes — besonders die wichtigeren Gespräche — wohl auch schon im voraus probeweise konzipiert. Aber von der ersten Fassung bis zum Druck war oft ein langer Weg. Das Manuskript wurde beiseite gelegt, später mehrfach überprüft und öfters durchkorrigiert, dann von Frau Emiliens zierlichen Schriftzügen kopiert, abermals durchgesehen und nötigenfalls nochmals kopiert. Nun erst ging es an Redaktionen oder Verleger, um später bei den Druckkorrekturen nochmals eine letzte Feile zu erhalten.

Von diesen Stadien hat der Roman „Mathilde Möhring" nur die paar ersten durchlaufen. Er existiert nur in der ersten, freilich ersichtlich noch mehrfach überarbeiteten Niederschrift, die nach einer Tagebuchnotiz Mitte August 1891 bei einem Sommeraufenthalt in Wyk auf Föhr begonnen und Ende September in Berlin abgeschlossen wurde. In demselben Sommer entstanden auch die dem ganzen Kaliber nach ähnlichen „Poggenpuhls", die letzte Durcharbeitung von „Frau Jenny Treibel" für den Druck wurde beendet, „Effi Briest" lag schon vor und harrte der weiteren Ausgestaltung — es war eines der fruchtbarsten Jahre des mehr als Siebzigjährigen; und da ihn in der Folge nach überstandener langer Krankheit die Aufzeichnung seiner Lebenserinnerungen mehr und mehr in Anspruch nahm, dazu der seinem innersten Kerne nach autobiographische „Stechlin" neben Neuauflagen älterer Werke, die stets mit großer Gewissenhaftigkeit durchgesehen worden, so erklärt es sich unschwer, daß es zur letzten Überarbeitung von „Mathilde Möhring" bis zu dem schnell eingetretenen Tode des Dichters noch nicht gekommen war. Die Absicht aber, auch diese Erzählung an die Öffentlichkeit zu geben, hatte er noch mehrfach den

Seinen gegenüber geäußert, wenn er in den letzten Jahren von der und jener Redaktion um ein neues Werk gedrängt worden war.

Darum und weil es sich um einen Roman handelt, der in der besten Blütezeit von Fontanes Erzählerkunst entstanden ist, hat seine Lesergemeinde unter allen Umständen ein Recht darauf, auch dieses hinterbliebene Werk kennen zu lernen, wenn immer man sich sagen muß, daß vielleicht dieses und jenes Detail bei einer letzten Redaktion noch eine andere Fassung, der Dialog da und dort eine etwas andere Appretur erhalten haben würde.*) Vor allem wird man in der Galerie fontanischer Frauengestalten, denen alles Heldische im Sinne älterer Romantraditionen so gänzlich fehlt, das „Gemmengesicht" Thilde Möhrings künftig nicht mehr missen wollen, denn diese eigenwüchsige, mit dem Sinn fürs Höhere begabte Tochter des Berliner Kleinbürgertums hat recht eigentlich Blut von seinem Blute und ist ihrer ganzen realistischen Lebensanschauung nach einer Corinna Schmidt, einer Witwe Pittelkow, einer Manon von Poggenpuhl in gerader Linie verschwistert. Gleich der klugen Professorstochter in „Frau Jenny Treibel" unternimmt auch sie es, ihre eigene Vorsehung zu spielen und sich den Mann zu erheiraten, dem ihr gesellschaftlicher Ehrgeiz gilt; nur daß sich hier alles um ein paar soziale Stufen tiefer abspielt und daß Mathilde in der Praxis und im offenen Lebenskampfe alle Konsequenzen ihres selbständigen Handelns bis zu Ende tragen muß, vor denen Corinna durch das Walten

---

*) Die Redaktion des Druckes beschränkt sich auf eine leichte Nachbesserung noch vorhandener stilistischer Flüchtigkeiten und auf die Feststellung des Textes an den ziemlich zahlreichen Stellen, wo der Dichter selbst sich zwischen mehreren von ihm niedergeschriebenen Lesarten noch nicht entschieden hatte.

stärkerer schwiegermütterlicher Mächte bewahrt bleibt. In höherem Grade noch als alle anderen weiblichen Charaktere in Fontanes Romanen wirkt sie als Persönlichkeit von eigenem Schrot und Korn. Bei aller Nüchternheit, aller Abneigung gegen Feierlichkeit und Flausen ist sie nicht kalt noch hart, sondern gerecht und wohlmeinend. Zärtlichkeiten liebt und gibt sie nicht, weder der Mutter noch dem Verlobten und Gatten gegenüber, aber für beide sorgt sie musterhaft und läßt sie ihre geistige Überlegenheit, obwohl sie sich ihrer bewußt ist, nicht fühlen. Gleich ihrem Gesicht zeigt auch ihr Charakter ein etwas strenges Profil: sie sieht das Leben vor allem als einen Pflichtenkreis an, aber diesen Standpunkt vertritt sie sich selber gegenüber weit nachdrücklicher als gegen andere. Vor Gewissenskonflikten bewahrt sie ihre Intelligenz und ein natürlicher Takt, der auch schwierigen Situationen gewachsen ist. So wirkt sie, ohne ein höher organisiertes oder psychologisch kompliziertes Wesen zu sein, in ihrem Handeln und Denken durchweg sympathisch, willensfest, aufrecht, tüchtig und in jedem Zuge als eine ganz spezifisch fontanische Menschengestalt. Der feine Skeptizismus, die milde Ironie, die uns diesen Dichter so wertvoll macht, weil hinter alledem doch kein verzagender Pessimismus, sondern stärkende Lebensbejahung steckt, kommt in Mathildens Schicksal nur leise angedeutet zum Ausdruck: sie, die über ihre Sphäre hinaus strebt, muß es an sich erfahren, daß nicht unser Wille, sondern stärkere Mächte unser Leben regieren. „Man hat es oder hat es nicht." Aber die resolute, unerbitterte Art, mit der sie die Tragikomödie ihres keinen Schicksals trägt, wirkt versöhnend, und alles klingt schließlich in jenem vertrauten Grundton von Fontanes eigener Glück- und Lebensauffassung aus:

„Das Glück, kein Reiter wird's erjagen,
Es ist nicht dort, es ist nicht hier;
Lern' überwinden, lern' entsagen,
Und ungeahnt erblüht es dir!"

* * *

Handelt es sich bei der Herausgabe dieses letzten unveröffentlichen Prosawerkes zweifellos — im eingangs erwähnten Sinne — um eine Pflicht der Nachlaßwalter, so trat für diese den Gedichten gegenüber das Gefühl der Verantwortung mehr in den Vordergrund, denn schon ein Vergleich etwa der ersten Ausgabe von Fontanes „Gedichten" aus dem Jahre 1851 und ihrer letzten bei seinen Lebzeiten erschienenen Auflage läßt erkennen, wie streng er selbst bei der Sammlung seiner Verse verfuhr und immer wieder aus den früheren Auflagen das ausschied, was er später zu leicht befand. Namentlich gilt dies von der Fülle seiner Gelegenheitsgedichte, von denen die meisten als Intermezzi der Tagebücher in diesen abschriftlich erhalten sind und für sich allein einen Band zu füllen genügten. Ähnlich wie Mörike war Fontane ein passionierter Gelegenheitspoet, der ehedem selten einen festlichen Anlaß im eigenen Hause oder im engeren Freundeskreise unbesungen ließ und die Gabe besaß, auch durch diese Stegreifpoesien den Reiz seiner Persönlichkeit schimmern zu lassen. Aber es ist klar, daß das Improvisierte dieser Dichtungen und der meist rein private Charakter ihrer Anspielungen sie nur zum kleinsten Teile für eine Veröffentlichung geeignet erscheinen läßt, und so mußte sich die Auswahl auf eine verhältnismäßig geringe Zahl beschränken, wobei weniger der ästhetische Maßstab mitbestimmend war, als die Frage nach dem im autobiographischen oder charakteristischen Sinne Wertvollen, d. h. nach allem, was zur Ergänzung des Gesamtbildes irgendwie auch in kleinen Zügen dienen konnte. In derselben Absicht erfolgte die Auswahl der wenigen Jugendgedichte, die zum Teil schon ihrer Entstehungszeit und ihrer märzlichen Färbung wegen von Interesse und bezeichnend sind. Ihnen wurde das historisch wertvolle, fanfarenschmetternde Von der Tann-Lied aus der ältesten Ausgabe der „Gedichte" (1851) samt zwei Balladen angereiht, die schon in den vergriffenen „Balladen" von 1861 enthalten, später aber ausgeschaltet worden waren. Maßgebend für ihre Rehabilitierung war der Gedanke, daß wohl nicht alles, was der Dichter in den kritischen Zeiten seines mühevollen Aufstiegs vor der Mitwelt verwerfen zu müssen glaubte, auch heute noch in den Tagen seines festgegründeten Nachruhms eine ebenso strenge Zensur verdient. Dafür wurde aus den handschriftlich zahlreich vorhandenen Gedichten der ersten Apothekerjahre mit Absicht keines seiner längst vergilbten Existenz entrissen, weil sie einer bald nachher überwundenen Periode konventioneller und unselbständiger, wenn auch schon formsicherer Versübungen angehören. Eine dritte, den letzten Jahren entstammende Gedichtgruppe enthält hauptsächlich eine keine Nachlese jener kurzen, strophenlosen Glossen aus der Zeit und für die Zeit, die für den „alten" Fontane und die Art seiner Weltbetrachtung so charakteristisch sind. Einige davon sind noch in seinen letzten Lebensjahren in der Kunstzeitschrift „Pan", einige erst nach seinem Tode dort erschienen, andere werden hier zum ersten Male bekannt gegeben.

Ausschließlich den Siebziger- und Achtzigerjahren des vorigen Jahrhunderts entstammen die **literarischen Studien und Kritiken**, die zum einen Teil — mit Ausnahme des großen, in Rodenbergs „Salon" erschienenen Essais über Wilibald Alexis — für die „Vossische Zeitung" geschrieben wurden, zum andern bisher nur handschriftliche

Aufzeichnung geblieben waren. Die engere Auswahl erstreckte sich hier auf solche Stücke, die entweder um ihres Gegenstandes willen oder durch eine besonders bezeichnende Art der Urteilsfällung bedeutsam erschienen. Fast durchweg handelt es sich dabei um Streifzüge oder Betrachtungen aus der Sphäre des Romans, auf dessen Theorie und Technik hier manches Licht fällt. Die kritische Methode oder Unmethode ist dieselbe, die man aus den „Causerien über Theater". schon kennt: absolut unbefangenes und unabhängiges Herantreten an die Dinge, vorurteilsfreie Empfänglichkeit, unbedingte Nichtbeachtung aller Schulmeinungen, Respekt vor dem Wollen, Bewunderung für das Können, ein scharfes Auge für „wunde Punkte," für Schiefheiten und technische oder psychologische Entgleisungen. Einzelnes, wie die Betrachtungen über einige epische Werke Goethes, will als Tagebuchaufzeichnung betrachtet sein: es sind Selbstgespräche, handschriftlich fixierte Eindrücke aus der Lektüre, die offenbar nicht für den Druck gedacht waren, oder auch Causerien, wenn man will; denn diese Bezeichnung verdient mehr oder weniger alles, was Fontane über Kunst, Theater, Literatur und Reisen geschrieben hat. Auch die Studie über „Die Märker und das Berlinertum", die den Schluß des Bandes bildet, ist eine solche Causerie, die freilich nach der kulturpsychologischen Seite hin manches scharfe Senfkorn Wahrheit enthält und deshalb nicht überall mit wohlgefälligen Empfindungen gelesen werden mag. Sie war für den Druck bestimmt und liegt in schon überarbeiteten Fahnenabzügen vor, ist aber, soweit festgestellt werden konnte, noch nirgends veröffentlicht worden.

Was dieser Nachlaßband sonach bringt, kann naturgemäß und aus den zu Anfang dargelegten Gründen nicht mehr der Höhe, nur noch der Breite von Theodor

Fontanes Gesamtwerk zugute kommen, will keine Fortsetzung des bei seinen Lebzeiten Erschienenen, sondern eine Ergänzung sein und eine Zugabe. Schon die verschiedenartige Herkunft des Inhalts aus einem Zeitraum von fünf Jahrzehnten schließt Gleichwertigkeit aus und bedingt als Voraussetzung bei dem Genießenden die Bekanntschaft mit des Dichters Werken selbst. Wer aber diese kennt und liebt, wird in der hier gebotenen Nachlese alle die vertrauten Züge wiederfinden, die ihm die Persönlichkeit ihres Schöpfers teuer machen. In dieser von Jahr zu Jahr wachsenden Gemeinde darf jeder Besitzzuwachs an Werken seiner Feder einer dankbaren und verständnisvollen Aufnahme sicher sein, wäre es wohl auch dann, wenn sich die Auswahl des Herausgegebenen in minder engen und strengen Grenzen gehalten hätte, als es geschehen mußte.

Er selbst freilich bedarf um des eigenen Ruhmes willen keiner posthumen Verstärkungen mehr; denn längst hat der Name Theodor Fontane den Klang, der an die Herzen des Volkes rührt, längst umgrünt ihn der spät erblühte Lorbeer, von dem wohl auch bei ihm Kleists Großer Kurfürst staunend hätte fragen dürfen: "Wo fand er den in meinem märk'schen Sand?" —

Charlottenburg, Josef Ettlinger.
Oktober 1907.

Mathilde Möhring.
Roman.

Möhrings wohnten Georgenstraße 19, dicht an der Friedrichstraße. Hauswirt war Rechnungsrat Schultze, der in der Gründerzeit mit 300 Talern spekuliert und in zwei Jahren ein Vermögen erworben hatte. Wenn er jetzt an seinem Ministerium vorüberging, sah er immer lächelnd hinauf und sagte: „Gu'n Morgen, Exzellenz..." Gott, Exzellenz! Wenn Exzellenz fiel, und alle Welt wunderte sich, daß er noch nicht gefallen sei, so stand er — wie Schultze gern sagte — vis-à-vis de rien, höchstens Oberpräsident in Danzig. Da war er besser dran, er hatte fünf Häuser, und das in der Georgenstraße war beinah schon ein Palais, vorn kleine Balkone von Eisen mit Vergoldung. Was anscheinend fehlte, waren Keller und auch Kellerwohnungen. Statt ihrer lagen kleine Läden, ein Vorkostladen, ein Barbier-, ein Optikus- und ein Schirmladen in gleicher Höhe mit dem Straßenzug, wodurch die darüber gelegene Wirtswohnung jenen à deux mains-Charakter so vieler neuer Häuser erhielt. War es Hochparterre oder war es eine Treppe hoch? Auf Schultzes Karte stand Georgenstraße 19 I, was jeder gelten ließ, mit Ausnahme von Möhrings, die, je nachdem diese Frage entschieden wurde, drei oder vier Treppen hoch wohnten, was neben der gesellschaftlichen auch noch eine gewisse praktische Bedeutung für sie hatte.

Möhrings waren nur zwei Personen, Mutter und Tochter. Der Vater, Buchhalter in einem kleinen Tuchexportgeschäft, war schon vor sieben Jahren gestorben, an einem Sonnabend, einen Tag vor Mathildens Einsegnung. Der Geistliche hatte daraufhin eine Bemerkung gemacht, die bei Mutter und Tochter noch fortlebte, ebenso das letzte Wort, das Vater Möhring an seine Tochter gerichtet hatte: „Mathilde, halte dich propper!" Pastor Kleinschmidt, dem es erzählt wurde, war der Meinung, der Sterbende habe es moralisch gemeint; Schultzes, die auch davon gehört hatten und neben dem Geld= und Rechnungsrathochmut natürlich auch den Wirtshochmut hatten, bestritten dies aber und brachten das Wort einfach in Zusammenhang mit dem kleinen Exportgeschäft als Umschreibung des alten „Kleider machen Leute".

Damals waren Möhrings eben erst eingezogen, und Schultzes sahen den Tod des alten Möhring, der übrigens erst Mitte der Vierzig war, ungern. Als man den Sarg auf den Wagen setzte, stand der Rechnungsrat am Fenster und sagte zu seiner hinter ihm stehenden Frau: „Fatale Geschichte! Die Leute haben natürlich nichts, und nun war vorgestern auch noch Einsegnung. Ich will dir sagen, Emma, wie's kommt: sie werden vermieten, und weil es 'ne Studentengegend ist, so werden sie an einen Studenten vermieten, und wenn wir dann mal spät nach Haus kommen, liegt er auf dem Flur, weil er die Treppe nicht hat finden können. Ich bitte dich schon heute, erschrick nicht, wenn es vorkommt, und erhebe nicht keinen Aufschrei."

Die Befürchtungen Schultzes erfüllten sich und auch wieder nicht. Allerdings wurde Witwe Möhring eine Zimmervermieterin. Ihre Tochter aber hatte scharfe Augen und viel Menschenkenntnis, und so nahm sie nur Leute ins Haus, die einen soliden Eindruck machten. Selbst Schultze, der Kündigungsgedanken gehabt hatte, mußte dies nach Jahr und Tag zugeben, bei welcher Gelegenheit er nicht unterließ, den Möhrings überhaupt ein glänzendes Zeugnis auszustellen:

„Wenn ich bedenke, Buchhalter in einer Schneiderei, und die Frau kann doch auch höchstens eine Müllerstochter sein, so ist es erstaunlich. Manierlich, bescheiden, gebildet! Und das Mathildchen, sie muß nun wohl 17 Jahre sein, immer fleißig und grüßt sehr artig, ein sehr gebildetes Mädchen."

Das war nun schon wieder sechs Jahre her, und Mathildchen war jetzt eine richtige Mathilde von 23 Jahren. Das heißt, eine so ganz richtige Mathilde war sie doch nicht, dazu war sie zu hager und hatte einen etwas grisen Teint, und auch das aschblonde Haar, das sie hatte, paßte nicht recht zu einer Mathilde. Nur das Umsichtige, das Fleißige, das Praktische, das paßte zu dem Namen, den sie führte. Schultze hatte sie auch einmal ein appetitliches Mädchen genannt. Dies war richtig, wenn er sie mit dem verglich, was ihm an Weiblichkeit am nächsten stand, enthielt aber doch ein gewisses Maß von Übertreibung. Mathilde hielt auf sich, das mit dem „propper" hatte sich ihr eingeprägt, aber sie war trotzdem nicht recht zum Anbeißen, was doch das eigentlich Appetitliche ist; sie war sauber, gut gekleidet und von energischem Ausdruck, aber ganz ohne Reiz. Mitunter war es, als ob sie das selber wisse, und dann kam ihr ein gewisses Mißtrauen, nicht in ihre Klugheit und Vortrefflichkeit, aber in ihren Charme, und sie hätte dieses Gefühl vielleicht großgezogen, wenn sie sich nicht in solchen kritischen Momenten eines ihr unvergeßlichen Vorganges entsonnen hätte.

Das war in Halensee gewesen, an ihrem 17. Geburtstag, den man mit einer verheirateten Tante draußen im Grünen gefeiert hatte. Sie hatte sich in einiger Entfernung von der Kegelbahn aufgestellt und sah immer das Bahnbrett hinunter, um zu sehen, wie viele Kegel die Kugel nehmen würde. Da hörte sie ganz deutlich, daß einer der Kegelspieler zum andern sagte: „Sie hat ein Gemmengesicht."

Von diesem Wort lebte sie seitdem. Wenn sie sich vor den alten Stehspiegel stellte, dessen Mittellinie ihr gerade quer über die Brust lief, besah sie sich zuletzt immer im Profil und fand dann das Wort des Halenseer Kegel= bruders bestätigt. Und durfte es auch. Sie hatte wirklich ein Gemmengesicht, und auf ihre Photographie hin hätte sich jeder in sie verlieben können. Aber mit dem edlen Profil schloß es auch ab: die dünnen Lippen, das spärlich angeklebte aschblonde Haar, das zu klein gebliebene Ohr, daran allerhand zu fehlen schien, alles nahm dem Ganzen jeden sinnlichen Zauber, und am nüchternsten wirkten die wasserblauen Augen. Sie hatten einen Glanz, aber einen ganz prosaischen, und wenn man früher von einem Silber= blick sprach, so konnte man hier von einem Blechblick sprechen. Ihre Chancen auf Liebe waren nicht groß, wenn sich nicht jemand fand, dem das Profil über alles ging. Sie hatte deshalb auch den gebildeten Satz akzeptiert und operierte gern damit: „In der Kunst entscheidet die Rein= heit der Linie." — Rechnungsrat Schultze hatte sich einmal durch diesen Satz blenden lassen, als er ihn aber nochmals gehört hatte, merkte er die Absicht und wurde verstimmt und sagte zu seiner Frau: „Ich bin mehr fürs Runde." Das klang ihr angenehm, denn es war das einzige, was sie hatte.

*

Die Sonne schien, und eine milde Luft ging, und jeder, der in die Georgenstraße einbog und die Bäume sah, die hier und da noch ihre vollbelaubten Zweige über einen Bretterzaun streckten, hätte glauben müssen, noch im

Anfang September zu sein, wenn nicht vor mehreren Häusern und auch vor dem Schultzeschen ein großer Wagen gestanden hätte mit einem Leinwandbehang und der Aufschrift: „Möbeltransportgeschäft von Fibbichen, Mauerstraße 17."

Die Seitenwände mehrerer auseinandergenommener Bettstellen waren schräg an den Wagen gelehnt, und auf dem Straßendamm stand ein Korb mit Küchengeschirr und an den Korb gelehnt ein Frauenporträt in Barockrahmen: hohes gepudertes Toupet und geblümtes Mieder, soweit sich von einem solchen sprechen ließ, denn das wichtigste Stück, soweit die Dezenz in Betracht kam, hatte der Künstler zu malen unterlassen und der sich darin bergenden Natur freien Lauf gelassen. Alles in allem: es war Ziehzeit, also konnte es nicht Anfang September, sondern mußte Anfang Oktober sein, wodurch übrigens die Georgenstraße sehr gewann, denn solchen Wagen und solch Porträt sah man in dieser Gegend nicht alle Tage, weshalb denn auch etliche Menschen und eine ganze Anzahl Kinder den Wagen und das Bild umstanden.

Unter denen, die das Bild mit Interesse musterten, war auch ein junger Mann von etwa 26 Jahren. Sein Alter zu bestimmen war nicht leicht, weil zwischen dem Ausdruck seines Gesichts und seinem schwarzen Vollbart ein Mißverhältnis herrschte: der Ausdruck war jugendlich, der Bart deutete auf einen „Mann in den besten Jahren". Aber der Bart hatte unrecht, sein Besitzer war wirklich erst 26 Jahre. Etwas über mittelgroß, breitschultrig und überhaupt so recht das, was gewöhnliche Menschen einen schönen Mann nennen. Er hätte sich sehen lassen können.

Als er mit seiner Betrachtung des Bildes fertig war, nahm er seine eigentliche Aufgabe wieder auf und begann über den Straßendamm weg die an der andern Straßenseite stehenden Häuser zu mustern. Er war nämlich auf der Wohnungssuche. Die Götter waren mit ihm, und kaum, daß sich sein Blick auf das Haus gegenüber gerichtet hatte, so las er schon an einem über der Haustür angebrachten Zettel: „Drei Treppen hoch links ein elegant möbliertes Zimmer zu vermieten." Er nickte, wie wenn er zu sich selbst sagte: Hier will ich Hütten bauen. Und gleich danach ging er über den Damm und stieg die drei Treppen hinauf. Oben angekommen, war er ein wenig unwirsch, weil es eigentlich vier waren, er klingelte aber trotzdem und hatte nicht lange zu warten, bis Frau Möhring öffnete.

„Ist es bei Ihnen?"

„Ach, wegen das Zimmer? Ja, das is hier. Wenn Sie's sich vielleicht ansehen wollen..."

„Ich bitte darum."

Frau Möhring trat in ein einfenstriges Mittelzimmer zurück, das als Entree für rechts und links diente und darin nichts stand als ein einreihig besetzter Bücherschrank mit einem Vogelbauer darauf; der im Sommer gestorbene Zeisig war jedoch noch nicht wieder ersetzt worden. Sonst nur noch zwei Stühle und ein weißer Leinwandstreifen als Läufer und am Fenster eine Azalie mit einer kleinen Gießkanne daneben. Alles dürftig, aber sehr sauber. Und nun öffnete Frau Möhring die Tür, die rechts nach dem zu vermietenden Zimmer führte. Hierher hatten sich alle Anstrengungen konzentriert, ein etwas eingesessenes Sofa mit rotem Plüschüberzug und ohne Schutzdecke, eine Visitenkartenschale, der Große Kurfürst bei Fehrbellin in Kupferstich und das Bett von schwarz gebeiztem Holz mit einer aus zahllosen Seidenstückchen zusammengenähten Steppdecke. Inmitten des Tisches stand die Wasserkaraffe auf einem großen Glasteller, der beständig klapperte.

Der schöne Mann mit dem Vollbart sah sich um, und

da er wahrnahm, daß die beiden Dinge fehlten, gegen die er eine tiefe Aversion hatte, Öldruckbilder und gehäkelte Schutzdecken, war er sofort geneigt zu mieten, vorausgesetzt, daß er Aussicht hätte, für seine kleinen Bequemlichkeiten seitens der Wirtin gesorgt zu sehen. Gegen den bescheiden bemessenen Preis hatte er keine Einwendungen zu erheben, Portierfrage, Heizung, alles war geregelt, und er fragte eben nach dem Hausschlüssel, als Mathilde vom Entree her eintrat.

„Meine Tochter", sagte Frau Möhring, und Mathilde und der schöne Mann begrüßten sich und musterten einander. Sie eindringlich, er oberflächlich.

„Ich nehme an, daß ich die Kleinigkeiten, die man so braucht, ohne viel Umstände zu machen, haben kann. Frühstück, Tee, mal ein Ei, Sodawasser — ich brauche viel Sodawasser und dem ähnliches."

Mathilde, die wie selbstverständlich jetzt das Wort nahm, versicherte, daß man das alles im Hause habe und daß von Umständen keine Rede sein könne. So was gehöre ja wie mit dazu; das Haus sei ruhig und anständig, ohne Musik, der Wirt, ein sehr liebenswürdiger Herr, nähme keinen ins Haus, der Klavier spiele.

„Das trifft sich gut," lächelte der Besucher; „nun, im Lauf des Tages komme ich noch mit heran und bringe einen bestimmten Bescheid." Bei diesen Worten griff er wieder nach seinem breitkrämpigen Hut aus weichem Filz und empfahl sich von Mutter und Tochter.

Mathilde begleitete ihn bis an die Flurtür. Als sie wieder zurückkam, hatte sich die Mutter auf das Plüschsofa gesetzt, was sie für gewöhnlich ungern tat, und strich über ein kleines seidenes Rollkissen hin, darauf gelbe Sterne aufgenäht waren. „Nun, Thilde, was meinst du? Die Stube steht nun schon seit den Ferien leer, ich finde, daß die Ferien zu lange dauern, es wird Zeit, daß wir einen Mieter finden. Er will sich noch besinnen, sagt er, und uns dann einen bestimmten Bescheid bringen. Das is so Rückzug. Das sagen alle, die nicht wiederkommen wollen."

„Der kommt wieder."

„Ja, Thilde, woher weißt du das? Dann hätte er doch gleich mieten können."

„Freilich, gekonnt hätte er, aber so einer sagt nie gleich ja, der besinnt sich immer, das heißt, eigentlich besinnt er sich nicht, er schiebt's bloß so ein bißchen 'raus. Gleich ja oder nein sagen, das können nicht viele, und der schon gewiß nicht."

„Gott, Thilde, du sagst das alles so hin wie's Evangelium und weißt doch eigentlich gar nichts."

„Nein, Mutter, alles weiß ich nicht, aber manches weiß ich, und wenn ich sage: ‚Mutter, so und so,' dann is es auch so; der kommt wieder."

„Ja, Kind, warum soll er denn wiederkommen?"

„Weil er bequem is, weil er keinen Muck hat, weil er ein Schlappier is."

„Ach, Thilde, sage doch nicht immer so was, du hast so viele Wörter, die du nicht in den Mund nehmen solltest."

„Warum denn nicht, Mutter?"

„Weil es dir den Ruf verdirbt."

„Ach, was Ruf, mein Ruf is ganz gut und muß auch. Ich weiß, wo Bartel den Most holt, und weil ich's weiß, paß ich auf, ich passe ganz schmählich auf, mir soll keiner kommen! Und was die paar Redensarten sind — Gott, Mutter, die laß man ruhig, da halte ich mich dran fest, die tun mir wohl, und wenn ich so höre, daß einer immer so fromm und saul drum rumgeht, da wird mir ganz schlimm."

„Ganz schlimm — das is nun auch wieder so. Na,

rede wie du willst, ändern kann ich dich doch nicht. Du hast immer deinen Willen gehabt von klein an, und Vater hat immer gesagt: ‚Laß man, die wird gut, die frißt sich durch.‘ Ja, so hat er gesagt, aber wenn's man wahr is. Und warum hat er denn keinen Muck — ich meine den Herrn, von dem du sagst, er wird schon wiederkommen? Und warum wird er denn wiederkommen?"

„Du siehst auch gar nichts, Mutter. Hast du denn nicht seine Augen gesehen und den schwarzen Vollbart und ordentlich ein bißchen kraus — so viel mußt du doch wissen, mit solchen ist nie was los. Ich will dir was sagen: so ganz hat es ihm nicht gefallen, aber es hat ihm auch nicht mißfallen, und weil Wohnungsuchen und Treppensteigen langweilig is und einem Mühe macht, so denkt er bei sich: eine Wohnung is wie die andere, und ruhig is es und kein Klavier und die bunte Steppdecke... Warum soll ich da nicht mieten? Und ich will dir auch sagen, wie er nun seine Zeit hinbringt. Von Suchen und Sichumtun is gar keine Rede, dazu is er viel zu bequem. Er is nur hinübergegangen nach dem Bahnhof, da ißt er ein deutsches Beefsteak oder auch bloß eine Jauersche und trinkt ein Kulmbacher dazu, und dann geht er nach dem Café Bauer, und wenn ihm das schon zu unbequem is, denn er geniert sich nicht gern und sitzt nicht gern gerade, was man da doch muß, dann geht er nach den Zelten und trinkt seinen Kaffee und sieht zu, wie sie Skat spielen oder Schach, und schmunzelt so ganz still vor sich hin, wenn ein reicher Budiker mit seinem Wagen vorfährt und seinem Pferd ein Seidel geben läßt... Und wenn er damit fertig is, dann schlendert er so durch den Tiergarten hin bis an den Schiff= bauerdamm, und dann kommt er über die Brücke und steigt die drei Treppen 'rauf und mietet... Ich will keinen Zeisig mehr im Bauer haben, wenn es nicht so kommt, wie ich sage!"

Mathilde behielt recht. Ob der junge Mann in den Zelten gewesen war, entzieht sich zwar der Feststellung, aber so viel ist sicher, daß er zwischen Fünf und Sechs wieder oben bei Möhrings die Klingel zog und mietete.

"Meine Sachen stehen noch auf dem Bahnhof hier drüben, hier ist mein Schein. Sie können vielleicht jemand 'rüber= schicken und sagen lassen, daß ein Kofferträger oder ein Dienstmann sie herüberbringt. Ich will noch einen Freund besuchen, und wenn ich wiederkomme, hoffe ich alles vor= zufinden."

Frau Möhring versprach alles. Als er fort war, sagte Mathilde: "Siehst du, Mutter, wer hat recht? Du wirst auch noch hören, daß er in den Zelten war."

Die Sachen kamen, ein Koffer und eine große Kiste, und als die Mutter und Tochter die Kiste bis dicht ans Fenster geschoben, den Koffer aber auf einen Kofferständer gehoben hatten, zogen sie sich in ihr an der linken Seite des Entrees gelegenes Wohnzimmer zurück.

Es sah sehr ordentlich darin aus und auch nicht ärmlich. Vor dem hochlehnigen Kissensofa lag ein Teppich mit Rosenmuster, und neben dem Stehspiegel mit dem Riß in der Mitte standen zwei Ständer, in die eine rote und eine weiße Geranie gesetzt waren. Auf einem Mahagoni= schrank prangte ein Makartbukett, neben dem Schrank an der Wand eine Hängeetagere mit Perlenstickerei. Der weiße Ofen war blank, die Messingtür noch blanker, und zwischen Ofen und Tür an einer Längswand, dem Sofa gegenüber, stand eine Chaiselongue, die vor kurzem erst auf der Auktion eines kleinen Gesandten erstanden worden war und nun das Schmuckstück der Wohnung bildete. Daneben ein ganz kleiner Tisch mit einer Penduluhr darauf, die einen merk= würdig lauten Schlag hatte.

Mathilde stellte sich vor den Spiegel, um sich den

Scheitel etwas glatt zu streichen, denn ihr Haar war sehr dünn und hatte eine Neigung, sich in Streifen zu teilen. Mutter Möhring aber setzte sich auf das Sofa gerade aufrecht und sah nach der Wand gegenüber, wo ein Pifferaro auf einem Felsen saß und seinen Dudelsack blasend, einfältig und glücklich in die Welt guckte. Mathilde sah im Spiegel, wie die Mutter so still und aufrecht dasaß, und sagte, ohne sich umzudrehen:

„Warum sitzt du nun wieder auf dem harten Sofa und kannst dich nicht anlehnen. Wozu haben wir denn die Chaiselongue?

„Na, doch dazu nicht."

„Freilich dazu, und es war noch dazu gar kein Geld, und nun denkst du gleich, du ruinierst sie und sitzt ein Loch hinein. Ich hab' es mir gespart und habe mich gefreut, als ich dir's aufbauen konnte."

„Ja, ja, Thilde, du meinst es gut."

„Und Rückenschmerzen hast du immer und klagst in einem fort. Und doch willst du nie drauf liegen. Und wenn du noch recht hättest, aber es ruiniert nicht, und wovon sollte es auch, du wiegst ja keine hundert Pfund."

„Doch Thilde, schaden kann's ihr doch."

„Und wenn auch, je eher das Ding eine kleine Sitzkute hat, desto besser. So steht es bloß da wie geliehen und als graulten wir uns davor, uns drauf zu setzen. Und so schlimm is es doch nicht, wir haben ja doch unser Auskommen und bezahlen unsere Miete mit dem Glockenschlag. Und dann haben wir ja doch mein Sparbuch. Also warum machst du dir's nicht bequemer? Es sieht auch viel besser aus, wenn man so merkt, es is in Dienst. Der Spiegel is alt, und das Sofa is alt. Da darf die Chaiselongue nicht so neu sein, das paßt nicht, das stört, das is gegen's Ensemble."

„Gott, Thilde, sage nur nicht so was Französ'sches, ich weiß dann immer nicht recht, was es heißt. Zu meiner Zeit, da war das alles noch nicht so, und mein Vater wollte von Schule noch nichts wissen... Na, du weißt ja, wohin man guckt, immer hapert es. — Sieh doch mal hier seine Karte: ‚Hugo Großmann', das versteh ich, aber nu kommt sein Titel, oder was er is, und da weiß ich nicht. Was soll das heißen?"

„Cand jur. — das heißt, daß er Kandidat is."

„Soso, na, das is gut, dann is es ein Prediger oder wird einer."

„Nein, Prediger nicht, dieser is bloß ein Rechts= kandidat, das heißt soviel als wie, er hat ausstudiert und muß nu sein Examen machen, und wenn er das gemacht hat, dann is er ein Referendarius. Er ticktakt jetzt so hin und her zwischen Student und Referendarius."

„Na, wenn er nur bleibt. Glaubst du, daß er bleibt?"

„Natürlich bleibt er."

„Ja, du bist immer so sicher, Thilde. Woher willst du wissen, daß er bleibt?"

„Ach, Mutter, ich sage bir ja, du siehst nichts. Wo der mal sitzt, da sitzt er, der is bequem, und eh' der wieder auszieht, da muß es schon schlimm kommen, und schlimm kommt es bei uns nicht. Wir sind artig und manierlich und immer gefällig und laufen alle Gänge und sehen bloß, was wir sehen wollen."

„Glaubst du denn, daß er...?"

„I Gott bewahre, der is wie Gold. Mit dem kann man drei Tage und drei Nächte fahren, einen so An= ständigen haben wir noch gar nicht gehabt, und dann mußt du bedenken, er is vorm Examen, und wir haben kein Klavierspiel. Auf dem Hof das bißchen Leierkasten, das hört er nicht, und ich will bir noch mehr sagen, Mutter:

der bleibt nicht bloß, der bleibt auch lange, denn sehr anstrengen wird er sich nicht, er sieht so recht aus: ‚Kommst du heute nicht, so kommst du morgen,‘ und vielleicht morgen auch noch nicht."

* * *

Hugo Großmann, der noch keinen Schlüssel hatte, war drei Minuten vor Zehn nach Hause gekommen und hatte für alles, was ihm angeboten wurde, gedankt. Er sei sehr müde und die ganze vorige Nacht unterwegs gewesen. Mutter Möhring, die sich noch einen Augenblick im Entree zu schaffen machte, hörte noch, daß er das Streichhölzchen strich, und sah den Lichtschimmer, der gleich danach unter der Tür weg bis in das Entree fiel. Dann hörte sie, daß er sich die Stiefel mit einem raschen Ruck auszog, wie einer, der schnell ins Bett will und keine Minute später.

Der nächste Tag war so schön wie der vorige. Möhrings waren Frühaufsteher, und heute waren sie schon um Sechs aus den Federn, weil sie doch nicht wissen konnten, ob ihr Mieter nicht ein noch größerer „Frühauf" war, wie sie selber.

„Ich glaube nicht, daß er ein Frühauf is, aber man kann doch nicht wissen, und in der ersten Nacht schlafen viele so unruhig." Es war wohl schon Acht, als Mathilde dies äußerte, und eine Weile später setzte sie hinzu: „Du sollst sehen, Mutter, der hat einen Bärenschlaf, um den brauchst du dir die Nacht nicht um die Ohren schlagen, und von Weckeraufziehen is nu schon gar keine Rede mehr. Na, mir is es recht, wenn erst Winter ist, schlaf ich auch gern aus und warte lieber mit meinem Kaffee. Bloß, daß man um acht nur die ausgesuchten Semmeln kriegt."

Mit diesen Worten stand sie auf und sah nach der kleinen Penduluhr, auf der es schon ein paar Minuten über halb neun war. „Mutter, ich werde doch wohl kopfen müssen. Ich hatte ihn so auf neun Stunden taxiert, aber nun sind es schon zehn und einhalb — was meinst du?"

„Versteht sich, es kann ihm ja auch etwas passiert sein."

„Gewiß kann es, aber es wird wohl nicht."

* * *

Um ein Uhr trat der neue Mieter bei Möhrings ein und sagte, daß er nun zu Tisch gehen wolle. Sie brauchten sich mit seinem Zimmer nicht zu übereilen; er würde vor Sieben nicht wieder dasein, und wenn jemand käme, möchten sie sagen: erst um Acht. Damit empfahl er sich sehr artig, und als er aus dem Hause trat, sahen ihm Mutter und Tochter vom Entreefenster aus nach.

Als sie das Fenster wieder geschlossen hatte, sagte die Mutter: „Es is eigentlich ein sehr hübscher Mensch. Ich wundere mich, daß er noch so ein halber Student is. Am Ende irrst du dich doch, Thilde, er muß doch nahe an Dreißig sein."

„Ja, aussehen tut er so, da hast du recht. Aber das macht der schwarze Vollbart, und weil er so breit ist. Aber glaub' mir, er is nicht über Sechsundzwanzig. Und der Vollbart macht es auch nicht mal. Er is bloß faul und hat kein Feuer im Leibe. Das sieht denn so aus, als ob einer alt wäre, bloß weil er schläfrig is, und sentimental is er auch."

„Ja, das wird er wohl," sagte die alte Möhring, aber doch so, daß man hören konnte, sie dachte nichts bei „sentimental" und wollte bloß nicht widersprechen.

Eine Stunde später hatte Mathilde das Zimmer zurechtgemacht, während die Mutter sich in der Küche beschäftigte. Man war übereingekommen, sich jeder ein

Setzei zu spendieren, dazu Bratkartoffeln. Als der Tisch gedeckt und zu den Bratkartoffeln der Extrateller mit den zwei Setzeiern aufgetragen war, war auch die Tochter mit dem Zurechtmachen des Zimmers fertig, und beide setzten sich zum Essen.

„Bist du zufrieden, Thilde?" sagte die Alte und wies auf die Eier.

„Ja!" sagte Thilde, „ich bin zufrieden, wenn ich sehe, daß du sie beide ißt, und wenn ich sehe, daß sie dir schmecken, denn du gönnst dir nie was, und davon magerst du auch so ab. Kartoffeln is was ganz Gutes, aber viel Kräfte geben sie nicht, ich werde dich nu wieder besser verpflegen, und wenn wir gegessen haben, gieß ich dir eine Tasse Tee auf. Er hat nicht mal seinen Zucker verbraucht und auch nicht weggepackt, man sieht an allem, daß er ein anständiger Mensch is. Aber nu nimm und iß, Mutter!" Und sie legte der Alten vor und patschelte ihr die Hand.

„Ja, du bist gut, Thilde... Wenn du nur einen guten Mann kriegst."

„Ach, laß doch."

„Nein, ich denke immer daran, und warum auch nicht? Wie du da vorhin vor dem Spiegel standest, von der Seite bist du doch beinah' hübsch."

„Laß doch, Mutter, ich weiß schon Bescheid. Das mit dem Gemmengesicht mag ja wahr sein, und ich glaube selbst, daß es wahr is, aber ich kann doch nun mal nicht immer von der Seite stehen."

„Brauchst du ja auch nicht. Und dann am Ende: du hast die gute Schule gehabt und die guten Zeugnisse, und wenn Vater länger gelebt hätte, dann wärst du jetzt Lehrerin, wie du es gewollt hast. Manche sind so sehr fürs Gebildete. Wie hast du's denn bei ihm gefunden? Alles in Ordnung und anständig? Ein ganz Armer kann er nicht sein. Der Koffer is von Leder und beinah' ohne Holz und Pappe. Das haben immer bloß solche, die guter Leute Kind sind."

„Ganz recht, Mutter, das stimmt, da sind wir mal einig. Und so is es auch mit ihm. Guter Leute Kind muß er sein, auf der Kommode lagen auch die Schnupftücher und die wollenen Strümpfe, du mußt es dir nachher ansehen, alle ganz gleich gezeichnet. Auch die Strümpfe. Nicht bloß mit Wolle, alle mit rotem Zeichengarn. Er muß eine sehr ordentliche Mutter haben oder Schwester. Denn eine andere macht es nicht so genau. Und die Stiefel auch in Ordnung, er muß aus einer guten Ledergegend sein, das sieht man an allem, und hat auch eine Juchtenbriefmappe, schön gepreßt; ich rieche Juchten so gern. Und die Bücher alle sehr gut eingebunden und sehen auch alle so sonntäglich aus, als ob sie nicht viel gebraucht werden. Nur sein Schiller steckt voller Lesezeichen und Eselsohren. Du glaubst gar nicht, was er da alles hineingelegt hat: Briefmarkenränder und Zwirnsfäden und abgerissene Kalenderblätter. Und dann hat er englische Bücher dastehen, das heißt übersetzte, die muß er auch gelesen haben, es sind so viele Ausrufungszeichen und Kaffeeflecke, und an mancher Stelle steht ‚famos!' oder ‚großartig!' oder irgend so was ... Aber nun werde ich dir den Tee aufbrühen, du hast doch noch heiß Wasser?"

„Versteht sich, heiß Wasser is immer."

Und damit ging Thilde hinaus und kam nach einer Minute zurück. Es war dasselbe Tablett und dieselbe Teekanne, daraus der Zimmerherr seinen Morgentee genossen hatte.

„Es is ein rechtes Glück, daß er Tee trinkt," sagte Thilde und goß der Mutter und dann sich selbst eine Tasse von dem neuen Aufguß ein. „Kaffee, das schmeckt dann nach dem Trichter, aber vom Tee schmeckt das zweite eigentlich am besten;" und während sie das sagte, zerbrach sie zwei Zuckerstückchen in viele kleine Teile und schob das Schälchen der Mutter hin.

„Nimm doch auch, Thilde."

„Nein, Mutter, ich mag nicht Zucker, aber du bist für süß, und nimm nur immer ein bißchen in den Mund, ich freue mich, wenn es dir schmeckt, und wenn du wieder dick und fett wirst."

„Ja, ja," lachte die Alte, „du meinst es gut. Aber dick und fett, Gott, Thilde, wo soll das herkommen!"

* * *

Um sieben Uhr war Hugo Großmann zurück. Er traf Thilde im Entree.

„War wer da, Fräulein?"

„Ja, ein Herr, er kam so um die fünfte Stunde, und ich sagte ihm, daß Sie um sieben wieder da sein würden. Da wollt' er wiederkommen."

„Gut, und hat er nicht seinen Namen gesagt?"

„Ja doch, von Rybinski, glaub ich."

„Aha, Rybinski, nun, das ist schön."

Und acht war kaum vorüber, da klingelte es, und Rybinski war wieder da und wurde hineingeführt.

„Guten Tag, Großmann."

„Tag, Rybinski. Bedaure, daß du mich verfehlt hast. Aber nimm Platz. Nachmittags bin ich immer unterwegs."

„Weiß schon," sagte Rybinski und schob sich einen Stuhl an das Sofa. „Käpernick! Wird denn diese Dauerlauferei nicht einmal ein Ende nehmen? Paßt doch eigentlich gar nicht zu dir. Du hast entschieden mehr vom Siebenschläfer als vom Landbriefträger. Also warum pendelst du fortwährend zwischen Grunewald und Wilmersdorf

immer hin und her? Oder haſt du jetzt eine andere Pendel=
bewegung?"

„Muß ſich erſt herausſtellen, lieber Freund, ich bin ja
erſt ſeit vierundzwanzig Stunden hier, geſtern früh ange=
kommen, wie ich dir ſchrieb — hier drüben Friedrichſtraße.
. . . Gott ſei Dank, daß ich wieder da bin und auch
wieder nicht. Dwinsk iſt ein Neſt, natürlich, und wenn
man aufgeſtanden iſt, kann man auch ſchon wieder zu Bette
gehen. Und dazu die ewige Klagerei von Mutter und
Schweſter und keine Spur Verſtändnis für ein Buch oder
ein Bild, und wenn ein Tanzbär auf den Markt kommt,
dann iſt es, als ob die Wolter gaſtiert . . . Na, das
alles iſt gerade nicht mein Geſchmack. Aber ein Gutes hat
ſolch Neſt doch. Man hat Muße, man kann ſeinen paar
Gedanken nachhängen, wenn man welche hat, und die
Büffelei hat ein Ende. Ach, Rybinski, es geht nun wieder
los. Wie ſteht es denn mit dir? Wenn ich dich ſo an=
ſehe, mit deiner Polenmütze — nimm's mir nicht übel,
aber es ſieht ſo ein bißchen theaterhaft aus — und mit
deinen Stiefeln über der Hoſe, du ſiehſt mir auch nicht aus,
als kämſt du recte vom Repetitorium."

„Welch feine Fühlung du haſt, Großmann. Recte
vom Repetitorium, nein. Aber etwas von recte iſt auch
dabei. Recte vom Galgen."

„Wie Roller?"

Rybinski nickte.

„Ach, mach keinen Unſinn, Rybinski, was meinſt du
damit?"

„Was ich meine, davon ſpäter, erzähl mir erſt ein
Wort von dir und von den Dwinskern. Haſt du zufällig
meinen Onkel geſehen, er kommt ja dann und wann in
die Stadt zum Pferdemarkt, oder wenn er Geld leiht. Auf
meinen letzten Brief hat er nicht geantwortet. Es wird

wohl gerade Ebbe bei ihm gewesen sein. — Und dein Vater, woran starb er denn eigentlich? Er kann ja noch keine Sechzig gewesen sein. Und wie steht es mit dem Vermögen? Es heißt immer, er hatte was?"

„Ja, das heißt es immer, und wenn Gott den Schaden besieht, ist nichts da oder doch fast nichts ... Da war eine Kiste, so eine Art Arnheim, in seinem Bureau, die wir immer mit Respekt betrachteten, weil wir uns alle sagten: Da liegt es drin. Und nun denk dir, was wir nachher gefunden haben!"

„Na — die Hälfte."

„Ja, prost die Mahlzeit: eine Cereviskappe, ein Kommersbuch und ein paar hohe Jagdstiefel, gelbes Leder, genau wie wenn er sie von Wallenstein geerbt hätte."

„War er denn ein Nimrod? ... Übrigens könntest du mir mal erst eine Zigarre geben. Ich sah da eine kleine Kiste. Sie enttäuscht mich hoffentlich nicht so wie dich die große Erbschaftskiste. — Ja, war er denn solch Jäger vor dem Herrn?"

„J Gott bewahre, dazu war er viel zu bequem und fromm. Er wird wohl, als er eben Bürgermeister geworden war, mal eine Jagd mitgemacht haben; aber als ich so'n halberwachsener Junge war, so kurz vorher, ehe ich nach Inowrazlaw aufs Gymnasium kam, fuhr er immer bloß raus, wenn das Getöfle losging, mal beim Oberförster, mal beim Amtsrat, und einmal war er beim Torfinspektor, das weiß ich noch genau."

„Und dabei war dein Vater eigentlich ein famoser Knabe."

„Ja, das war er."

„Eigentlich forscher als du."

„Na, wie man's nehmen will. So im meisten sind wir uns gleich. Fürs Repetieren war er auch nie, darin müssen wir uns wohl gleich sein. Und als er den Referen=

barius hinter sich hatte, schnappte er ab und sagte: Zweimal falle ich durch und dann sogar mit Ach und Krach und achthundert Talern, nein, da lieber Bürgermeister in Owinsk — und verlobt war er ja auch schon lange."

„Ja sieh, Hugo, das ist eben, was ich das Forsche nenne. Es war doch ein Entschluß, und seine Familie war doch gewiß dagegen und wollte einen Minister aus ihm backen. Unterm Minister tun's ja die guten Kleinstädter nicht, die bei der bekannten Glücksjagd, zu der wir alle geladen sind, bloß den Kirchturm mit dem goldenen Hahn sehen und nicht wissen, wie weit es ist und wie viele Gräben unterwegs, um reinzufallen. Ich bin für die, die abspringen."

„Du meinst so im allgemeinen, so theoretisch ..."

„Nein, ganz praktisch. Du mußt mir eine Photographie von deinem Vater schenken. Darauf sehe ich mir ihn dann öfters an, so als Vorbild."

„Aber, Hans, du willst doch nicht auch Bürgermeister werden und bist ja auch noch vorm Referendar! Mein Vater hatte doch die halbe Quälerei hinter sich. Sie nehmen jetzt nicht all und jeden, und Referendar ist das wenigste, und du siehst mir nicht aus, als ob du in meiner Abwesenheit und sozusagen hinter meinem Rücken das Examen gemacht hättest und nun bloß kommst, um dich mir in deiner neuen Würde vorzustellen ... Aber verzeih, ich werde uns drüben erst ein bißchen Abendbrot bestellen, was man in einer Chambre garnie so Abendbrot nennt; ein Glück, daß die Menschen den Schweizerkäse erfunden haben. Und soll ich Tee bestellen oder Grog?"

„Im allgemeinen bin ich für das Übergehen aus dem einen in das andere, man hat das Spiel dabei so hübsch in der Hand, vorausgesetzt, daß die Flasche nicht im Stich läßt. Aber heute laß es gut sein, Hugo, sparen wir uns das Gelage für eine größere Gelegenheit."

„Examen?"

„Das ist zu unsicher, erstens an sich, das heißt, ob wir bis dahin kommen, und dann in seinem Resultat. Nein, wenn ich von Aufsparen und größerer Gelegenheit spreche, so habe ich was anderes im Sinn und meine das, was auch mit dem ‚recte vom Galgen' zusammenhängt: meinen ersten Abend."

„Ich kann dir nicht folgen, Hans. Es ist lächerlich zu sagen, aber du bist mir zu mystisch. Erst recte vom Galgen und die Zusage späterer Rätsellösung — und nun erster Abend?"

„Hm, — ich habe doch wohl deine Auffassungsgabe überschätzt, was übrigens nach Ansicht einiger eine ganz untergeordnete Gabe sein soll, vielleicht im Zusammenhang mit Logik und Mathematik. Alle Logiker verstehen gewöhnlich gar nichts. Aber wundern muß ich mich doch, Hugo! Zu was sind wir denn um den Königsplatz unzählige Male herumgelaufen, links den Mond und rechts Kroll und die kleine F., und haben unter Verwerfung aller bisherigen Hamletauffassungen einer neuen, tieferen nachgeforscht? Um was habe ich meine Parallelen gezogen zwischen Amalia und Adelheid von Runeck, zwischen der Milford und der Eboli? Zu was das alles, wenn du schließlich nicht einmal verstehen willst, was ich mit meinem ‚ersten Abend' meine ... Also rund heraus, ich spreche von meinem ersten ‚Räuber'-Abend. Kosinsky! — Die Geschichte mit dem Repetitorium wurde mir zu langweilig. Ja, wenn man den guten Ausgang noch sicher hätte! Kurzum, ich bin zu Deichmann gegangen, und heute war die dritte Probe mit mir — übrigens Kraußneck brillant als Roller! Ich denke, daß ich über kurz oder lang auch ins Charakterfach überspringe. Liebhaber ist bloß Durchgang."

„Durchgang? Und die ‚Räuber'? Ist es möglich! Dann wird also in acht Tagen auf dem Zettel stehen:

‚Kosinsky — Herr Rybinski'. Oder willst du dein ‚von' beibehalten?"

„Nein, man muß auch etwas für seine Familie tun. Mein ‚von' wird gestrichen, wenigstens, solange ich unberühmt bin, nachher kann ich es immer wieder aufnehmen."

„Rechnest du darauf?"

„Natürlich rechne ich darauf. Jeder rechnet darauf. Garrick war ursprünglich auch von Adel; meinst du, daß er mit der ganzen Geschichte angefangen hätte, wenn er sich nicht hätte sagen dürfen: ‚Ruhm geht über Adel'?"

„Sag mal — und das alles ist dein Ernst?"

„Mein voller Ernst, und ich will dir auch noch mehr sagen und auch im Ernst. In ganz kurzer Zeit kommst du zu mir und sagst mir: ‚Rybinski, du hast recht gehabt, den ganzen Kram an den Nagel zu hängen;' was meinst du, zu welcher Rolle paßte ich wohl am besten, Dunois oder Karl Moor? Ich sage dir, du bist der geborene Karl Moor, und wenn du deinen Arm an die Eiche bindest, oder vielleicht auch, wenn du den Alten aus dem Turm holst, mußt du einfach großartig sein."

„So, meinst du?"

„Du hast ganz das schwermütig Schwabblige, was dazu gehört, und hast auch den Brustton der Überzeugung, wenn er sagt: ‚Diese Uhr nahm ich dem Minister.' Das ist natürlich der Justizminister gewesen, und auf den wirst du bald ebenso schlecht zu sprechen sein wie ich. Ich habe die Schiffe hinter mir verbrannt. Alles im Leben ist bloß Frage der Courage."

„Na höre, Hans, da spielt doch auch noch manches andere mit."

„Du meinst Liebe. Damit komme mir nicht. Larifari. Manche sind so verrückt, und dir traue ich schon was zu. — Wer so viel spazieren läuft und die gleiche

Schwärmerei für Lenau wie für Zola hat — was dir beiläufig erst einer nachmachen soll —, der ist zu jedem Liebesunsinn fähig. Es sieht dann auch das wie Courage aus, ist aber das Gegenteil davon. Bloß Schlapperei, Bequemlichkeit, Hausschlüsselfrage... Hugo, sieh dich vor. Aber so viel will ich dir schon heute sagen: wenn du dich normal entwickelst und nicht einen kolossalen faux pas machst, so kommst du morgen da an, wo ich schon heute bin. Und wenn du Referendar werden solltest, was leicht möglich wäre, Assessor wirst du nie. Laß doch die Einpaukerei! Is ja alles umsonst. Ich kenne meine Pappenheimer."

Indem klopfte es. Großmann ging auf die Tür zu, um zu öffnen. Draußen stand Mathilde. Sie müsse noch in die Stadt, und weil keiner da sei außer ihrer Mutter, wolle sie nur fragen, ob Herr Großmann noch irgendetwas zu Abend befehle.

„Danke, Fräulein Mathilde. Herr von Rybinski hat alles abgelehnt. Ich gehe nachher noch in den Franziskaner hinüber. Wenn Sie mir vielleicht eine Flasche Sodawasser zurechtstellen wollen..."

Als er seinen Platz wieder eingenommen hatte, sagte Rybinski: „Dadurch wirst du dich auch nicht inszenieren. Sodawasser, das trinkt doch bloß ein Philister."

„Das ist erstlich noch sehr die Frage, denn es hängt viel davon ab, was man vorher getrunken hat, und dann will ich mich auch gar nicht inszenieren. Frau Möhring ist eine Philöse und das Fräulein ihre Tochter. Und da inszenieren! So weit sind wir doch noch nicht runter. Und man hat seinen Lenau doch nicht umsonst intus."

„Grade das, grade das! Lyrik schützt vor Dummheit nicht. ‚Auf dem Teich, dem regungslosen, weilt des Mondes holder Glanz‘ — es braucht bloß ein bißchen

Mondschein, so verklärt sich alles, und der Teich kann auch 'ne Stubendiele sein."

„Ich begreife dich nicht, Hans, woher hast du denn Veranlassung..."

„Des Menschen Bestes sind Ahnungen, und sie hat solch Profil, fast wie eine Gemme, streng und edel und einen kleinen Fehler am Auge und ist aschblond. So schreiten keine irb'schen Weiber, die zeugete kein sterblich Haus..."

„Unsinn, was soll das? Eigentlich ist sie doch einfach eine komische Figur."

„Du, sage das nicht, so was rächt sich!"

„Ach was, alles Unsinn und nochmals Unsinn. Und nun laß uns gehen... Wann ist denn eigentlich dein Debüt?"

„Nächsten Dienstag. Du kannst mir den Daumen halten. Oder noch besser, komm hin und klatsche!"

* * *

Die nächsten Tage vergingen ruhig. Am Vormittag hatte Hugo sein Repetitorium. Dann ging er zu Tisch, dann spazieren nach Wilmersdorf. Am Abend war er zu Hause, wenigstens meist, und war alles in allem ein Muster von Solidität. Was Mathilde auffiel, war das Studium. Aus allem, was sie sah und auch aus Andeutungen von ihm selbst hörte, ging hervor, daß er sich auf ein Examen vorbereitete; er steckte auch jeden Morgen, wenn er ausging, ein Buch oder ein Heft zu sich, trotzdem war klar, daß, wenn er wieder zu Hause saß, von Studium keine Rede war. Auf einem am Fenster stehenden Stehpult, das er sich angeschafft hatte, lagen zwar ein paar dicke Bücher umher, aber sie hatten jeden Morgen eine dünne Staubdecke, Beweis genug, daß er sich den Abend über nicht damit beschäftigt hatte. Was er las, waren Romane. Besonders auch Stücke, von denen er manchen Tag mehrere nach Hause brachte. Es waren die kleinen Reclambändchen, von denen immer mehrere auf dem Sofatisch lagen, eingeknifft und mit Zeichen oder auch mit Bleistiftstrichen versehen. Mathilde konnte genau kontrollieren, was ihm gefallen oder seine Zweifel geweckt hatte. Denn es kamen auch Stellen mit Ausrufungs- und selbst mit drei Fragezeichen vor. Aber das waren doch nur wenige. „Das Leben ein Traum" hatte die meisten Zeichen und Raubglossen und schien ihn am meisten interessiert zu haben.

„Mutter," sagte Thilde, „wenn da nicht ein Wunder geschieht, der macht es nie."

„Was denn, Thilde?"

„Na, das Examen. Aber schließlich, uns kann es recht sein. Je länger es dauert, je länger bleibt er. Und is ja ein guter und anständiger Mensch. Und wenn er es macht und durchfällt, so bleibt er auch. Wohin soll er am Ende, sehr viel Anhang scheint er nicht zu haben. Sogar der Herr mit der polnischen Mütze war noch nicht wieder da."

Das hatte freilich seine Richtigkeit. Rybinski war seit seinem ersten Besuch noch nicht wieder dagewesen, aber am Abend des Tages, an dem Thilde Möhring diese Betrachtungen gemacht hatte, kam er und traf auch seinen Freund Hugo zu Hause.

„Endlich, Hugo! Du wirst schon gedacht haben, ich hätte geschwindelt, und das mit dem Kosinsky sei nur ein Ulk gewesen. Aber ich sage dir, es war großer Ernst. Eigentlich heißt es bitterer Ernst, aber dies Wort möchte ich begreiflicherweise vermeiden. Man ist übrigens der Meinung, ich müsse gefallen, und einer sagte mir heute früh, ich sei der ‚geborene' Kosinsky. Leider war es

Spiegelberg, der das sagte, aber wie das immer so geht, gerade dieser ist eine treue Seele. Na, morgen muß sich alles entscheiden. Ich bringe dir hier Billette, ein Parkett für dich und zwei zweiten Rang für deine Damen drüben, wenn sie auf diesen Namen hören, was mir allerdings zweifelhaft ist. Ich hätte dir drei Parkette bringen können, aber ich dachte mir, beide so dicht bei dir könnte dich vielleicht genieren, namentlich die Alte. Sie ist doch noch sehr Mutter aus dem Volk. Und dann, offen gestanden, liegt mir und dem Direktor auch mehr am zweiten Rang. Im Parkett sitzt immer Kritik, und wenn sich da zwei solche Damen auf Enthusiasmus ausspielen, wird es lächerlich, aber im zweiten Rang, da geht alles, und auf den zweiten Rang, wenn man ein bißchen aufpaßt, kann man sich verlassen. Dein Platz unten ist Eckplatz, es ist also alles vorgesehen... Aber ich finde, Hugo, du bist etwas nüchtern..."

"Nein, Hans, ich bin nur etwas benommen. Ich dachte nicht, daß du mir Wind vorgemacht hättest, ich dachte nur, es wäre etwas dazwischen gekommen, weil es sich so hinzog."

"So, ich verstehe. Du dachtest, man hätte schließlich gemerkt, es ginge doch nicht, es sei nichts mit mir."

"Du mußt nicht empfindlich sein. Bist noch gar nicht aufgetreten und fängst schon damit an. Aber das ist auch nur die Hälfte von dem, was ich eben dachte; das andere ist das mit den zwei Möhrings."

"Aber, Herz, das ist ja leicht zu ändern, du kannst auch zwei Parkette haben."

"Nein, das ist es nicht. Im Gegenteil, das mit dem zweiten Rang hast du dir sehr gut ausgedacht und rück= sichtsvoll gegen mich. Es ist nur mit dem Mitnehmen überhaupt solche Sache. Wenn wir auch verschiedene Plätze haben, das ist doch wie gesellschaftliche Gleichstellung, und wenn ich mit der Alten über den alten Moor spreche oder sie mit mir, denn ich werde nicht anfangen, so sind wir intim, und das geht doch nicht gut. Und dann, was kann denn solche Frau sagen? Alles bringt sie in Verlegenheit."

„Ach, Hugo, das ist ja lächerlich..."

„Und dann muß ich sie doch hinbringen, und wenn es aus ist, muß ich sie wieder nach Haus begleiten."

„Seh ich gar nicht ein. Du machst ihnen mit den Billetts ein Geschenk und läßt sie ihrer Wege gehen."

„Gut, du sollst recht haben; ich will es so machen. Du siehst nun, warum ich so benommen war, was du ‚nüchtern‘ nanntest. Von nüchtern ist keine Rede. Eigentlich bin ich aufgeregt, wie wenn ich selbst den Kosinsky spielen sollte."

„Wer weiß, was kommt."

Und damit brach der Freund wieder auf, weil er noch hunderterlei zu tun und zu bedenken habe.

„Bei Philippi sehen wir uns wieder! Und ficht tapfer! Unterlieg ich, so muß ich mich ins Schwert stürzen."

Hugo lachte. „Verlange nur nicht, daß ich es dir halte."

* *

Rybinski war kaum fort, so ging Hugo zu den beiden Frauen hinüber, um ihnen die zwei Billette zu bringen. Parkett sei ausverkauft, das sei der Grund, daß sie sich trennen müßten, aber er werde öfters hinaufsehen.

Mutter Möhring wußte gar nichts zu erwidern, Thilde aber fand sich leicht zurecht und sagte mit vielem Anstand und in ihrer ganzen Haltung wie verändert: es sei sehr liebenswürdig, an sie zu denken, und sie empfänden es als eine große Ehre.

Ja, sagte nun die Alte, das habe sie auch sagen wollen.

Und nachdem noch ein paar Fragen gestellt und hin und her komplimentiert worden war, ging Hugo wieder in sein Zimmer hinüber, während die Alte eine Hutsche an den Ofen schob und sich hinsetzte. Thilde setzte sich aufs Sofa und schob die kleine Petroleumlampe so, daß sie daran vorbei zur Alten hinübersehen konnte.

„Was ich nur anziehe, Thilde? Das Schwarzseidene geht doch nicht mehr und war ja eigentlich auf Trauer gemacht. Und wenn ich das rote Tuch drüber binde, dazu bin ich eigentlich zu alt."

„Ach, Mutter, das laß nur gut sein, ich werde dich schon zurechtmachen. Mit ein paar Schleifen zwingen wir's schon, es sieht einen ja doch keiner an, und wenn auch! Die Haube is für eine alte Frau immer die Hauptsache, und deine Haube is noch ganz gut; ein bißchen tollen und aufplätten, und du siehst aus wie 'ne Gräfin."

„Ach Kind, rede doch nicht solch Zeug."

„Na, ich sage dir, Mutter, das wollen wir schon kriegen. Ich habe Putzmachen gelernt und Blumenmachen auch und Klöppeln auch, und das müßte doch nicht mit rechten Dingen zugehen, wenn ich uns nicht rausstaffieren sollte, wundern soll er sich, wie du aussiehst, und wenn er uns nach dem Theater in ein Lokal führen sollte..."

„Ach, Thilde, wie kannst du nur an so was denken."

„Na, wenn nicht, denn nicht. Ich hänge nicht dran, es macht nur so einen Eindruck und sieht ein bißchen nach was aus, und daß man doch auch mit zugehört."

„Ja, ja. Das is schon recht..."

„Und weißt du, Mutter, was ich dir schon vor ein

paar Tagen sagen wollte, wir wollen doch die alte Runtschen wieder ins Haus nehmen, das heißt, immer bloß eine Stunde, daß sie drüben reinmachen kann. Ich bin ja nicht dagegen, und mir kommt es nicht brauf an. Aber neulich, da hatte er was vergessen und kam gerade dazu, wie ich da bei all dem Planschen und Gießen war und der Blech=eimer mitten in der Stube, da war es mir doch genierlich. Und ich denke wirklich, wir nehmen die Runtschen. Sie kann dann auch einholen, was wir brauchen."

Die Mutter hatte kleine Bedenken und sagte: „Thilde, das läuft so ins Geld. Und man weiß doch nicht, wenn er dann kündigt..."

„Dann kündigen wir auch wieder. Die Runtschen is ja 'ne vernünftige Frau. Und dann, was heißt kündigen! Glaube mir, der kündigt nicht."

* * *

Der andere Tag war ein großer Tag. Der Inhalt einer großen Pappschachtel, darin sich Bänder und alte Blumen befanden, war auf die Chaiselongue ausgeschüttet, damit man einen besseren Überblick hatte. Der Alten war es nicht recht.

„Thilde, das fusselt alles so. Und es ist doch unser Prachtstück. Kind, Kind, wo soll denn alles her=kommen!"

Aber Thilde ließ sich nicht einschüchtern, und als sie gefunden hatte, was sie für sich und die Alte brauchte, war sie fleißig bei der Arbeit. Dann wusch sie zwei Paar hellbraune Handschuhe. Es roch bis in Hugos Zimmer hinüber nach Benzin. Dann wurde geplättet. Thilde war in einer apart guten Laune. „Sieh nur, wie er glüht!" Und dann schlug sie den Schieber mit einem Feuerhaken zu.

Ihr Mieter hatte sich den ganzen Tag nicht blicken lassen, wodurch er der Begleitungsfrage klug entgangen war.

* * *

Kosinsky war dreimal gerufen worden, und die Alte, die nicht klatschen wollte, hatte sich begnügt, dem Darsteller der Rolle zuzunicken, als er sich gerade nach der anderen Seite hin bedankte. Dann sagte sie zu Thilde, während sie dieser eine kleine, unterwegs gekaufte Papiertüte mit Drops hinreichte: „Er macht es ganz gut, er hat so viel Anstand, nich? Es muß doch sehr schwer sein."

„I Gott bewahre," sagte Thilde, die sich ablehnend gegen alles verhielt, weil sie merkte, daß Hugo es fortgesetzt vermied, nach dem zweiten Rang hinaufzusehen. Nur einmal geschah es, und nun grüßte er auch, aber ganz steif und förmlich. Sie legte sich's aber schließlich doch zum guten zurecht, und als der große Traum kam und eben die weiße Haarlocke in die Wagschale des Gerichts fiel, sagte sie sich: Es ist ein gutes Zeichen, daß er nicht rauf sieht, weil er kein Leichtfuß ist und es ernst nimmt. Er sagt sich: alles das hat eine Tragweite... Ja, von Tragweite hat er schon ein paarmal zu mir gesprochen... Und so ganz abgeschlossen hat er noch nicht... Er nimmt es nicht als Spaß.

Sie kam in ihren Betrachtungen nicht weiter, weil die Alte sagte: „Sieh doch mal nach, Thilde, wer der alte Diener is, er zittert ja so furchtbar."

„Ach, laß ihn doch," sagte Thilde und reichte der Mutter die Tüte mit den Drops zurück.

* * *

Die Möhrings hatten Mantel und Hut draußen abgegeben, Thilde hatte darauf bestanden. „Mutter," hatte sie gesagt, "du weißt doch, daß ich's zusammenhalte, aber mitunter is Anständigkeit auch das Klügste."

"Na, wenn du meinst, Thilde, wir wollen es aber auf eine Nummer geben."

Jetzt hatten sie sich eingemummelt und stiegen die Treppe hinunter. Unten in der Vorhalle machte sich Thilde mit allerhand zu schaffen, weil sie's für möglich hielt, daß ihr Mieter an einer der Barrieren stehe und auf sie warte. Aber er war nicht da. Das gab eine neue Verstimmung, und einen Augenblick überkam die sonst unerschütterliche Thilde die Frage: Ob ich mich doch vielleicht irre? Sie war aber von einem unvertilgbaren Optimismus der Hoffnungseligkeit, weil sie den Charakter ihres Mieters ganz genau zu kennen glaubte, und sagte sich: er muß natürlich seinen Freund beglückwünschen, und er kann nicht an zwei Stellen zugleich sein.

Erst nach zehn waren sie zu Hause, was nichts schadete, da sie den Hausschlüssel mithatten. "Siehst du, Thilde, wie gut," sagte die Alte, als sie den Schlüssel aus ihrer Tasche hervorholte.

"Ach, Mutter, als ob ich nicht gewollt hätte. Natürlich, ich dachte sogar, wir könnten erst um elf kommen."

Auf der Treppe trafen sie den Portier, der eben das Gas ausdrehte. "Soll ja sehr schön gewesen sein," sagte dieser.

"Gott, Mieckhoff, wissen Sie denn schon?"

"Ja, meine Ida war auch da. Ida is immer da. Sie kennt welche von's Theater."

"Na, das is recht," sagte Thilde. "Theater bildet."

Und damit stiegen Mutter und Tochter weiter hinauf, während der Portier in einem Anflug von Galanterie ihnen noch eine halbe Treppe aufwärts leuchtete.

Oben sagte Thilde: "Nu, Mutter, wollen wir uns

einen Tee aufgießen und warten, bis er kommt. Er wird uns wohl auch sehen wollen und hören, ob wir uns amüsiert haben."

„Ach, Thilde, es war ja doch so graulich, und der alte Mann, und wie er aussah, wie er da 'raus kam und der andere gleich rein! Na, da fiel mir ein Stein vom Herzen. Wenn ich mir denke, daß so einer noch frei 'rumläuft..."

„Das kann er ja gar nicht mehr. Es is ja schon so lange her, und dann is es ja bloß so was Ausgedachtes. Du denkst immer, es is wirklich so."

„Ja, Gott, warum soll ich so was nich denken! Es gibt so viele schlechte Menschen..."

„Ja, ja, erzähle nur nicht die Geschichte von dem Kürschnermeister in Treptow; ich weiß ja, daß er seine Frau mit dem Marderpelz erstickt hat. Aber es gibt auch gute Menschen."

„Ja, die gibt es auch. Und ich glaube, unser jetziger Herr drüben is 'n guter Mensch."

„Ein sehr guter, das heißt, wenn er so is, wie ich ihn mir denke."

„Du sagst ja immer, bu bist so sicher."

„Bin ich auch, bloß mitunter wird einem doch etwas bange. Aber es geht gleich wieder vorüber."

Die Möhrings hatten bis Mitternacht gewartet und den Tee schon zweimal wieder aufgegossen. Als aber der Mieter noch immer nicht da war, sagte die Alte: „Thilde, was sollen wir so viel Petroleum verbrennen, nu kommt er doch nich mehr. Und wenn er kommt, wird er wohl auch nich wollen, daß wir ihn so in seinem Zustand sehen.

Er wird wohl in Töpfers Hotel sitzen, im Keller unten, da sitzen sie immer."

Und danach waren sie zu Bett gegangen und lagen auch still und sprachen nicht. Aber von Schlafen war keine Rede. Thilde beschäftigte sich mit seiner Haltung während des ganzen Abends und dieser nächtlichen Kneiperei, die ganz jenseit ihrer Berechnungen lag, und die Alte war noch immer bei dem Stück. Es schlug schon eins, als sie sich aufrichtete und leise sagte:

„Thilde, schläfst du schon?"

„Nein, Mutter."

„Das is gut, Kind, mir is so angst. Ob es von dem Tee is? Aber ich habe solch Herzschlagen und sehe immer den alten Mann..."

„Ach, laß doch den alten Mann, Mutter, der schläft nu schon zwei lange Stunden, und du mußt auch schlafen."

„Und das einzige is, daß der Rotkopf..."

„Ja, ja, der hat nu seinen Denkzettel."

„Und was wohl aus dem armen Wurm, dem Fräulein, geworden is — wie hieß sie doch?"

„Amalia."

„Richtig, Amalia... Ja, die is nu so gut wie eine Waise. Denn wenn sie den Alten auch wieder herausgeholt haben, lange kann er's doch nich mehr machen."

„Nein, das kann er nicht, Mutter. Aber jetzt werde ich dir ein Glas Wasser holen, und dann legst du dich auf die andere Seite."

„Na, ich werde mal bis hundert zählen."

* * *

Es war darauf gerechnet worden, daß Hugo spät aufstehen würde, aber das Gegenteil geschah: er klingelte früher als gewöhnlich und mußte wohl zehn Minuten auf sein Frühstück warten. Thilde wollte diese Verspätung entschuldigen. Er meinte aber, es hätte nichts zu sagen, er müsse sich entschuldigen. Um vier nach Haus kommen und um sieben Frühstück, das sei beinah unnatürlich. Ob es denn hübsch gewesen sei, das heißt, ob sie sich amüsiert hätten, und wie ihnen Rybinski gefallen habe? Er wolle ausgehen und gleich in den Zeitungen nachsehen, ob er gelobt sei. Daß sie nicht geklatscht hätten, sei sehr gut gewesen. Es falle auf und schade bloß und heiße dann in den Zeitungen, es sei alles Claque gewesen. Übrigens hätte Rybinski ihm gesagt, er werde wieder Billette schicken, wenn er in einer neuen Rolle aufträte. Das sei in der nächsten Woche: Dunois, Bastard von Frankreich.

„Sie kennen die Rolle, Fräulein Thilde?"

„Ja. Den Dunois kenne ich," sagte sie mit Betonung des Namens ohne weiteren Zusatz, um ihn auf diese Weise das Unpassende des „Bastard" fühlen zu lassen. Zu dem Plan, den sie sich ausgedacht hatte, gehörte durchaus Tugend. Sie hielt es deshalb, um ihrer Reprimande noch mehr Nachdruck zu geben, auch für angezeigt, das Gespräch abzubrechen, so schwer es ihr wurde.

Als sie wieder drüben in ihrem Zimmer war, fand sie die alte Runtschen vor, die nicht durch das Entree, sondern durch die Küche gekommen war. Sie sah aus wie gewöhnlich: schmuddelig, Kiepenhut und eine schwarze Klappe über dem linken Auge.

„Guten Tag, Frau Runtschen. Nun, das is gut, daß Sie da sind. Hat Ihnen Mutter schon gesagt?..."

„Ja, Thildechen, Mutter hat mir schon jesagt, daß wieder ein Herr da is, und daß ich reinmachen und einholen soll. Aber wann muß es denn sind? Von sieben bis acht bin ich drüben bei der Leutnant Petermann und von acht bis neun bei Kulickes unten."

„Das paßt sehr gut. Neun bis zehn ist die beste Zeit oder lieber noch ein bißchen später. Um die Zeit is er immer weg, und Sie können sich's dann einrichten, wie Sie wollen, und Sie wissen ja auch Bescheid, wo alles steht! Aber mitunter is er auch noch da und sieht aus dem Fenster — ja, Frau Runtschen, dann müssen Sie sich schon ein bißchen zurechtmachen."

„Zurechtmachen?"

„Ja, Frau Runtschen. Ich meine natürlich nur ein bißchen. Sie können nicht kommen wie 'ne Prinzessin, so viel wirst es nicht ab. Aber doch so das Nötigste, eine weiße Schürze und dann, daß Sie den Kiepenhut abnehmen. Wenn er nicht da is, dann is der Kiepenhut ganz gut, und man sieht nicht alles; aber wenn er da is, dann is doch 'ne Haube besser."

„Ja, Fräuleinchen, was heißt Haube?"

„Natürlich sollen Sie sich keine mitbringen. Aber an unserm Ständer, da finden Sie allemal eine."

„Na, wenn's erlaubt is, dann nehme ich sie mir so lange."

„Ja, Frau Runtschen. Und denn noch eins. Die schwarze Klappe da dürfen Sie nicht länger als acht Tage tragen. Ich werde Ihnen Sonnabend eine neue geben. Ihr Schade soll es nicht sein."

* * *

Die „Jungfrau" kam zur Aufführung mit Rybinski als Dunois. Aber weder Möhrings noch ihr Mieter Hugo Großmann wohnten der Aufführung bei, da dieser letztere krank geworden war. Er fieberte ziemlich stark und bat, nach einem Arzt zu schicken. Dieser kam und war mehrere Tage lang im unsichern, was es war, bis es sich eines Morgens herausstellte, daß es die Masern seien. Er ging zu Möhrings hinüber und sagte: „Es sind die Masern, nichts Besonderes und nichts Gefährliches. Aber Vorsicht, liebe Frau Möhring. Sonst haben wir einen Toten, wir wissen nicht wie."

„Ach Jott, Herr Doktor, er is ja erst sechs Wochen bei uns. Und benn so was! Und wenn die Leute das hören, da will ja benn keiner mehr einziehen, und vertuscheln geht auch nich. Es sind immer so viel schlechte Menschen. Und Schultzes wird es auch nich recht sein."

„Wohl möglich. Aber nur nicht ängstlich, liebe Frau. Noch lebt er und wird wohl auch weiter leben. Ich habe Sie nur warnen wollen, daß Sie aufpassen und immer nasse Lappen über den Bettschirm hängen. Mit dem Bazillus ist nicht zu spaßen. Und vor allen Dingen keinen Zug, Zug ist das schlimmste. Da tritt alles zurück und wirst sich auf die edleren Teile."

„Jott, is es möglich!"

„Und bann haben wir casus mortis."

Mathilde war babei nicht zugegen. Als sie von einem Gang in die Stadt nach Haus kam und hörte, was der Arzt gesagt hatte, meinte sie: „Mutter, du kannst doch auch gar nichts vertragen. Masern! Das is so gut wie gar nichts. Jedes kleine Wurm hat sie. Sie sollen sogar gesund sein, es kommt alles raus, und das is immer die Hauptsache. Natürlich müssen wir aufpassen und auch sorgen, daß er die Runtschen nicht zu sehen kriegt. Er is so empfindlich in manchem und hat mir mal gesagt, er graule sich ordentlich vor der Aufwartefrau."

„Ach, das hat er bloß so gesagt!"

„Nein, ganz im Ernst, Mutter. Solche, die immer Stücke lesen und ins Theater gehen, die sind so. Na, und das schwarze Pflaster — es is ja auch zum Graulen."

„Ach, Thilde, was unsereiner auch alles erleben muß,

und das nennen sie dann Fügung, und man soll auch noch dankbar dafür sein."

„Red' nicht so, Mutter, das bringt Unglück, denk an Hioben. Und Fügungen! Die Leute haben auch ganz recht, wenn sie von Dankbarsein reden — wenigstens wir. Denn das kann ich dir sagen, für uns is es eine sehr gute Fügung. Und wenn ich mir was hätte denken sollen, auf so was Gutes wie die Masern wäre ich nie gekommen."

„Meinst du wirklich?"

„Ja, das meine ich."

„Aber wie denn, Thilde?"

„Das erzähl' ich dir ein andermal, wenn es erst da is. Wenn man drüber red't, dann beruft man's."

„Ach, Thilde, du rechnest immer alles, aber du kannst auch falsch rechnen."

„Kann ich. Aber du sollst sehen, ich rechne richtig."

* * *

Hugo Großmann überstand seine Masern und war im Abschülberungszustand, als der Doktor sagte: „Ja, liebe Frau Möhring, den haben wir nun mal wieder raus, das heißt, aus dem gröbsten. An gesund ist noch nicht zu denken, und die Vorsicht muß verdoppelt werden. Der kleinste Fehler, und es wirft sich auf die Ohren oder, wenn er zu früh Licht kriegt, auf die Augen, und dann ist er blind. Anderseits hätte ich gern, er könnte hier 'raus. Die nassen Lappen sind gut, aber immer nasse Lappen geht auch nicht. Könnten Sie ihn nicht umbetten? Ich meine umlogieren? Vielleicht etwa in das Entreezimmer? Sie müssen dann freilich zusperren und allen Verkehr mit der Welt abschneiden, und wer zu Ihnen will, muß durch die Küche. Aber Krankheit entschuldigt alles. Überlassen

Sie's man Fräulein Mathilde, die ist findig, die wird schon Rat wissen."

Und damit ging er.

Mathilde rechtfertigte wirklich das gute Vertrauen, das der Doktor zu ihr hatte, und sagte: „Doktor Birnbaum hat ganz recht. Er muß raus, ich kann die Lappen schon gar nicht mehr riechen. Aber das mit dem Eutree, das geht nicht. Entree! Das sieht so weggesetzt aus, so nicht hü und nicht hott. Er is doch ein studierter Mann und ein Bürgermeistersohn, und seine Masern hat er bei uns gekriegt. Er muß in unsere Stube..."

„Aber, Thildchen, das geht doch nich! Wir haben ja doch bloß die eine. Und benn ein Bett und ein fremder Mann drin, es geht doch nich."

„Es geht alles, aber das mit dem Bett is gar nicht nötig. Das Bett bleibt stehen, wo's steht, und abends bringen wir ihn rüber und packen ihn ein und seine Reisedecke drüber, daß er sich nicht bloß wirst."

„Und bei Tage..."

„Bei Tage is er bei uns hier drüben. Er wird nichts tun, was uns genieren kann, und ich kann immer rausgehen. Du freilich, na, du bist eine alte Frau, und er könnte dein Sohn sein, und an dich muß er sich wenden. Aber er wird nicht, er is viel zu anständig, er schadet sich lieber. Und da haben wir ihn benn, solange die Rekonvaleszenz dauert, immer drüben und müssen die Rouleaus halb 'runterlassen, daß er kein Licht kriegt, und müssen ihm was erzählen oder was vorlesen. Aber erzähl nicht so viel von Vatern, du gehst immer so ins einzelne, und so was Interessantes war Vater nicht."

„Aber er war ein sehr guter Mann."

„Ja doch. Das war er."

„... ein sehr guter Mann. Und bann, Thilde, was

ich sagen wollte: wie denkst du dir das eigentlich mit ihm? Sein Bett bleibt drüben, und auf einen Stuhl können wir ihn doch nicht setzen. So lange kann er sich doch nich' gerade halten, er is ja doch noch krank und schwach."

"Nein, das kann er nicht. Und da siehst du nu wieder, wie gut es is, daß wir die Chaiselongue haben. Ich wußte, daß sich das verlohnen würde."

"Ja, meinst du, daß das geht? Es is doch sozusagen unser Prachtstück. Der Stehspiegel hat den Riß und sieht nicht recht nach was aus. Aber die Chaiselongue — du darfst doch nich vergessen, vierzehn Tage oder vier Wochen dauert es, und dann is sie hin. Er wird Kuten einliegen und alles eindrücken, denn Kranke sind unruhig und liegen mal hier und mal da."

"Das is ja gerade das Gute, da verteilt es sich aufs Ganze, und von Kuteneinliegen ist keine Rede. Und wenn auch, Mutter, wer was will, der muß auch was einsetzen. Er sieht dann, daß wir ihm unser Bestes geben, und wie ich ihn kenne, wird es ihn rühren, denn er hat was Edles, das heißt so auf seine Art. Zu viel darf man von ihm nicht verlangen."

Gleich an dem Tag, an dem dies Gespräch geführt wurde, wurde Hugo Großmann in die Möhringsche gute Stube herübergenommen und auf der Chaiselongue installiert. Er nahm sich da ganz gut aus. Ein kleines Tischchen stand neben ihm mit einem Heliotrop darauf, es roch aber zu stark und wurde durch weiße Astern ersetzt. Auf einem grünen Weinblatteller lagen zwei Apfelsinen, daneben stand eine Klingel, aber bloß als Putzstück, denn Mutter und Tochter waren immer da und brauchten nicht erst zitiert zu werden. Der Arzt war mit dieser Umlogierung sehr zufrieden und sagte, als er mit Hugo allein war, allerlei Verbindliches über so „gute Menschen", in deren ganzem Verhalten sich die einzig wahre Bildung ausspräche: die Herzensbildung. Fräulein Mathilde sei übrigens überhaupt gebildet und, wenn man ihren Kopf öfter ansehe und sich so mehr hineingelebt habe, beinah eine Schönheit.

Draußen im Entrée standen Mutter und Tochter und stellten allerlei Fragen, was für den Kranken erlaubt sei und was nicht. „Immer im Dämmer," sagte der Doktor, „am besten ist es, wenn er auch in einem geistigen Dämmer bleibt."

„Aber wir dürfen doch mit ihm reden?"

„Gewiß, liebe Frau Möhring, alles, was Sie wollen, nur nichts Aufregendes."

„O du mein Gott, wie werd' ich denn was Aufregendes . . ."

„Und Vorlesen ist vielleicht auch erlaubt?" unterbrach Thilde, die sah, daß sich die Mutter noch weiter über das „Aufregende" verbreiten wollte.

„Ja, vorlesen geht, aber nicht viel und nichts Schweres."

Als sie wieder bei Hugo eintraten, erzählte ihm Thilde, was der Doktor alles erlaubt habe: nur immer abends ein grüner Lichtschirm, eine grüne Lampenglocke sei nicht genug, und wenn er Lust hätte, so dürfte ihm auch was vorgelesen werden. Drei-, viermal des Tags, aber nie länger als eine halbe Stunde.

Hugo lächelte erfreut, denn seine Krankheit fing an, ihm langweilig zu werden, und als Thilde fragte, was er denn wohl wünsche, Bücher seien ja da die Hülle und Fülle, da sagte er: ja, die Geschichte von Zola, wo das Paradies drin vorkomme, die möchte er wohl hören, er sei gerade bis dahin gekommen, wo das Paradies beschrieben würde. Freilich, es käme noch so manches darin vor, und er wisse nicht, ob er an Fräulein Thilde das Ansinnen stellen dürfe . . .

Thilde merkte gleich, daß er dies in Erinnerung an das kurze Gespräch über den „Bastard" von Orleans sagte, und wenn sie damals geglaubt hatte, sich den sittlichen Standpunkt sichern zu müssen, so hatte sie jetzt das Gefühl, daß sie den Bogen der Sittlichkeit nicht überspannen und nicht den Eindruck des Engen und Spießbürgerlichen wecken dürfe. Sie sagte denn also, während sie sich an das Fuß= ende der Chaiselongue stellte: in der Schilderung des Paradieses, wenn auch ein Sündenfall darin vorkäme, sehe sie kein Hindernis. Auf einem so niedrigen Standpunkt stehe sie nicht. Ein Mädchen müsse freilich auf sich halten im Leben und Gespräch und in Theaterstücken und dürfe nicht alles sehen und hören wollen, denn gerade die Neugier sei ja der erste Versucher gewesen, aber ein Mädchen müsse sich auch vor Prüderie zu wahren wissen, wenn ihr ihr Gefühl sage, selbst das Stärkste stehe hier um einer großen Sache willen. Und das sei nicht bloß in Theaterstücken und Romanen so, das sei auch schon so beim Lernen und im Konfirmandenunterricht. Sie habe früher bei Pastor Kleinschmidt aus der Bibel vorlesen müssen, da wären mitunter furchtbare Worte vorgekommen, und sie denke noch bisweilen mit Schrecken daran zurück. Aber immer wenn sie gemerkt habe, daß so was komme, dann habe sie sich zusammengenommen und die Worte ganz klar und deutlich und mit voller Betonung ausgesprochen.

Hugo nickte nur und fand bestätigt, was Doktor Birn= baum eben über Thilde gesagt hatte. Wie richtig, wie gescheut war das alles! Und er freute sich über ihre tapferen und aufgeklärten Ansichten.

‚Es ist ein merkwürdiges Mädchen,' grübelte er, ‚nicht eigentlich schön, wenn man sie nicht zufällig im Profil sieht, aber klug und tapfer, ich möchte sagen, ein echtes, deutsches Mädchen, charaktervoll, ein Wesen, das jeden glücklich machen muß, und von einer großen Innerlichkeit, geistig und moralisch.'

* * *

In dieser Richtung gingen von Stund an Hugos Gedanken, und als er vielleicht zwei Wochen vor Weihnachten, Mitte Dezember, wieder in sein eigenes Zimmer hinüberquartiert wurde, was der alten Möhring eine heimliche Genugtuung verursachte, hatte sich die Überzeugung bei ihm festgesetzt, daß Thilde ganz die Frau sei, die für ihn passe. So gewiß er sich für einen ästhetisch fühlenden und mit einer latenten Dichterkraft ausgerüsteten Menschen hielt, so war er im Leben selbst doch von großer Bescheidenheit, beinah zaghaft, und hatte kein rechtes Vertrauen zu seinem Wissen und Können.

„Ich bin ein unnützer Brotesser", hatte er zu Rybinski gesagt, der ihn lachend mit der Versicherung getröstet hatte: „Dann gerade schmeckt's am besten." Und diese Beurteilung seiner selbst war richtig, und weil sie richtig war, war auch das richtig, daß Thilde für ihn passe. Sie hatte gerade das, was ihm fehlte, war quick, findig, praktisch. Er wollte sich noch vor Weihnachten ihres Jaworts versichern. Daß ihm das nicht versagt würde, davon hielt er sich überzeugt. Denn schließlich war er doch immer ein Bürgermeistersohn, während Thilde — so viel sah er wohl — auf Geburtsstolz verzichten mußte.

„Fräulein Thilde," sagte er, als sie gleich am ersten Abend seiner Wiederumquartierung ihm den Tee brachte und klein geschnittenen Schinken und Butterbrot, „Fräulein Thilde, Sie sind sich immer gleich gegen mich in Ihrer Güte, und weil Sie glauben, es würde mir alles noch schwer, so haben Sie auch den Schinken schon zerschnitten. Sie haben mich gepflegt und verwöhnt und mir all die

Wochen über erst gezeigt, wie glücklich man im Leben sein kann. Eine liebevolle Hand ist das, was man im Leben am meisten braucht. Aber setzen Sie das Teezeug erst hin . . . Und nun geben Sie mir Ihre liebe kleine Hand, denn es ist eine kleine Hand, und treten Sie hierher mit mir ans Fenster und sehen Sie mit mir auf das Bild da, das Gewölk, das am Mond vorüberzieht und sich wieder aufhellt im Vorüberziehen. Es läßt sich vielleicht ausdeuten, aber ich mag es nicht, und auch ohne das, nur angesichts dieses Bildes frage ich Sie, ob ich Ihre liebe kleine Hand auch noch weiter behalten darf, lange noch — ein Leben lang."

Sie gab nicht unmittelbar Antwort und beschäftigte sich vielmehr damit, das Rouleau herunterzulassen. Dann faßte sie ihn sachte beim Arm, führte ihn vom Fenster weg bis an das hochlehnige Sofa zurück und sagte, während sie sich auf die andere Seite des Tisches stellte und beide Hände auf die Kante legte: „Sie sind noch so angegriffen, ich höre es an Ihrer Stimme, in der noch die Krankheit zittert, und daran, daß Sie gerade den Mond in unser Gespräch gezogen haben . . . Ach, Herr Großmann, der Mond ist nichts für Sie, Sie brauchen Sonne . . . Sonne gibt mehr Kraft."

„Das mag schon sein, aber das ist keine Antwort, Fräulein Thilde. Sie sollen ja nur ‚ja' oder ‚nein' sagen."

„Nun denn — also ja. Trotzdem es noch lange dauern wird, bis es dahin kommen kann . . ."

„Auf dem alten Weg, ja. Aber es gibt auch neue Wege."

Sie lächelte fragend: „Rybinski=Wege?"

Hugo schwieg, weil sie seine Gedanken erraten hatte.

„Nein, Hugo, davon darfst du nicht reden, dann nehme ich mein ‚Ja' gleich wieder zurück. Ich will nicht in der Welt herumziehen und dir die Königsmäntel zurechtschneidern.

Ich bin fürs Ernste, fürs Hergebrachte und auch für Religion, nicht bloß für Standesamt. Alles, meine ich, muß seinen Zweck haben. Ich rechne darauf, daß du mir durch Arbeit den Beweis deiner Liebe gibst. Erst das Examen. Das andere findet sich. Dafür will ich schon sorgen ... Aber nun komm, daß wir's Mutter sagen. Oder nein, heute lieber nicht. Du bist noch nicht fest genug auf den Füßen, ich werde es ihr selbst sagen, heute abend im Bett, und morgen früh kommst du dann. Ob sie sich freut, weiß ich nicht, aber ‚ja' wird sie schon sagen."

Sie stellte die kleine Teekanne vor ihn hin, und was sonst noch auf dem Tablett stand. Und als sie alles geordnet und die Decke gerade gezupft hatte, nahm sie das Tablett unter den linken Arm, bückte sich zu ihm herab und gab ihm einen Kuß auf die Stirn. Er wollte sie, vielleicht in unklarer Vorstellung von Bräutigamsrecht und -pflicht, festhalten und einen Sturm auf ihre schmalen Lippen versuchen, aber sie entwand sich ihm sanft. An der Türe legte sie den Zeigefinger an die Lippen und nickte ihm nochmals zu.

*   *   *

Das geplante Bettgespräch hatte stattgefunden und war unter Vermeidung aller Umschweife mit dem Satz begonnen worden: „Mutter, weißt du was?"

„Was denn, Thilde?"

„Ich habe mich mit ihm verlobt."

Die Alte richtete sich auf wie ein Gespenst, sah Thilde an und sagte dann: „Jott, was soll nu aus mir werden."

„Gar nichts, Mutter, du bleibst, was du bist, und ein Esser is weniger. Und wenn du was brauchst, dann schick' ich es dir."

„Ja, kann er denn — hat er denn was?"

„Noch nicht, Mutter. Aber wenn ich ihn bloß erst

habe, so richtig verlobt vor Gott und Menschen, dann wird es schon werden. Er sieht ja doch aus wie auf der Kanzel, und so einer kommt immer an. Ich werde ihn schon anbringen."

„Und wirklich verlobt und nicht bloß so gesagt, und nachher sitzt du da, wie so ganz, ganz arme und unglückliche Mädchen dasitzen . . ."

„Mutter, was du nur immer denkst! Vater hat doch gesagt: ‚Thilde, halte dich propper‘, und hab’ ich etwa nicht? Und nu kommst du immer mit solchen Geschichten. Oder denkst du wirklich, daß ich so dumm bin? Er wollte mir schon einen Kuß geben und war sehr stürmisch, weil er noch krank is, aber ich habe ihn in seine Schranken zurückgewiesen."

„Das is recht, Thildchen. Und wann denkst du denn, daß es ins Blatt kommt, oder soll es ganz stille und verborgen bleiben? Es is doch immer besser, andere wissen es auch. Dann geniert er sich mehr, wenn er sich vielleicht noch anders besinnt."

„Ach, anders besinnt. Er darf sich nicht anders besinnen, und er wird auch nicht, und er will auch nicht. Er wird nu morgen früh bei dir anfragen, und da mußt du was Gutes sagen und nicht so klein und ängstlich sein, und er muß sehen, daß wir nicht auf ihn gewartet haben."

„Ja, da hast du recht, aber was soll ich sagen? Du mußt mir was zurechtmachen, was paßt."

„Das geht nicht, Mutter. Dann verschnappst du dich und sagst es an der unrichtigen Stelle."

„Ja, das is möglich. Na, denn werd’ ich bloß sagen: ‚Gott sei mit dir‘."

„Das is genug, aber du darfst ihn nicht gleich ‚du‘ nennen. ‚Du‘ kommt erst, wenn es drin gestanden hat und wir richtig Verlobung gefeiert haben. Ich denke so

Heiligabend. Unterm Christbaum, das hab' ich mir immer gewünscht. Das hat dann so seinen Schick und is auch so 'n bißchen wie kirchliche Handlung. Und is schon so 'n Vorgeschmack, das heißt, ich meine von der Trauung, denn bei dir muß man sich immer vorsichtig ausdrücken, du denkst gleich . . ."

* ÷ *

Am nächsten Morgen hielt Hugo richtig um Thildens Hand an, und die Alte sagte gar nichts, sondern nickte nur immer und streichelte seine Hand. Das war auch das allerbeste. Dann zog sich Hugo wieder in sein Zimmer zurück, und er sah nun Thilde fast weniger als sonst. Wenn es irgend ging, wurde die Runtschen vorgeschoben. Allerdings war dies mit besonderen Schwierigkeiten verknüpft, weil gerade sogenanntes Matschwetter war, was die Runtschen in ihrer Erscheinung auf das niedrigste Maß des Möglichen herabdrückte. Für eine reine Schürze war zwar immer gesorgt, und den Kiepenhut, mit dem sie verwachsen war, mußte sie abnehmen, aber man konnte nicht sagen, daß das viel half. Ganz im Gegenteil, weil die Mannsstiefel, die die Runtschen bei solchem Wetter trug, in einem beleidigenden Gegensatz zu der weißen Schürze standen.

All das entging Thilden nicht, aber sie hatte nicht Zeit, sich mit diesen verhältnismäßig geringfügigen Dingen zu beschäftigen, da die heranrückende Verlobung unter dem Christbaum (es waren nur noch vier Tage) sie ganz in Anspruch nahm. Eine kleine Gesellschaft sollte gegeben werden, aber wie sie zusammensetzen? Einen Augenblick war an Schultzens und auch an Frau Leutnant Petermann nebenan gedacht worden, deren Mann schon 1849 im badischen Aufstand gefallen war. Aber Thilde ließ beide Pläne wieder fallen. Schultzens waren zu reich und konnten denken, man wolle etwas von ihnen oder wolle sich mit ihnen wichtig tun, und so stand es doch noch lange nicht. Und die Petermann war wohl arm genug, aber sie hatte so etwas Schnippisches und sprach so gebildet, weil sie früher Schneiderin gewesen war, was nun keiner merken sollte.

Kurzum, Thilde sah ein, daß aus dem Kreise eigener Bekanntschaft niemand recht zu wählen sei, und einigte sich in einem Gespräch mit Hugo dahin, daß nur ein Vetter Hugos, ein sonderbares altes Genie, das zwischen Maurer=polier und Architekt stand und seit einundzwanzig Jahren der Freund einer Witwe war (ein Umstand, der über sein Leben entschieden hatte), geladen werden sollte. Dieser auf geistige Getränke gestellte Vetter, von dem Hugo zu kalauern pflegte, daß seine Verwandtschaft zu Karoline Pichler näher sei als zu den Großmanns, paßte gut, weil er kein Spielverderber war. Außerdem mußte natürlich Rybinski geladen werden. Gegen zehn wollte dann Thilde — dies war ein von ihr gestelltes, frühere Beschlüsse halb auf=hebendes Amendement — zu Schultzens runtergehen und sich als Braut vorstellen und daran die bescheidene Frage knüpfen, ob Herr Rat und Frau Rätin vielleicht auch eine Viertelstunde ihnen schenken und sich von ihrem Glück überzeugen wollten. An der Ausführung dieses letzteren Planes war der alten Möhring beinah mehr gelegen als an der Verlobung selbst. Ein Wirt blieb doch immer die Hauptsache. Das mit dem Bräutigam konnte doch am Ende nichts sein, aber das mit Schultzens, das war immer was.

Das Billett an Rybinski schrieb natürlich Hugo. Rybinski kam und sagte zu, vorausgesetzt, daß er seine Braut mitbringen dürfe.

„Deine Braut?" wunderte sich Hugo; „bist du denn verlobt?"

„O ja, schon seit meinem Debüt, und wir sind sehr d'accord. Aber natürlich kann so was auch wieder zurückgehen, und wenn du mal so was hören solltest . . ."

„Ach so, ich verstehe schon. Ich darf sie doch als deine Braut vorstellen?"

„Ich muß sogar sehr darum bitten."

* *

Der Vierundzwanzigste kam und ging. Die Verlobung war proklamiert worden, und die sechs Menschen, aus denen die ganze Gesellschaft bestand, waren ausnahmslos sehr vergnügt gewesen. Eine halbe Stunde lang sogar Schultze, der auf Thildens Aufforderung in einer gewissen Paschalaune, sein Volk beglückend, in der kleinen Möhringschen Wohnung erschienen war: zurückhaltend in bezug auf alles, was an Speise und Trank aufgetragen wurde, aber desto intimer mit Rybinskis Braut. Rybinski selbst lachte dazu, versicherte dann und wann, daß er sich mit dem Rechnungsrat über das Schnupftuch schießen müsse, weil ihm ein derartiger Eingriff in geheiligte Rechte überhaupt noch nicht vorgekommen sei, und versprach schließlich, beim Rat und der Rätin seine Visite zu machen, spätestens zu Neujahr, aber ohne Braut.

„Man kann doch nicht wissen, wie sich die Frau Rätin dazu stellt," flüsterte er seinem neuen Freunde zu. Und Schultze zwinkerte.

Den Toast auf das Brautpaar brachte der Vetter Architekt aus. Man werde nicht überrascht sein, wenn er seinerseits als ein Mann des Baus auch die Ehe, als deren Vorkammer die Verlobung anzusehen sei, wenn er auch die Ehe als einen Bau betrachte. „Das Fundament, meine Herrschaften, ist die Liebe. Daß wir diese hier haben, ist erwiesen, und der Mörtel, der bis in alle Ewigkeit den Bau zusammenhält, das ist die Treue."

Schultze nickte, Rybinski rief: „Bravo!" und drohte seiner neben Schultze stehenden Braut mit dem Finger, worauf er mit der geballten Faust eine Stichbewegung machte, als müsse Schultze erdolcht auf dem Platze bleiben. Der Vetter Architekt aber fuhr fort: „Der Mörtel, sage ich. Aber auch der bestgefügte Bau, bei den Erschütterungen, die das Leben mit sich bringt, bedarf noch der Stützen und Klammern, und diese Klammern und Stützen, das sind die Freunde, das sind wir. Auch Putz und Schmuck hat ein gutes Haus, und in seine Nischen sehen wir gern allerhand liebe, kleine Gestalten gestellt, ‚Putti‘ sagen die Italiener, Putten sagen wir selbst. Ich weiß, ich greife vor, aber in dieser heiteren Stunde wird auch ein heiterer Blick in die Zukunft gestattet sein. Es lebe das Brautpaar, es lebe das Haus, das die Ehe bedeutet, es lebe die Zukunft, es leben die Putten!"

Rybinski umarmte den Redner und sprach etwas von dem geheimnisvollen Reiz der angeborenen oratorischen Begabung. Sie sei wie ein Quickborn: ein Schlag mit dem Pegasushuf, und die Quelle springe. „Gesegnet die, die diesen Huf besitzen!"

Erst gegen Mitternacht ging man auseinander, und die Tochter der alten Runtschen, eine schmucke Person, die an einen Bahnhofsgepäckträger verheiratet war, und die schon beim Mantelabnehmen und dann beim Mohnpielenpräsentieren die Bedienung gemacht hatte, begleitete die Herrschaften hinunter. Selbst Schultze nützte seine Sonderstellung nicht aus und gab ihr, als er auf dem ersten Treppenabsatz in seine Wohnung abschwenkte, ein Trinkgeld. Alle benahmen sich in dieser Beziehung sehr anständig, und oben angekommen, teilten die alte und die junge Runtschen die Beute, was wieder von der jungen Runtschen sehr anständig war. Die Alte war aber über die ganze Aushilfe sehr verstimmt und schien mit dieser Hälfte nicht zufrieden zu sein, die eben nur die Hälfte und nicht das Ganze war.

„Du hast es doch nich so nötig, Ulrike," sagte sie.

„Ja, Mutter, du kannst doch nicht runterleuchten mit dein eines Auge. Erst fällst du, und dann fallen im Dunkeln die andern auch. Du vergißt immer das mit das eine Auge. Und manche graulen sich auch. Und was denkst du bloß! Glaubst du denn, daß der alte Schultze sich so honorig gemacht hätte, wenn du 'runtergeleuchtet hättest? Ich sage dir, der sieht sich seine Leute ordentlich an."

* * *

Mutter und Tochter saßen noch lange in ihrem Bette auf. Es gab viel zu sprechen. Für die Alte war Schultze die Hauptperson, er habe doch seiner gewirkt als die andern, und man hätte doch merken können: der hat's. „Es gibt einem doch so ein Gefühl, un' das hat er."

„Ach Mutter, du verstehst ja so was nicht. Schultze war der einzige, der in die Gesellschaft nicht paßte Von uns will ich nicht reden, aber die andern! Ja, das waren ja lauter feine Herren, alle studiert und Kunst dazu. Der Vetter auch, denn wer so was baut, das is auch 'ne Kunst. Und nur von Putten hätt' er nicht reden sollen. Aber daran siehst du es gerade: seine Leute, die sind so, die behandeln all so was spielerig und lassen immer — wie unser Doktor Stubbe sagte — den rechten Ernst vermissen. Aber es kommt doch immer so was raus, was nicht jeder sagen kann . . . Und nu Schultze! Ja, du mein Gott, wenn er nicht so sonderbares Zeug zu Rybinskis Braut gesagt hätte, so hätte er so gut wie gar nichts gesagt. Und dann war es auch nicht sein, daß er gar nichts nahm, und is bloß Tuerei. Sehr viel Gutes kriegt er unten auch nicht. Aber du hast seine großen Manschettenknöpfe immer angesehen und die zwei Steine vorn im Chemisett, und weil er Wirt is, so denkst du, es war was Feines. Ich habe ihn auch nur 'raufgeholt, weil du doch nu mit ihm auskommen mußt, wenn ich mal weggehe."

„Na, wann denkst du denn?"

„Ich denke mir, so zu Johanni."

„Hat er denn schon was?"

„Nein, noch nicht, Mutter. Aber ich werde es nu in die Haud nehmen. Morgen und übermorgen sind Feiertage, da kommt keine Zeitung, aber den dritten Feiertag abends, da steht es drin. Und Verlobung haben wir nu gehabt, und nu is die Reihe an mir."

*

Die alte Runtschen hatte sich schließlich beruhigt und gab zu, daß Ulrike sehr anständig gehandelt habe. Sie hätte ihr ja auch gar nichts geben oder wenigstens mogeln können, aber daran war gar nicht zu denken, dazu war es viel zu viel.

‚Überhaupt, es is eigentlich ein gutes Kind, un bloß daß sie sich ein bißchen ziert und mit die Augen so schmeißt. Na, jung is sie und dazu die schönen blonden Haare. Runtsch war schwarz, und ich erst recht. Sie hießen mich immer die Schwarze. Es muß aber doch so Bestimmung gewesen sein.'

In dieser Richtung gingen die Gedauken der alten Frau, das Versöhnliche herrschte vor, aber wenn sie auch verbittert gewesen wäre, so hätte diese Verbitterung nicht anhalten können, weil sie vom frühen Morgen des

andern Tages an ein Gegenstand besonderer Aufmerksam=
keit im ganzen übrigen Haus und der Nachbarschaft war.
Jeder wollte was wissen, und wohin sie kam, wollte man
hören, wie die Verlobung gewesen wäre. Zu begreifen
war es ja eigentlich nicht, darin waren alle einig. Solch
feiner Herr und ein Studierter und nu' diese Thilde mit
ihrem gelben Teint. Und des Morgens müßte sie rein=
machen und ausgießen und nun doch Brant, und ehe Gott
den Schaden besieht, steht sie da mit weiß Atlas und Myrte.
So hieß es bei den Portiersleuten und namentlich im
Keller nebenan, wo sie Sellerie, Petroleum und Semmel
zum Frühstück einholte.

Zuletzt kam sie zu Frau Leutnant Petermann, und
hier erst, weil diese wegen eines Unfalls am Abend vorher
noch im Bett lag, blühte ihr Weizen.

„Jott, Frau Leutnant, Sie liejen noch? Was is
denn los?"

„Ach, Runtschen, jetzt geht es ja wieder, aber bis vier
habe ich kein Ange zugetan. Solch furchtbare Schmerzen...
Der halbe Backzahn ist weg."

„Na, aber wie denn?"

„Ja, wie das so geht. Da hatte ich mir nun das
Bäumchen angesteckt und sein Bild darunter gestellt und
wollte seine Briefe noch mal lesen, das heißt, bloß die
ersten, wo er noch wie rapplig war. (Er war so.) Und
als ich da nun sitze und lese und mir den Teller 'ranrücke
und zu knabbern anfange, erst ein kleines Marzipanherz
und dann eine Pfeffernuß und dann ein Stück Stein=
pflaster, da beiß ich in das Steinpflaster 'rein, gerad' an
eine Mandelstelle, und da sitzt nu gerade ein Stück Mandel
schale, was man ja nicht sehen kann, weil alles die gleiche
Farbe hat, und weil ich scharf zubiß, war der halbe Zahn
weg."

„Und mit runterjeschluckt?"

„Nein, so weit kam es gar nicht. Ein Glück, daß ich warmes Wasser im Ofen hatte. Da habe ich dann gespült und gespült, und nun hat es sich beruhigt. Aber nun sagen Sie, Runtschen, wie war es eigentlich? Setzen Sie sich auf den Rohrstuhl, aber nicht zu nah da neben den Ofen, ein bißchen Wärme wird er wohl noch haben."

„Jott, Frau Leutnant, wie soll es jewesen sein. Sehr fein war es. Rechnungsrat Schultze war auch da."

„Mit ihr?"

„Nein, ohne."

„Na, das konnt' ich mir denken. Er nimmt es nicht so genau, die Rätin aber, die hält auf sich wie alle Frauen. Und wer war denn noch da?"

„Ja, die Namens weiß ich nicht, Frau Leutnant, bloß eine Brant war noch da, die sie Fräulein Bella nannten, und alle sehr drum rum, weil sie sehr hübsch war. Schultze fand es auch. Und was denken Sie wohl, was sie meiner Ulrike jejeben hat, die war nämlich auch mit da und mußte 'runterleuchten."

„Ja, wer will das sagen, Damen geben doch nie Trinkgeld."

„Ja, die gab aber, einen Taler hat se ihr spendiert."

„Ach, Unsinn."

„Nee, Frau Leutnant, es is so, Ulrike hat mir alles erzählt und wird doch nich mehr jesagt haben, wo sie mit mir teilen mußte. Das heißt, müssen war es eigentlich nich. Das Fräulein also sagte: ‚Hans, gib mir mal das Portemonnaie,' und dann nahm sie's raus und sagte: ‚Wir berechnen uns morgen.' Und es is nur schade, daß es Schultze nich mehr hörte, oder vielleicht war es auch janz jut. Er war schon vorher janz weg, und es war besser, daß er allein jekommen war."

„Und wie war denn die Brant, was hatte sie an?"

„Sie hatte ihr braunes Merino an mit lila Einsatz."

„Und war wohl eine große Zärtlichkeit, wie? Solche wie Fräulein Thilde, wenn's da mal kommt, die sind immer sehr zärtlich."

„Nich daß ich sagen könnte, Frau Leutnant. Ich habe nichts jesehen, und die Wohnung is so, daß man eigentlich alles sehen muß. Alles offen wie aufs Tempel= hofer Feld und kein Vorhang und keine Schirme. Und Lichter waren überall zu finden. Thilde war auch immer bloß um die Schüsseln herum und präsentierte, wenn Ulrike nicht da war, und Herr Hugo, was der Bräutjam is, der stand immer so da, und als ein älterer Herr, aber noch nicht so ältlich wie Schultze, das Brautpaar leben ließ, da sah er so verflixt aus, als wenn er nich so recht zufrieden wäre."

„Kann ich mir denken."

„Oder eigentlich bloß, als ob er jar nich so recht mit dabei wäre und wäre janz wo anders. Vielleicht is das noch so von seiner Krankheit, denn ein bißchen spack sieht er noch aus. Oder vielleicht is es auch nich ganz richtig mit ihm?"

„Das ist es, Runtschen. Es ist nicht ganz richtig mit ihm. Und wenn Sie gehen, nehmen Sie sich das Stein= pflaster mit, das noch neben dem Baum liegt, aber sehen Sie sich vor damit."

„Ach, Frau Leutnant, bei mir is es nich mehr ängstlich." —

Thilde war am selben Morgen in einer gehobenen Stimmung. Sie war nun Braut, und das andere mußte sich von selber geben. Solange sie bloß Fräulein Thilde

war und den Tee zu bringen und eine Bestellung aus=
zurichten hatte, lag die Sache noch schwierig genug,
jetzt aber hatte sie das Recht zu sprechen und zu handeln.
Das mit den Theaterstücken war ein Unsinn und mit dem
ewigen Lesen auch, und Rybinski und seine Braut, die ihr
übrigens — trotzdem sie die Sachlage durchschaute — sehr
gut gefallen hatte, mußten über kurz oder lang beseitigt
werden. Rybinski war eine Gefahr, noch dazu eine
komplizierte.

Zunächst aber konnte von einem Vorgehen keine Rede
sein, weil sie deutlich einsah, daß sie zur Erreichung ihrer
Zwecke der Fortdauer guter Beziehungen zu Rybinski und
seiner Mitwirkung durchaus bedurfte. Wenn für sie fest=
stand, daß sie Hugo zu trainieren habe, so stand auch ebenso
fest, daß sie so was wie Zuckerbrot beständig in Reserve
haben müsse, um Hugo bei Lust und Liebe zu erhalten,
und dazu war Rybinski wie geschaffen. Überhaupt nur
nichts Gewaltsames, nur nichts Übereiltes, alles mit Er=
holungspausen.

Ihrem natürlichen Gefühl nach hätte sie den ersten
Feiertag nicht vorübergehen lassen sollen, ohne mit ihrem
Verlobten über ihre Zukunft zu sprechen und gleich ein
bestimmtes Programm aufzustellen, aber in ihrer Klugheit
empfand sie, daß etwas Nüchternes und Prosaisches darin
liegen würde, den Tag nach der Verlobung, der noch dazu
der erste Weihnachtsfeiertag war, mit der Behandlung
solcher Fragen zu profanieren, und so bezwang sie sich und
nahm sich vor, ihm eine Woche Weihnachtsferien zu be=
willigen und ihn zu kleinen Vergnügungen anzuregen. Er
sollte sehen, wie gut er's auch im behaglichen getroffen
habe, und daß Thilde durchaus verstand, sich seinen
Wünschen anzupassen. Am Ende dieser Ferienwoche wollte
sie dann mit der Prosa herausrücken unter Hinweis, daß

ohne Durchführung ihres Programms von Glück und Zufriedenheit und überhaupt von einem Zustandekommen ihrer Ehe keine Rede sein könnte.

* * *

Ja, diese Ferienwoche. Thilde war nicht zum Wiedererkennen und schien eine Verschwenderin geworden.

„Hugo, das ist nun unsere Flitterwoche, wenn ich mir solch Wort, das uns eigentlich gar nicht zukommt, erlauben darf. Aber ich will es mir erlauben, es ist so schön, später solche Erinnerung zu haben. Und ich denke es mir hübsch, wenn wir mal alt geworden sind, von solcher Zeit sprechen zu können. Und darum muß alles wie Sonnenschein sein, und wir wollen es so recht genießen."

Hugo hielt Thildens Hand in der seinen und sagte: „Das ist recht, Thilde. Das freut mich, daß du so sprichst; ich dachte, du hättest gar nicht recht Sinn dafür, für die Freude, für das süße Nichtstun, was doch eigentlich das beste bleibt."

Thilde hielt es nicht für klug, ihn eines andern zu belehren, sie schwieg unter freundlichem Lächeln, und Hugo fuhr fort: „Ich dachte, du seiest immer nur für Pflicht und Ordnung und Stundehalten, was mir — so sehr es mir gefiel — doch auch wieder etwas ängstlich war, weil man auch im guten zu viel tun kann. Und nun sehe ich, daß ich eine heitere, lebenslustige Braut habe. Ja, das ist beinah mehr Glück, als ich verdiene... Aber nun sage, Herz, was nehmen wir heute vor? Wähle aber nicht zu ängstlich und sprich nicht von Geld und bescheidenen Verhältnissen. Wenn man sich verlobt hat, da darf man in nichts ängstlich sein und muß einem zumute sein, wie wenn man das Tischlein=deck=dich hätte."

„Schön," scherzte sie, „dann wollen wir ins Opern=

haus, Proszeniumsloge, vielleicht haben wir den Kaiser vis-à-vis."

„Nein, Thilde, so darfst du nicht sprechen. Ein bißchen Spott ist gut, das kleidet. Aber so viel nicht, sonst werde ich wieder irre an dir."

„Nun, dann wollen wir zu Kroll und die Weihnachts= pantomime ansehen."

Er stimmte freudig zu, fragte dann aber: „Und die Mutter, müssen wir sie nicht mitnehmen?"

„Wir werden es ihr wenigstens anbieten müssen, vielleicht, daß sie ‚nein‘ sagt. Ich bekenne, daß ich gern mit dir allein wäre, solche Freude genießt sich am schönsten zu zweien."

Hugo war wirklich glücklich. Er entdeckte Seiten an seiner Braut, die eine Perspektive auf ein höheres und feineres Glück eröffneten, als er an jenem Abend des ersten Geständnisses erwartet hatte. Was damals in ihm lebte, war eine Dankbarkeit, war ein weiches, sentimentales Gefühl, in dem die vorangegangene Krankheit noch nach= spukte. Jetzt schien es ihm, daß Thilde wärmerer Gefühle fähig sei, vielleicht sogar einer Leidenschaft, und seine Brust hob sich.

So begann die Festwoche. Man ging zu Kroll und vergnügte sich ganz leidlich trotz Gegenwart der Mutter, die nach anfänglicher Ablehnung ihren Entschluß geändert hatte, als sie hörte, daß „Schneewittchen und die sieben Zwerge" gegeben würde. Thilde war eigentlich froh darüber, denn der Alten eine Freude zu machen, war ihr fast wichtiger als alles andere. Was sie zu Hugo von „Genießen zu zweien" gesprochen hatte, war nur so hin= gesagt, weil sie wußte, daß er gern so was hörte.

Am zweiten Feiertag fuhr man in einer offenen Droschke, deren Vorbau den Wind abhalten mußte, nach

Charlottenburg hinaus, aber nicht die große Chaussee hinunter, sondern im Umweg erst nach der Rousseauinsel und dann am Neuen See vorüber. Auch hier war Mutter Möhring zugegen. Es war rührend, die alte Frau zu sehen. Am Neuen See stieg man einen Augenblick aus, um den Schlittschuhläufern zuzusehen, und die Alte freute sich wie ein Kind über die vielen Flaggen und Fahnen, aber bloß über die großen. Von den kleinen meinte sie, sie sähen aus wie Taschentücher auf der Leine. Möhring habe auch solche bunten gehabt, weil er immer viel geschnupft habe.

So brachte jeder Tag was Neues. Das Glanzstück war aber ein Diner à part im Restaurant, zu dem auch Rybinski geladen war. Natürlich mit Braut. Bei diesem Diner fehlte die Alte, weil sie wohl infolge der Fahrt durch den winterlichen Tiergarten und zu langem Stehen im Schnee bei den Schlittschuhläufern ihren Hexenschuß gekriegt hatte. Hugo war damit nicht unzufrieden und diesmal auch Thilde, weil sie einsah, daß das feine Restaurant kein Lokal für Mutter war.

Rybinski sprach von seinen neuesten Bühnentriumphen und machte damit einen großen Eindruck auf seinen Freund und Landsmann Hugo, was Thilde mit einiger Sorge wahrnahm. Es kam ihr aber Hilfe von Bella, die die ganze Kunstfrage großartig überlegen behandelte und beständig lachte, wenn das Wort „Talent" fiel. Denn sie meinte, das gänzliche Fehlen davon sei es ja gerade, was ihr ihren Hans so unaussprechlich teuer machte. Überhaupt Talent! Talente gäbe es so viele, sie erschrecke schon immer, wenn sie von einem neuen höre. Aber Hans von Rybinski gäbe es nur einen, und der wiege ihr zehn Talente auf. Sie sei nun mal für das schöne Menschliche und in der Liebe für das Übermenschliche.

„Glaubt ihr nicht," sagte Rybinski gutmütig, „mein Kosinsky hat ihr Herz erobert. Ein unvergeßlicher Moment! Noch am selben Abend fing unser Glück an."

„Da sagt er die Wahrheit — aber warum war es so? Als Kosinsky war er er selbst. Schade, daß die Rolle nicht bedeutender ist, und daß man sie drüben nicht recht kennt. Ich ginge sonst mit ihm nach Amerika rüber, immer quer durch, und wenn wir bei San Francisco wieder rauskämen, wären wir Millionäre. Jeden Tag bloß Kosinsky mit Polenmütze und Silbersporen."

Während des Essens trank Rybinski auf das Brautpaar, und Hugo hätte diesen Toast eigentlich in gleicher Form erwidern und auch vom Brautpaar sprechen müssen. Das konnte er aber doch nicht über sich bringen, und so begnügte er sich, die Kunst leben zu lassen und zwei befreundete Herzen. Die andern waren damit zufrieden.

Und nun ging die Weihnachtswoche ihrem Ende zu. Der 31. Dezember war da und mit ihm die Frage, ob man in eine Sylvestervorstellung mit Schlußakt im Café Bauer gehen oder aber zu Hause bleiben, einen guten Punsch machen und Blei gießen wolle. Man entschied sich für das letztere, weil die alte Möhring zwar schon wieder außer Bett war, aber doch immer noch Schmerzen hatte. Geladen wurde nur der Vetter Architekt, und Ulrike sollte ganz wie am Weihnachtsabend bei Tisch aufwarten.

„Die Alte kann ich nicht sehen," hatte Hugo mit großer Bestimmtheit erklärt. Das mußte berücksichtigt werden; aber man wollte sie doch auch nicht ganz weglassen, und so saß sie draußen in der Küche und durfte nachher den großen Blechlöffel halten, in dem Thilde das Blei schmolz.

Als diese zuerst gegossen hatte, erhob sich die Frage, was es sei. Die Runtschen hielt es für eine „Krone",

Ulrike aber ging weiter und erklärte es für eine „Wiege". Mathilde, die Verlegenwerden albern fand, bestritt Ulrikens Auslegung und erklärte nur, das ginge nicht. Worauf Ulrike meinte: „Jott, Fräulein, es jeht alles." Denn Ulrike war eine sehr schlaue Person, die ihr Geschlecht kannte. Aber bei Thilde verfing es nicht. Diese ging mit der Krone, oder was es sonst war, in das Vorderzimmer zurück, wo man eine Weile weiterorakelte, bis Hugo die Gläser mit einem guten, nach eigenem Rezept gebrauten Punsch füllte. Seines Vaters Haus war berühmt für Punsch gewesen. Der Alte hatte solche Spezialitäten.

— *
-

Es war noch nicht viel nach Mitternacht, als Mutter und Tochter wieder allein in ihrem Zimmer waren. Es war etwas stickig, eine merkwürdige Luftmischung von Punsch, Wachsstock und türkischem Tabak, so daß Thilde sagte: „Mutter, wenn es dir nicht schadet, möchte ich wohl das Fenster noch ein bißchen aufmachen."

„Ja, mach auf, Thilde, was soll es mir am Ende schaden, und dann is mir auch so sonderbar zumut und so feierlich, weil gerade Neujahrsnacht is. Ich möchte wohl die Singuhr spielen hören, die spielt immer so was Schönes und Frommes."

Thilde rückte der Alten einen Lehnstuhl ans Fenster, aber so, daß sie der Zug nicht traf, dann sagte sie: „Ach, Mutter, die Singuhr, du denkst immer noch, du wohnst in der Stralauer Straße, da wohnen wir doch aber nicht mehr. Und dann is ja Mitternacht nun schon lange vorbei, und die Singuhr muß sich doch auch ein bißchen ausruhen."

„Ja, du hast recht, Thilde; ich vergeß immer. Ich weiß nich, ich bin doch noch nich so alt, aber ich bin schon so taprig. Mitunter denk ich, es is gar kein Unterschied mehr zwischen der Runtschen und mir."

"So mußt du nicht sagen, Mutter, du hast überhaupt so was Kleines und Ängstliches. Und man muß sich nicht so klein machen, dann machen einen die Leute immer noch kleiner."

"Ja, das is schon richtig, aber man muß sich auch nich zu groß machen, und daß wir die Ulrike wieder hierhatten, die bloß immer die Angen so schmeißt und immer denkt, sie is es, und die alte Runtschen mußte draußen sitzen und den Gießlöffel halten, und ich sah wohl, wie ihr die Haub zitterte, weil sie recht gut gemerkt hatte, daß wir sie hier vorn nich mehr sehen wollen — ja, Thilde, das is, was ich so sage, man soll sich auch nich zu groß machen. Und wenn du auch sagen wirst, daß wir es nich sind, und daß bloß unser Herr Hugo es nich will, ja warum will er es nich? Daß sie das Pflaster hat, das is kein Unglück, und die meisten haben eins. Und ich sage dir, Hochmut kommt vor dem Fall. Und so hoch is er doch auch nich. Es is wie ein hartes Herz und eine Grausamkeit."

"Ach Unsinn, Mutter, wenn der ein hartes Herz hat, hat jedes Kaninchen auch eins. Ein zu weiches Herz hat er, das is es. Das muß ich ihm abgewöhnen. Denn die, die ein zu weiches haben, sind immer faul und bequem und können auch nicht anders, weil alles, was hier sitzt, keinen rechten Schlag hat."

"Meinst du, Thilde?"

"Ja, Mutter, wenn man verlobt is, hört man ja mitunter den Herzschlag, weil man sich so nahe kommt. Und wenn man anders wollte, so wär' es Ziererei. Ja, was denkst du wohl, was er für einen Herzschlag hat? Wie 'ne Taschenuhr."

„Am Ende war's auch seine Taschenuhr?"

„Nein, es war sein Herz. Und das einzige Gute ist, und deshalb is das so wichtig, wenn er was Häß= liches sieht, dann schlägt es besser, und dann hat er ein starkes menschliches Gefühl und beinah männlich. Und ein so guter Mensch er is, das Liebste an ihm is mir doch, daß er immer einen so furchtbaren Schreck kriegt, wenn er die Runtschen in ihrem Kiepenhut sieht und all das andere. Es is mir ja leid um sie, aber er steht mir doch näher, und du glaubst gar nicht, wie wichtig das is. Sieh, Mutter, mit einem schwachen Mann is eigentlich nicht recht was zu machen. Aber man muß auch nicht zu viel ver= langen, und wenn einer bloß so viel hat, daß er sagen kann: ‚Thilde, die Runtschen muß mir draußen bleiben', so ist das schon ganz gut. Denn wer so furchtbar gegen das Häßliche is, der kommt auch zu Kräften, wenn er was sehr Hübsches sieht."

„Ach, Thilde, das is ja das Allerschlimmste, das kenn' ich auch, damit komm mir nich."

„Ja, Mutter, gerade damit komme ich. Du denkst bloß immer an Ulriken und an Schultzen unten, aber das is nicht die richtige Hübschigkeit, das is, was man das Untere nennt, das Niedere. Daneben gibt es aber auch was, das is das Höhere, und sieh, wer das hat, der kann auch das Schwache stark machen. Lange vor hält es wohl nicht, aber es kommt doch, es is doch da. Und wie er gegen das Häßliche is, so is er auch für das Gute. Und dies alles hab' ich dir sagen müssen, damit du mir nicht wieder mit der Alten da draußen kommst. Daß er so gegen die Runtschen is, das is mein Hoffnungsanker. Und nun komm, Mutter, es is ja schon über eins, und morgen is ein schwerer Tag für mich. Denn morgen is die Ferien= woche vorbei, und morgen muß ich ihn ins Gebet nehmen."

„Ach Gott, Thilde, was soll nu wieder ‚ins Gebet nehmen‘ heißen? Mitunter is mir doch recht bange. Und so geht es nu ins neue Jahr rein, und unser bißchen Erspartes wird immer weniger. Er is ja doch auch kein Studierter, er is ja bloß ein alter Student."

„Ja, das is er, aber laß nur gut sein, wenn ich auch nicht viel aus ihm mache, so viel doch, daß ich ihn heiraten kann, und daß ich dir alle Monate was schicken kann, und daß ich einen Titel habe."

* * *

Der erste Januar war ein wundervoller Wintertag, alles bereist und übereist, aber nicht sehr kalt und eine helle Wintersonne am blauen Himmel. Hugo war früh auf, so früh, daß Möhrings noch schliefen. Er ging hinüber, klopfte an das Schlafzimmer, und als er Thildens etwas erschrockene Stimme gehört hatte, rief er durch die Türspalte, daß er sein Frühstück in den Zelten nehmen wolle.

„Das tu nur," rief Thilde zurück, während die Alte vor sich hin brummelte: „Gott, so fängt er nu an, das is nu Neujahr."

Hugo hörte aber nichts davon, er drückte schon die Entreetür ins Schloß und überließ es Thilde, die Alte ein bißchen zurechtzuweisen.

„Mutter, mit dir is auch gar nichts. Ich bin doch nun verlobt und seine Braut, und ich muß dir sagen, du mußt nun wirklich ein bißchen anders werden."

„Ja ja, Thilde, ich will ja."

„Sieh mal, du schadest uns. Ich habe dir neulich gesagt, wir seien keine kleinen Leute, die Runtschens seien ‚kleine Leute‘, und das is auch richtig, aber wenn du immer gleich so weimerst, dann sind wir auch kleine Leute.

Wir müssen nun doch ein bißchen forscher sein und so, was man sagt, einen guten Eindruck machen..."

„Ach Thilde, es kost't ja alles so viel — wo soll es denn herkommen?"

„Dafür laß mich man sorgen. Und wenn nicht einen forschen Eindruck, so doch einen anständigen und gebildeten. Aber weimern is ungebildet."

„Und so fängt nu das neue Jahr an," wiederholte die Alte, „so mit Zank und Streit und mit in-die-Zelten-Gehen. Und ich glaube, so früh kriegt er noch gar keinen Kaffee. Die Zelten sind ja bloß für Nachmittag."

„Ach, er wird schon für sich sorgen. In so was is er findig..."

* * *

Hugo genoß den schönen Morgen. Er war glücklich, mal wieder einen weiten Spaziergang machen zu können, denn seit dem Tag, da er krank geworden, war er nicht herausgekommen. Er freute sich über alles und wußte nur nicht recht, ob es das Bräutigamsgefühl oder bloß das Rekonvaleszentengefühl sei. Er ging bis über Bellevue hinaus, und erst auf dem Rückweg machte er sich's in dem mittleren Zelt bequem, wo der Alte Fritz mit dem Krückstock am Straßengitter steht. Dabei hing er seinen Gedanken nach und überlegte. „Heut früh kriegt nun auch meine Schwester meinen Brief, und dann wird es ein großes Gerede geben. Aurelie ist ein sehr gutes Mädchen und auch nicht eng und nicht kleinlich, aber sie hat doch so'n sonderbares Honoratiorengefühl und kann eigentlich auch nicht anders sein. Und wenn sie nun liest', daß ich mich mit einer Chambre-garnie-Tochter verlobt habe, dann wird sie die Nase rümpfen und von Philöse sprechen. Und vielleicht schreibt sie mir auch einen impertinenten Brief... Nun, ich muß es hinnehmen. Möhrings sind sehr gute Menschen, auch die Alte auf ihre Art, aber wenn sich einer mokieren will, dann kann er's ... Schließlich schadet es nichts, man kann sich über alles mokieren. Und wenn Aurelie Thilden erst sieht, wird sie sich vielleicht auch wundern. Thilde hat nichts Gefährliches, aber das ist auch ein Glück. Wenn sie so was hätte, wohin sollte das sonst führen bei unsern Aussichten und so täglichem Verkehr! Und auch schon jetzt, ich muß mich vor Intimitäten hüten. Sie hat was Herbes, aber das kann auch nur angelegte Rüstung sein. Im übrigen weiß ich, was ich mir und andern schuldig bin.' —

Es war schon zwölf, als er wieder nach Hause kam. Er hatte noch an der Ecke der Friedrichstraße eine Litfaß= säule durchstudiert und war zu dem Ergebnis gekommen, daß sie den Abend in den Reichshallen verbringen wollten, wo eine Luftkünstlerin merkwürdige Sachen aufzuführen versprach. Sie war auch auf dem Zettel abgebildet, wie sie in leichtem Kostüm, eigentlich nur einer Andeutung, durch die Luft flog.

‚Ich sehe gern so was,' sagte er zu sich, als er von der Säule her in die Friedrichstraße einbog. ‚Es ist sonderbar, daß mir alles Praktische so sehr widerstreitet. Man kann es eine Schwäche nennen, aber vielleicht ist es auch eine Stärke. Wenn ich solche schöne Person durch die Luft fliegen sehe, bin ich ganz benommen und eigentlich beinah glücklich! Ich hätte doch wohl auch so was werden müssen. Ausübender Künstler oder Luftschiffer oder irgend etwas recht Phantastisches. Zum Beispiel Tierbändiger, das hat von klein an einen besonderen Reiz für mich gehabt. Es soll auch alles nicht so gefährlich sein, wie es aussieht. Sie machen sich etwas Zibet oder Moschus ins Haar, dann schnappt er nicht zu ... Gott, wenn Thilde wüßte, daß ich so ver=

wegene Gedanken habe! Nun, Gedanken sind zollfrei. Und es zieht auch nur so über mich hin. Wenn ich ernsthaft zusehe, merke ich, daß alles lächerlich ist ... Tierbändiger! Und dabei hat mich Thilde in Händen. Sie denkt, ich merke es nicht, aber ich merke es ganz gut. Ich lasse sie gehen, weil ich es so am besten finde. Schließlich ist man, was man ist, und wenn ich nur so leidlich bequem durch= komme ...

Bei dieser Stelle seiner Betrachtungen war er vor Schultzens Palazzo angelangt und sah hinauf. Schultze stand im Samtschlafrock und türkischem Fes am Fenster und grüßte gnädig hinunter, wobei er seinen Fes lüftete. Hugo erwiderte den Gruß, war aber nicht sehr erbaut davon, weil sich in dem Ganzen etwas von Überheblichkeit aussprach, jedenfalls nicht viel Respekt. Dann stieg er die Treppe hinauf. Das Messingschild eine Treppe hoch war glänzend geputzt, und ein Hausmädchen mit kokettem Häub= chen und Tändelschürze, das Schultze selbst gemietet hatte, stand auf dem Vorflur am Treppenfenster und sah in den Hof hinunter. Als Hugo vorüberging, wandte sie sich um und grüßte sehr artig, aber doch mit einem Ge= fühl von Überlegenheit über ihn oder eigentlich über Thilde.

Hugo fühlte es heraus, und eine ziemlich unbehagliche Stimmung überkam ihn. Ein Glück nur, daß er solchen Anwandlungen ebenso rasch entrissen werden konnte, wie sie ihm anflogen. Als er oben war, dachte er schon wieder an die Reichshallen und das Bild auf dem Zettel, und wieder gehoben in seiner Stimmung, trat er ins Entree, legte den Überzieher ab und ging zu Möhrings hinüber.

Er fand nur Thilde, die merkwürdig gut aussah und sich ihm in einem neuen Kleide präsentierte. Die Alte war nicht da.

„Guten Tag, Thilde, und viel Glück zum neuen Jahr ... Aber wo ist denn Mutter?"

„Die wollte zwei Neujahrsbesuche machen. Bei Schmädickes und bei Dammers. Sind noch alte Hausbekannte von der Zeit, wo wir noch in der Stralauer Straße wohnten."

„Davon habe ich ja nie gehört ..."

„Ist auch nicht nötig, sie machen sich nichts aus uns, und wir machen uns nichts aus ihnen. Sie sind nur langweilig und sehr eingebildet, aber Mutter hat mal so ihre alten Sätze, von denen sie nicht abgeht: man soll alte, gute Freunde nicht aufgeben usw. Als ob es alte Freunde wären! Aber es sind keine Freunde, bloß alt sind sie, das ist richtig. Und alle Neujahr einmal geht Mutter hin. Ich denke mir, es ist auch ein bißchen Neugier ... Und nun sage, wo warst du?"

Hugo berichtete getreulich, und während sich Thilde auf das Sofa und Hugo dicht neben sie setzte, sprach er auch von der Litfaßsäule, und daß sie heute abend in die Reichshallen gehen wollten. Da wäre die Tochter der Luft, eine pompöse Person und doch ganz ätherisch. Die Mutter könne ja ganz gut mitgehen.

Thilde sah ihn an und lächelte ruhig, dann nahm sie seine Hand und sagte: „Reichshallen? Nein, Hugo, das ist nun vorbei. Wir waren nun von Heiligabend bis Sylvester jeden Tag aus, oder hatten unsern Punsch, und einmal waren wir in einem ganz feinen Lokal, ich möchte beinah sagen über unsern Stand und unsere Verhältnisse; aber nun ist es auch genug, und nun müssen wir anfangen."

„Ja, womit denn, Thilde?"

„Nimm es mir nicht übel, aber so was kannst nur du fragen. Willst du mir erlauben, dir offen meine Mei=

nung zu sagen, und willst du mir versprechen, mir nichts übelzunehmen und von vornherein davon ausgehen, daß ich's gut meine mit dir und allerdings auch mit mir?"

„Gewiß, Thilde, sprich nur, ich weiß ja, daß es immer was Vernünftiges ist, was du sagst. Mitunter ein bißchen zu sehr. Aber in dieser Woche habe ich dich auch von der lebenslustigen Seite kennen gelernt."

„Und das sollst du auch weiter, Hugo. Ich bin gar nicht so schlimm und so schrecklich vernünftig, wie manche glauben. Ich bin auch für ein hübsches Kleid und für Vergnügen, aber mit Arbeit muß es anfangen. Daß wir arme Leute sind, das weißt du, und daß du nicht reich bist, weißt du auch. Zweimal Null macht Null, und mit Null soll man nicht in teure Lokale gehen und nicht einmal die Tochter der Luft sehen. Wir sind nun verlobt, und ich bin glücklich, einen so guten und einen so hübschen Mann zu haben, und bin sicher, daß ihn mir viele nicht gönnen, die Rätin unten gewiß nicht — und die Frau Petermann schon gar nicht. Das sind neidische alte Weiber, und das schöne blonde Frauenzimmer unten mit dem Spitzenhäubchen, sieht mich auch immer so an . . . Nun, Neid macht glücklich, und ich bin es. Aber Stillstand ist Rückschritt, sagte mein Vater das Jahr vor seinem Tod, als er keine Weihnachtszulage gekriegt hatte."

„Du hast ja recht," unterbrach Hugo.

„Freilich hab' ich recht, aber du sagst das nur, weil du nicht weiter zuhören willst. Ich weiß, das ist all so was, was doch schließlich wichtiger ist als Kosinsky, womit ich aber nichts gegen unsern Schiller gesagt haben will, und all so was hörst du nicht gern. Es soll alles bloß hübsch aussehen und glatt gehen und bequem sein. Nun gewiß, Bequemlichkeit ist ja immer das Bequemste, versteht sich, und ich kann dir sagen, wenn früher die

Herren um sieben ihren Kaffee wollten — und einen hatten wir, der war schon immer um Glock sechs auf — und ich mußte dann raus und Kien spalten und mit einem Tuch über den Kopf zu Bäcker Pfannschmidt, um die Semmeln zu holen — ich kann dir sagen, da hätte ich mich auch lieber noch mal rumgedreht und das Kissen übers Kinn gezogen, denn es war ein bitterkalter Winter, und ich bibberte man so..."

"Na, Thilde, das ist ja nun vorbei."

"Ja, das sagst du so hin. Vorbei. Was heißt vorbei? Verlobt sind wir, das heißt also, wir wollen doch mal heiraten und in eine christliche Ehe eintreten. Alles muß sein Vergnügen haben, aber auch seinen Ernst. Und der Ernst kommt erst. Und da wir doch nicht als Herr und Frau Student oder Kandidat, was eigentlich das gleiche ist, durch die Welt gehen können, schon deshalb nicht, weil wer kein Amt und keinen Dienst hat, auch kein dienstliches Einkommen hat, was wir doch haben müssen, wenn wir leben wollen und eine Familie bilden wollen..."

"Ach, Thilde, das ist ja noch weit hin."

"... also nur leben wollen, so mußt du für das sorgen, was zum Leben nötig ist, das heißt, du mußt nun endlich dein Examen machen und nicht immer die Bücher beiseite schieben und die ‚Gespenster' lesen — was übrigens, wie sein Titel schon ausdrückt, ein grauliches Stück ist — dein Examen machen, sage ich, je eher, je lieber. Und von morgen ab wird angefangen..."

"Aber wie denn?"

"Ganz einfach. Statt an die Reichshallen und an die Tochter der Luft zu denken, denkst du an das Repetitorium, was du während deiner Krankheit ganz vergessen hast. Und schon vorher war es auch nicht viel damit, und du bezahltest bloß und gingst spazieren. Aber nun mußt du wirklich hingehen, und abends, ihr habt ja da solche Fragehefte mit beigeschriebener Antwort, was ich alles auf deinem Stehpult habe liegen sehen, abends kommst du zu Mutter und mir herüber und kannst dich auch auf die Chaiselongue legen, wenn es dir paßt, und dich mit deiner alten Reisedecke mit dem Löwen drauf zudecken. Und wenn du so daliegst, während ich dir alles abfrage und nicht eher ruhe, als bis du mir Red' und Antwort stehen kannst und alles ganz genau weißt wie am Schnürchen . . ."

„Aber Thilde . . ."

„Verlaß dich drauf; wenn es was werden soll, so kommst du und legst dich hin oder kannst auch sitzen bleiben, und ich frage dich. Und heut abend, wenn dir so sehr daran liegt, kannst du noch mal die Tochter der Luft sehen. Aber ich gehe nicht mit, ich habe vorläufig keinen Sinn für Vergnügen. Und morgen abend fangen wir an."

Hugo wußte nicht recht, ob er froh oder verstimmt sein sollte. So schwach war er nicht, um nicht einzusehen, daß Thilde mit ihm machte, was sie wollte, und so uneinsichtig war er nicht, daß er das sehr Unheldische seiner Situation nicht herausgefühlt hätte. Aber das waren nur kurze Anwandlungen. Eigentlich war er ganz froh, daß jemand da war, der ihn nach links oder nach rechts dirigierte, wie's gerade paßte. Daß es gut gemeint war, und daß er dabei vorwärtskam, empfand er jeden Augenblick, und was ihm über gelegentliche Mißstimmungen am besten forthalf, war die Beobachtung der Methode, nach der Thilde mit ihm verfuhr. In seinem ästhetischen Sinn, der sich an Finessen erfreuen konnte, sah er diese Methode mit einem gewissen künstlerischen Behagen und freute sich der Erleichterung, die das pädagogische Verfahren ihm unmittelbar gewährte.

Es stand nämlich für Thilde fest, daß sie sich hüten

müsse, seiner Tragfähigkeit mehr zuzumuten, als diese doch nur schwache Kraft beim besten Willen leisten konnte, weshalb sie mit Klugheit und Geschick für Unterbrechungen Sorge trug. Wenn das Examinieren, das sie nach Möglichkeit in ein quickes Frag- und Antwortspiel verwandelte, bedrücklich zu werden anfing und sich bei Hugo etwas von Ermüdung zeigte, so brachte sie ein Glas Tee oder Rotwein oder eine Ingwertüte, und während sie ihm daraus präsentierte und auch wohl selbst ein Stückchen nahm und von den Molukken sprach, wo der Ingwer am besten eingemacht würde, und wo sie von China her (oder vielleicht würden sie auch nachgemacht) die großen blaugeblümten Porzellankrüge hätten, glitt sie zu Tagesfragen über und las ihm von Christenverfolgungen in China vor oder von den Franzosen in Auam oder Tonkin oder von dem Krieg, den die Holländer mit den Eingeborenen führen müßten. Die Japaner seien den Chinesen doch weit voraus, und ein Volk, das solche Naturbeobachtung habe und solche Blumen und solche Vögel machen könne, das bedeute doch eine allerhöchste Kultur, was man von jedem Teebrett absehen könne. Dabei wolle sie noch nicht einmal von dem Lack sprechen, der doch auch unerreicht dastehe.

So war Thilde groß in Übergängen, und wenn sie derart mit Hilfe der Zeitung bei den Molukken und Japanern begonnen hatte, war es ihr ein leichtes, sich bis zu Kroll und der Sembrich und sogar bis zu Rybinski zurückzufinden, und wenn sie dann noch was Pikantes, das sie eigens für Hugo sammelte, zum besten gegeben und ihn erfrischt hatte, sagte sie: „Nun aber: ‚Bricht Verkauf Miete oder nicht?'"

Und Hugo ging dann mit wiedergewonnener Kraft ins Feuer und antwortete mitunter so gut, daß Thilde ihre heimliche Freude daran hatte.

Die alte Möhring war immer dabei, schon weil sie nicht wußte, wo sie anders hinsollte. So kam Ende Januar heran, und als eines Abends Hugo um die zehnte Stunde das Zimmer verlassen und Thilde die Gläser und Tassen auf die Seite geräumt hatte, sagte die Atte, während sie sich auf eine Fußbank und mit dem Rücken gegen den Ofen setzte: „Sag mal, Thilde, lernt er denn gut?"

„O, ganz gut, Mutter; eigentlich viel besser, als ich dachte."

„Ja, ja, das kommt mir auch so vor, und er is auch ein bißchen viviger, als er eigentlich is. Aber du kommst immer mit so viel dazwischen."

„Wie denn dazwischen?"

„Gott, mit so viel vom Theater und von Bella. Mir is, was so dazwischen kommt, immer das liebste. Und wenn gar nichts zwischen käme, so ging ich auch zu Bett. Aber es is doch wohl nich richtig, daß immer so viel zwischen kommt."

Thilde lachte. „Doch, Mutter, es is ganz richtig so. Sieh mal, ungefähr so. Wenn ich heut noch nach Spandau gehen soll, na, dann zieh' ich mir einen Gummimantel über und nehme den Regenschirm und staple los. Und in Charlottenburg lehne ich mich mal an und seh' nach, was die Uhr ist, und um zwölf bin ich in Spandau, und um vier bin ich wieder hier und bringe dir deinen Kaffee."

„Ja, Thilde, das glaub' ich schon, aber was meinst du nu eigentlich?"

„Und nu nimm mal an, daß du gehen solltest. Auch nach Spandau. Na — bis vors Brandenburger Tor kommst du in einem Zug. Und dann setzt du dich auf die erste Bank, und wenn du dich ausgeruht hast, bann kommst du bis an den Kleinen Stern und dann bis an den Großen Stern, dann bis an die Chausseehäuser, und überall is 'ne Bank, und überall kannst du dich ausruhen, und so kommst du endlich nach Spandau. Sagen wir: gegen Abend. Aber du kommst doch an. Und ohne Ruhebank wärst du liegen geblieben und gar nicht angekommen."

„Ja so, nu versteh ich. Ohne die Bank kommt er nich an. Na, wenn er bloß ankommt."

„Er wird schon," sagte Thilde.

* * *

Und richtig, er kam an. Hugo bestand. Er hatte zwar nur das Notdürftigste gewußt, es aber trotzdem erzwungen: dasitzend wie Huß auf dem Konzil zu Konstanz, ernst, schwärmerisch und bescheiden, halb tapfer und halb angstvoll. Diese seine Haltung war es gewesen, die schließlich alles zum guten geführt hatte. Seine Persönlichkeit hatte gesiegt. Einer der Herren Examinatoren nahm ihn beiseite und sagte: „Lieber Großmann, es war alles gut. Ich gratuliere Ihnen."

In einem merkwürdigen Seelenzustand, gehoben und doch auch gedrückt — gedrückt, weil er an die Zukunft dachte — kam er nach Haus und sah sich dieser Stimmung erst enthoben, als er hier Mutter und Tochter begegnete. Thilde, deren Auge leuchtete, blieb verhältnismäßig ruhig, nicht so die Alte, von der geküßt zu werden er nur mit genauer Not im letzten Augenblick durch Rückzug in sein Zimmer vermeiden konnte. Mutter Möhring war das nicht recht, und weil sie das Bedürfnis der Aussprache hatte, mußte nun Thilde alles mit anhören, was der Alten auf der Seele brannte.

„Gott sei Dank, Thilde, nu kann man doch wieder ruhig schlafen und weiß auch, was aus einem wird. Denn gut is er doch eigentlich und wird eine alte Frau nich umkommen lassen..."

Hugo schrieb Briefe nach Haus. Auch ein paar Zeilen an Rybinski, um ihn wissen zu lassen, daß alles gut abgelaufen sei.

Als er gegen sieben wieder hinüberging, fand er ein kleines Souper vor, das Thilde samt einer Flasche Rüdesheimer (mit einer aufgeklebten Rheinlandschaft als Beweis der Echtheit) aus einem benachbarten großen Restaurant herübergeholt hatte. Das Aufmerksame, das darin lag, und beinah mehr noch der gute Geschmack, mit dem alles arrangiert worden war, blieben nicht ohne Wirkung auf Hugo, der sich plötzlich von dem Gefühl ergriffen sah, doch vielleicht in seinem dunklen Drang das Rechte getroffen zu haben. Gewiß, es waren einfache Menschen und etwas unter seinem Stand, aber doch gut und ordentlich zuverlässig. Und alles andere war ja nur Schein und Plattiertheit. Und er reichte über den Tisch hin Thilden die Hand, womit er sagen wollte: Wir verstehen uns!

Dann ließ er sich's schmecken, und als er den wiederholten Widerstand der alten Möhring, die jedesmal die Hand über das Glas hielt, endlich besiegt und auch ihr von dem goldklaren Wein eingeschenkt hatte, verstieg er sich bis zu einem launigen Toast, darin er die gute Möhring mit dem guten Examinator verglich und die beiden im Verein leben ließ. Nach Tisch brachte Thilde den Kaffee, der zu Ehren des Tags von einer Extrastärke war.

„Höre, Thilde, der geht aber ins Blut. Ich kriege dann immer solch Jucken."

„Ach laß nur, Mutter, wenn er nur schmeckt."

„Ja, schmecken tut er und stark ist er, oder wie Möhring immer sagte: ‚Mutter, da is keine Bohne vorbeigesprungen!' Jott, wenn ich so an Vatern denke, was würde der wohl gesagt haben!"

Und nun mußte sich Hugo in einen Großvaterstuhl

setzen und genau berichten, wie es eigentlich gewesen wäre. Ja, Thilde fragte sogar, ob er auch nicht zu sicher geantwortet hätte. Sie habe mal gehört, das könnten die Herren nicht leiden. Hugo beruhigte sie hierüber, und als alles erzählt und im Vorbeigehen auch erwähnt war, daß er gleich an seine Mutter und Schwester nach Owinsk geschrieben habe, kam er überhaupt auf Owinsk und seine Jugend und sein Elternhaus zu sprechen, und welch forsches Leben sie da geführt hätten. Bürgermeister und Apotheker und Rechtsanwälte, die lebten immer am forschesten, weil sie das meiste Geld hätten, und eigentlich sei solch kleinstädtisches Leben viel vergnüglicher als ein Leben in der großen Stadt, und immer sei was los, und wenn sie nicht Skat spielten, so spielten sie Theater, und wenn nicht Ball wäre, so wäre Schlittenbahn, und dann bimmelte das Schellengeläute den ganzen Nachmittag, und die Schneeflocken flögen, und die hübschen Frauen (denn in den kleinen Städten gäbe es immer hübsche Frauen) hätten die Hand im Muff und, wenn es sehr kalt wäre, auch die Hand von ihrem Partner.

„Jott," sagte die alte Möhring, „was heißt Partner? Wo sind denn die richtigen Männer, die dazu gehören?"

„Die sind in einem andern Schlitten."

Hugo plauderte noch so weiter, und es gelang ihm, auch Thilden ein kleines Lächeln abzugewinnen. Die Moralia der Owinsker waren ihr um so weniger ängstlich, als sie sich überzeugt hielt, daß ihres Bräutigams Hand nie in solchem Muff gesteckt hatte. Hugo malte nur gern so was aus, weil er es hübsch fand, aber es lag nicht in ihm, solche Bilder in Taten umzusetzen. All das wußte Thilde recht gut, die denn auch, statt sich mit Eifersucht zu quälen, aus Hugos Schilderung des Owinsker Lebens nur das heraushörte, was sie für ihre eigenen Pläne brauchen konnte. Was immer bei ihr festgestanden hatte, daß Hugo in eine kleine Stadt und nicht in eine große gehöre, das war ihr jetzt klarer denn je zuvor.

Hugo selbst zog sich früh zurück, denn wenn auch siegreich, war es doch ein heißer Tag gewesen. Aber er mochte noch nicht schlafen und ging auf und ab in seinem Zimmer. Alles in allem war ihm nicht sehr siegerhaft zumute. Er war Referendar, alles ganz gut, aber nun blieb noch der Assessor, und wenn er daran dachte, daß diese zweite Weghälfte notorisch viel, viel steiniger sei, so überkam ihn das gleiche Angstgefühl wieder, das er schon auf dem Heimweg von der Examinationsstätte bis zur Georgenstraße gehabt hatte. Mit Thilde war nicht zu spaßen. Und er rechnete mit halber Bestimmtheit darauf, daß sie vielleicht morgen schon das am Neujahrstag mit ihm geführte Gespräch wiederholen und ihm zum zweitenmal die Leviten lesen würde, vielleicht wieder unter Bewilligung einer Ferienwoche. Dann nahm das Repetieren bei Tag und das Frag- und Antwortspiel bei Abend wieder von neuem seinen Anfang, und davor erschrak er und zweifelte, daß er's überwinden werde. Vielleicht wäre es besser gewesen, er wäre durchgefallen, dann wäre die ganze Quälerei vorbei. Verlobt war er freilich, aber doch erst ein Vierteljahr. Das wollte nicht viel sagen. Und am Ende — mußte es denn gerade die Juristerei sein, die so gar nicht zu ihm paßte, weil alles so steif und hölzern war? Rybinski lebte doch auch! Und wenn er auf der Posener Bahn fuhr — dessen entsann er sich jetzt mit Vorliebe — und an den kleinen Stationen vorüberkam, wo das Bahnhofsgebäude halb im wilden Wein lag und der Bahnhofsvorstand mit seiner roten Mütze den Zug abschritt, während eine junge Frau mit einem Blondkopf neben sich halb neugierig und halb gelangweilt aus dem Fenster der kleinen Beletage sah, — Gott, da war ihm schon manch liebes Mal der Gedanke gekommen: ja, warum nicht Bahnhofsvorstand? Und dieser Gedanke kam ihm wieder, und wenn nicht Bahnhofsvorstand, warum nicht Güterinspizient oder Telegraphist? Das bißchen Tippen mußte sich doch am Ende lernen lassen, und mitunter kam auch mal ein interessantes Telegramm, und man kriegte Einsicht in allerlei.

Diesen Betrachtungen hingegeben, wurde er ruhiger. Aber am andern Morgen war die alte Sorge wieder da, und er war verlegen, als ihm Thilde seinen Kaffee, den er immer noch allein nahm, in sein Zimmer brachte.

„Guten Morgen, Hugo. Sieh bloß, wie prächtig die Sonne heut scheint, das ist dir zu Ehren! Und es ist auch warm draußen. Du solltest spazieren gehen und dich nach all den Strapazen ein bißchen erholen. Denn wenn einer auch noch so tapfer ist" — und sie lächelte dabei —, „vor einem Examen hat doch jeder Furcht. Gehen macht wieder frisch, und vielleicht bringst du uns ein paar Nenigkeiten mit. Die Tochter der Luft ist ja wohl nicht mehr da, sonst ließe sich drüber reden, und wir könnten vielleicht hingehen ... Heut vormittag muß ich in die Stadt. Soll ich dir etwas mitbringen, oder hast du vielleicht auf etwas Appetit, mein lieber, alter Mensch, du? Du bist mir doch recht blaß geworden!"

Und dabei gab sie ihm einen Kuß mit ihren schmalen Lippen und nickte ihm dann im Hinausgehen von der Tür herüber nochmal freundlich zu.

„Merkwürdiges Mädchen!" dachte Hugo; „so gut und so tüchtig. Aber Küssen ist nicht ihre Force ... Nun, man kann nicht alles verlangen, und jedenfalls bin ich froh, daß sie nicht gleich wieder davon angefangen hat. Es wird wohl nur eine Galgenfrist gewesen sein, aber wie viele Tage hat denn das Leben, und ein Tag ist schon immer was."

*   *

Hugos Befürchtungen schienen sich nicht erfüllen zu sollen, das Examen war Ende März gewesen, und schon war es Mitte April, ohne daß Thilde von Assessorexamen und Vorbereitung dazu gesprochen hatte. Sie ließ es gehen, war voll kleiner Aufmerksamkeiten, unter denen Dramenvorlesen aus kleingedruckten Reclamheften obenan stand, und hatte sich nur darin geändert, daß sie minder häuslich schien als früher und jeden Vormittag ein paar Stunden in der Stadt verbrachte.

Hugo selbst kümmerte sich nicht darum und auch kaum die Alte, bis sie eines Tags sagte: „Thilde, du bist jetzt immer gerade weg, wenn die Runtschen kommt und reine=macht. Ich will ja nichts sagen, aber sie rennt immer gegen, weil sie nichts sehen kann, und schlägt alles 'zwei. Heute wieder die grüne Lampenglocke."

„Ja, das is schlimm, Mutter . . .."

„Wo gehst du denn eigentlich immer hin?"

„Lesehallen für Frauen, Mutter."

„Na, und da?"

„Da lese ich Zeitungen."

„Aber Hugo kriegt doch jeden Tag eine!"

„Freilich, aber eine is nich genug, ich brauche viele."

„Na, wenn du meinst — für mich wär' es nichts."

Und dabei blieb es. Die Alte kam nicht wieder darauf zurück, bis eine Woche später diese halb geheimnis=volle Zeitungsleserei auch ohne weitere Frage ihre Er=klärung fand.

Es war ein Sonntag, an welchem Tag die Lesehalle nur von elf bis eins auf war, und um halb zwei war Thilde wieder zu Hause.

„Guten Tag, Mutter. Es riecht ein bißchen nach ver=brannt. Du hast wohl nicht recht nachgesehen?"

„Doch, Thilde, jetzt eben. Und da habe ich es auch

gleich gemerkt und habe ein paar Kohlen 'rausgenommen und habe auch aufgegossen. Und geärgert habe ich mich auch, denn es kost't ja so viel, aber ich konnte nich eher 'rausgehen, weil die Schmädicke hier war."

„Na, die hätt' auch wegbleiben können! Die Schmädicke bedeutet nie was Gutes und kommt immer bloß aus Nengier oder aus Boshaftigkeit und um einem armen Menschen einen Floh ins Ohr zu setzen."

„Ach, Thilde, da tust du ihr aber unrecht, wenigstens heut. Sie kam bloß, um uns zu gratulieren von wegen Hugos Examen, und wann denn nu Hochzeit sei..."

„Und da hast du gesagt, noch lange nicht, nicht wahr? Kann ich mir denken. Denn du bist ewig in einer Todesangst und glaubst immer noch, es wird nichts werden, und alles is umsonst gewesen und alles für nichts ausgegeben. Das is immer deine Hauptangst, und wenn du deine Ängste kriegst, dann machst du dich klein und jämmerlich und auch vor solcher Person wie dieser Schmädicke, dieser spitznasigen Posamentierswitwe."

„Nein, Thilde, das hab' ich nich gesagt. Ich habe nich gesagt ‚noch lange nich'. Ich habe bloß gesagt, ich wüßt' es nich, aber du tätest mitunter so, als ob es wohl bald losgehen würde."

„Und da, was sagte sie da?"

„Nu, da sagte sie: Ja, liebe Frau Möhring, manche haben Courage. Referendar is nich viel un eigentlich bloß ein Anfang. Aber aller Anfang is schwer, un ich kann man sagen, es is immer etwas, un Minister wird er ja wohl nich werden wollen. Oder am Ende vielleicht doch. Jott, wenn ich mir denn Thilden denke...'"

„Das sagte sie?"

„Ja, Thilde, so was war es."

„Unverschämte Person. Und dumm dazu. Aber sie

wird sich wundern, wenn wir ihr die Hochzeitsanzeige schicken."

„Ach Thilde, rede doch nich so was. Wenn man so was red't, denn bered't man's, un es wird nie was. Aber es hat doch schon so viel gekostet, un ich weiß mitunter gar nich, wo's herkommt."

„Ja, Mutter," lachte Thilde, „ich kann eben hexen."

„Jott, Kind, nu red'st du auch noch so. Wenn man den Teufel ruft, is er da. Und zum Spaß darfst du doch so was nich sagen in einer so ernsthaften Sache. Vater sagte auch immer: ‚Ja, die Leute glauben, es is 'n Vergnügen. Aber es is kein Vergnügen, un der Hochzeitstag is der ernsthafteste Tag, und manche, die sich nich recht trauen, sehen auch schon so aus.' Und nu sprichst du von Hexen und tust, als ob alles schon da wäre, und als ob es zu Johanni losginge."

„Geht es auch, Mutter."

„Ja, aber Thilde, das fährt mir ja in alle Glieder! Denn du stehst ja so da, wie wenn du alles schon in der Tasche hättest."

„Hab' ich auch," und dabei holte Thilde einen halben, zweimal zusammengefalteten Konzeptbogen aus der Tasche, schlug ihn auseinander und sagte: „Nu lies mal, Mutter."

„Ach, wie kann ich denn lesen, und alles Bleistift geschrieben, und ohne Brille..."

„Nun, dann hör zu, dann will ich lesen."

Und Thilde las: „Qualifizierte Personen... Verstehst du, Mutter?"

„O, ich werd' schon, lies nur weiter."

„Qualifizierte Personen, das heißt Personen, die mindestens das erste juristische Staatsexamen bestanden haben und darüber vollgültige Zeugnisse vorlegen können, werden bei Geneigtheit hierdurch aufgefordert, sich um die Bürgermeisterstelle unserer Stadt zu bewerben. Gehalt 3000 Mark bei freier Wohnung und einigen andern Emolumenten. Aspiranten werden ersucht, ihre Zeugnisse einzusenden, wenn sie nicht vorziehen, sich den Unterzeichneten gleich persönlich vorzustellen.

Magistrat und Stadtverordnete zu Woldenstein, Westpreußen."

Die Alte war an die Chaiselongue gegangen und ließ sich darauf nieder, was sie sonst immer vermied, namentlich seit das Wertstück durch Hugos fünfwöchige Krankheit etwas gelitten hatte.

„Jott, Thilde, is es denn möglich? Du bist doch ein und aus. Von Hexen red' ich nich, denn fliegt es wieder weg. Aber hat er denn die Stelle schon? Es gibt ja doch wohl so viele für so was. Und wenn er auch 'n sehr schöner Mann is und den Augenaufschlag hat, daß man gleich denkt: nu liest er die Sonntagsepistel — ja, ich denke mir, es gibt so viele so. Und manche sind fixer wie er und schnappen es ihm weg..."

„Das laß nur gut sein, in Fixigkeit soll ihm diesmal keiner über sein. Er muß noch heut weg mit dem Nachtzug. Woldenstein liegt eine Stunde von der Bahn, und ein Omnibus wird doch wohl da sein. Um fünf is er auf der Station und um sechs in Woldenstein in Westpreußen. Ein Gasthof zum ‚Goldenen Roß‘ oder so irgendetwas wird doch wohl dasein, ich denke mir, dem Rathaus grade gegenüber, und da kann er bis zehn Uhr schlafen. Denn ausschlafen muß er erst, sonst is er nicht zu brauchen. Und dann frühstückt er und macht sich sein, und um Schlag zwölf tritt er an und macht seine Verbeugung. Und ich will nich Thilde heißen, wenn sie nich gleich alle sagen: Natürlich, der muß es werden. Und der Neid von der alten Schmädicke hilft auch noch, und den Tag nach Johanni hat sie die Anzeige."

—

Frau Schmädicke kriegte wirklich die Anzeige, denn alles kam genau so, wie Thilde vorausgesagt hatte, und am Johannistag konnte die Hochzeit in einem ganz kleinen Saal des Englischen Hauses gefeiert werden. Pastor Hartleben, der getraut hatte, ließ sich bewegen, auch dem kleinen Festmahl beizuwohnen, und hielt eine gefühlvolle humoristische Rede, die besser war als die Traurede in der Kirche. Er saß der Braut gegenüber zwischen Hugos Mutter und Schwester, die von Owinsk herübergekommen waren mit noch zwei Cousinen, von denen jede mal auf Hugo gerechnet hatte. Da sie beide aber halb polnisch und sehr hübsch waren, so verschlug es ihnen nicht viel, und als die Feierlichkeit überwunden war, tranken sie Hugo zu, gaben ihm einen Muhmenkuß, der so laut klang, wie wenn man ein Baumblatt auf der hohlen Hand zerklappt, und sagten unter liebenswürdiger Drohung gegen die Braut, alte Liebe roste nicht, was alles von Thilde mit großer Seelenruhe hingenommen wurde. Hugos Vergangenheit beunruhigte sie wenig. Viel konnte es nicht gewesen sein, und noch weniger beunruhigte sie die Zukunft. Außerdem waren es 15 Meilen von Owinsk bis Woldenstein!

Beim Kaffee setzten sich die beiden Polinnen neben Pastor Hartleben, der sich von dem katholischen Leben in Owinsk erzählen ließ und schmunzelnd zuhörte, als die katholische Geistlichkeit und zum Schluß auch der evangelische Geistliche durch die Hechel beider hübscher Mädchen durchmußte.

Rybinski war auch dagewesen mit einer neuen Braut, von der er behauptete, diesmal sei es ernsthaft.

„Wirklich?" hatte Hugo zweifelnd gefragt.

„Ja! Sie ist nämlich Tragödin."

Die Schmädicke saß neben der alten Möhring und sprach viel von dem Hochzeitsgeschenk, das sie zum Polterabend (der aber ausfiel) geschenkt hatte. Es war eine rosafarbene Ampel an drei Ketten. Die Schmädicke war sehr geizig.

„Ich hab' es mir lange überlegt, was wohl das Beste wäre, da mußte ich dran denken, wie duster es war, als Schmädicke kam. Ich kann wohl sagen, es war ein furchtbarer Augenblick und hatte so was, wie wenn ein Verbrecher schleicht. Und Schmädicke war doch so unbescholten, wie nur einer sein kann. Und seitdem, wenn 'ne Hochzeit ist, schenk ich so was. Zu viel Licht ist auch nich gut, aber so gedämpft, da geht es."

Die alte Möhring nickte mit dem Kopf, schwieg aber, denn sie hatte sich über die Ampel geärgert.

* * *

Noch am selben Abend reiste das junge Paar ab, und zwar gleich nach Woldenstein. Weil sie aber vorhatten, die erste Nacht in Küstrin und die zweite Nacht in Bromberg zuzubringen, so nannten sie diese Fahrt doch ihre Hochzeitsreise, ja, Hugo tat sich etwas darauf zugute.

„Ich finde es nicht in der Ordnung, daß es immer Dresden und die Brühlsche Terrasse sein muß oder gar der Zwinger. In Küstrin wollen wir uns am andern Morgen das Gefängnis des Kronprinzen Friedrich ansehen und die Stelle, wo Katte hingerichtet wurde. Das scheint mir passender als der Zwinger."

Thilde war mit allem einverstanden gewesen. Küstrin

war Etappe nach Woldenstein, und daß Woldenstein baldmöglichst erreicht wurde, nur darauf kam es ihr an. Am 26. mittags waren sie da. Sie bezogen die Wohnung, die schon der frühere Bürgermeister innegehabt und die Hugos Mutter und Schwester von Owinsk aus eingerichtet hatten, teils mit einigen alten Sachen aus dem Owinsker Elternhaus, teils mit neu angeschafften Möbeln und Stoffen, die sämtlich in Woldenstein gekauft waren.

„Es wird wohl teurer sein und nicht viel taugen," hatte Thilde gesagt, „aber es bringt sich wieder ein. Wir müssen uns beliebt machen. Woldenstein ist jetzt die Karte, darauf wir setzen müssen."

Am 1. Juli wurde Hugo eingeführt und eroberte sich gleich die Herzen durch eine Ansprache, die er hielt. Er sei ein halber Landsmann und habe von Jugend an der Überzeugung festgehalten, daß die wahre Kraft des Landes in den östlichen Provinzen liege. Von daher habe die Monarchie ihren Namen, aus Königsberg stamme das preußische Königtum, und wenn Woldenstein auch nicht bestimmt sei, derart in die Geschichte des Landes einzugreifen, so sei auch das Kleinste groß genug, durch Pflichterfüllung und durch Festhalten an den alten preußischen Tugenden vorbildlich zu wirken und dem Land eine Ehre und Sr. Majestät dem König eine Freude zu sein.

An dieser Stelle wurde Beifall laut, denn Woldenstein wählte konservativ. Aber Hugo, der gut sah, hatte doch das spöttische Lächeln bemerkt, mit der eine kleine Gruppe seiner Zuhörer diese patriotische Wendung begleitete, weshalb er hinzufügte: „Sr. Majestät dem König, der ein Hort der Verfassung ist, zu der wir alle stehen mit Leib und Leben."

Der Schluß dieser Rede hatte so gut gewirkt, daß die Firma Silberstein & Ehrenthal ein Ständchen für den neuen Bürgermeister veranlaßte, das ihm auch am selben Abend noch gebracht wurde. Die Konservativen schlossen sich aus, aber nicht aus Demonstration gegen Hugo, sondern aus Demonstration gegen die fortschrittliche Firma.

Die nächsten Tage waren etwas unruhig. Hugo hatte Besuche in der Stadt und auch in der Umgegend zu machen, namentlich beim Landrat, der in Berlin persona gratissima war, und mit dem er gleich entschlossen war sich gut zu stellen. Dies war nicht ganz leicht, da das Ständchen höhern Orts doch Anstoß erregt hatte. Thilde aber meinte: „Das tut nichts, Rom ist auch nicht an einem Tage erbaut worden. Gut Ding will Weile."

Sie richtete zunächst ihr Augenmerk auf die Einrichtung des Hauses und vervollständigte sie durch allerhand kleine Einkäufe. Am dritten Tage nach ihrer Ankunft trafen auch noch verschiedene Sachen aus Berlin ein, darunter die Ampel. Hugo war nicht abgeneigt, ihr den Ehrenplatz zu geben, der der Schmädicke vorgeschwebt hatte, Thilde aber erklärte: „Da sieht sie ja keiner," und hängte sie in den Hausflur, wo sie freilich bei den hellen Sommertagen zunächst noch zu keiner Wirkung kommen konnte.

Das Beste der Wohnung war der hübsche, ziemlich große Garten, der, nach Passierung eines schmalen Hofes mit einem Truthahn und Perlhühnern — alles vom vorigen Bürgermeister übernommen — unmittelbar hinter dem Haus lag. Durch die Mitte zogen sich Buchsbaumrabatten, halbwegs war eine Sonnenuhr, und in den Beeten, die rechts und links angelegt waren, blühten Balsaminen und Rittersporn, überragt von riesigen Sonnenblumen, für die der Vorbesitzer eine Vorliebe gehabt haben mußte. Hier war Thilde besonders tätig. Sie trug dann einen großen weißen Gartenhut eigener Erfindung und legte, wenn Hugo vom Rathaus kam, ihren Arm in den seinen, um sich, während sie mit ihm auf und ab schritt, von den Sitzungen erzählen zu lassen.

„Ich bin mitunter in Verlegenheit," sagte er. „Sie haben ein Vertrauen zu meiner Rechtskunde, und ich soll immer gleich auswendig und am Schnürchen wissen, was in jedem Fall zu tun und was rechtens sei. Natürlich sage ich immer, es läge sehr schwer, es sei ein komplizierter Fall, der je nachdem höchst wahrscheinlich so oder so entschieden werden müsse. Dabei schlägt mir aber doch das Herz, denn alles, was ich da sage, kann auch Unsinn sein."

„Du fängst es nicht richtig an, Hugo. Was heißt Rechtsfragen! Rechtsfragen, das ist für Winkelkonsulenten. Und wenn es was Ordentliches ist, dann mußt du sagen, da wollen wir Justizrat Noack fragen: ich halte den für einen scharfen Kopf..."

„Ja, Thilde."

„... für einen scharfen Kopf. Und wenn du das sagst, so legt dir das keiner zum schlimmen aus, und den Justizrat hast du nun schon sicher auf deiner Seite. Der sagt dann: ,Ihr Herren, da habt ihr endlich mal einen richtigen Bürgermeister, einen klugen, verständigen Manu. In der Regel wollen sie alles selber wissen. Das ist Pfuscherei, das ist, wie wenn die Apotheker die Kranken kurieren wollten. Dazu gehört noch mehr. Ein Bürgermeister ist ein Verwaltungsbeamter, ein kleiner Regent, kein Rechtsprecher, und das kann ich euch sagen, der versteht zu regieren. Er ist ein Administrationstalent, er hält auf Ordnung, und er hat Ideen.'"

„Ja, Thilde."

„Und er hat Ideen, sage ich."

„Ja, das sagst du, oder läßt es deinen Justizrat sagen. Aber wer hat Ideen? Ideen, das ist nicht so leicht."

„Ganz leicht."

„Ach, Thilde, das ist ja Torheit. Ideen..."

„Ideen hat jeder, der sie haben will. Du bist bloß zu ängstlich, du hast kein Vertrauen zu dir, du denkst immer, die andern sind wunder wie klug und verstehen alles besser. Wenn man Bürgermeister ist, dann muß man so was aufgeben."

„Ja, das sagst du wohl, aber ich muß doch mit etwas kommen..."

„Natürlich."

„Ich muß doch mit was kommen und Vorschläge machen. Und was soll ich vorschlagen?"

„Alles."

„Ach, Thilde, das ist doch Torheit. Du sagst ‚alles‘, und ich weiß gar nichts."

„Weil du die Augen nicht aufmachst und die Ohren erst recht nicht. Du bist immer wie halb im Traum, Hugo."

Er lächelte duldsam.

„Sieh, das ist hier der Weg zwischen der Stadt und dem großen Torfmoor. Allkitten hat mir gesagt, im Herbst, wenn es regnet, sei gar nicht durchzukommen. Und wer seinen Torf bis dahin nicht eingefahren hat, der mag sehen, wo er bleibt."

„Habe ich auch gehört."

„Ja, aber du denkst dir eben nichts dabei. Du mußt morgen den Stadtverordneten vorschlagen, daß ein Steindamm angelegt wird — es ist ja nur eine halbe Meile — oder eine Klinkerchaussee oder doch mindestens ein Knüppeldamm, daß die Wagen im Modder nicht stecken bleiben. Und dann laß ein Chausseehaus bauen, es ist ja alles noch auf städtischem Grund und Boden, und der Landrat hat nichts mit dreinzureden. Und für den einen Groschen

Chausseegeld haben die Leute dann einen Steinweg und können noch stolz sein, daß sie so was aus eigenen Kräften und eigenen Mitteln gebaut haben."

„Seh' ich ein. Ist ein guter Vorschlag."

„Und dann mußt du wegen der Garnison anbohren. Allkitten sagt mir, daß schon lange davon die Rede war, daß aber dein Vorgänger nicht wollte, vielleicht weil er sich wegen seiner Frau fürchtete. Sie soll nämlich etwas reichlich forsch gewesen sein."

„Ja, das ist richtig."

„Nun, da siehst du's. Und die Knauserei mit dem Stallgebäude, das ist ja der reine Unsinn. Allkitten hat mir erzählt, die Stadtverordneten hätten nicht gewollt. Ja, warum nicht? Weil der Anstoß fehlte. Nun, bei mir liegt es nicht, und wenn der schönste Rittmeister kommt, du kennst doch deine Thilde."

Hugo versicherte, daß er sich ganz überzeugt halte.

„Von einem ganzen Regiment kann natürlich nicht die Rede sein. Dazu ist Woldenstein zu sehr Nest, und Silberstein & Ehrenthal können es nicht 'rausreißen und Rebekka Silberstein auch nicht... Übrigens ist es eine hübsche Person, aber doch nicht zum Heiraten, und für sonst ist sie zu streng... Also nicht das ganze Regiment, für einen abligen Obersten ist auch eigentlich gar keine Wohnung hier, höchstens in unserer ersten Etage."

„Thilde..."

„Aber zwei Eskadrons, das geht. Und nun berechne dir mal, wie das wirkt. Von Brot will ich nicht reden, das backen sie selber. Aber dreihundert Pferde und dreihundert Menschen, und ein Kasino müssen sie doch auch haben. Und dann die jungen Frauen und Ball und Theater! Silberstein ist gegen das Militär, aber das gibt sich. Die ganze Bäckerei und Schlächterei kommt auf einen andern Fuß, und Woldenstein hört auf, ein Nest zu sein, und wird eine Stadt, und vielleicht ziehen sie hier mal eine Division zusammen und machen ein Kavalleriemanöver, und wenn der General bei uns wohnt, so hast du den Kronenorden weg, du weißt nicht wie."

Hugo bückte sich, um einen Rittersporn zu pflücken und Thilden in den Gürtel zu stecken.

„Und sieh, Hugo, so mußt du es anfangen All dies kleine Zeug, das ihr da immer durchsprecht, damit zwingst du es nicht. Das kann jeder. Aber immer auf dem Ausliek sein, immer sehen, was so dem Menschen zugute kommt, damit zwingst du's, und das ist, was ich vorhin ,Ideen' genannt habe. Die Welt kann nicht jeder auf einen hohen Fleck bringen, aber Woldenstein soweit zu bringen, daß es alle Woche mal in der Zeitung steht, und daß die Menschen erfahren, es gibt einen Ort, der heißt Woldenstein — ja, Hugo, das ist möglich, und das ist in deine Hand gegeben."

„Oder in deine," lächelte Hugo. „Aber du hast recht, wir wollen es versuchen."

* * *

In dieser Weise gingen die Unterhaltungen, die Thilde mit Hugo führte, wenn er vom Rathaus in seine Wohnung zurückkehrte. Gegen den Herbst hin wurde auch die Ampel jeden Abend heruntergenommen und ein Unschlittlicht hineingetan, was dann so magisch leuchtete, daß niemand vorüberging, der nicht einen Blick in den Hausflur getan hätte.

„Die Berliner haben doch einen Schick für so was," meinte Rebekka Silberstein und drang in ihren Vater, auch dergleichen anzuschaffen.

„Rebekka, wenn er kommt — ich sage nicht wer —

dann sollst du haben die Ampel, und nicht rosa sollst du sie haben, du sollst sie haben in Rubin und sollst haben, wenn du schläfst, einen himmlischen Glanz."

Rebekka war unzufrieden über dies Hinausschieben, aber sie war beinah die einzige Unzufriedene in der Stadt. Alle andern freuten sich über ihr neues Stadtoberhaupt, und Silberstein, der viel las und immer sehr gebildet sprach, sagte: „Der hat die Iniative. Das Initative hat jeder, aber die Iniative, das ist es, was den hohen Menschen von dem niedrigen unterscheidet."

Ehrenthal, der immer widersprach, widersprach auch in diesem Fall, aber Silberstein ereiferte sich heftig: „Sage nichts, Ehrenthal, oder du tust ihm unrecht und bringst es auf deinen Kopf. Ist er nicht wie Nathan, ist er nicht der Mann, der die drei Ringe hat, ist er nicht gerecht und sieht doch aus wie ein Apostel, und seine Frau Gemahlin, eine sehr gebildete Dame, hat gesprochen von der Dreieinigkeit, und daß der Papst in Rom und Luther und Moses müßten aufgehen in einem. Und das eine sei Preußen. Und sie sei gesegnet wegen der Einheit. Das hat sie gesagt, und ich sage dir: Moses bleibt, Moses hat die Priorität."

So ging alles gut in Woldenstein. Nur der Landrat verhielt sich kühl, und es war ganz ersichtlich, daß er weder von der „Iniative", die sein eigenes Licht in den Schatten stellte, sonderlich erbaut war, noch von Hugos Nathanschaft und der Gleichberechtigung der drei Konfessionen. Es kamen Begegnungen vor, bei denen Hugo „geschnitten" wurde, besonders von der Frau Landrätin, die Tänzerin erst in Agram und dann in Wien gewesen war und sich nun offenbar die Festigung des christlich Germanischen zur Lebensaufgabe gestellt hatte. Hugo war mehr als einmal in bittere Verlegenheit geraten und hatte sich bei seinen

Spaziergängen im Garten, die bis in den Spätherbst hinein fortgesetzt wurden, verschiedentlich gegen Thilde darüber ausgesprochen.

„Du verstehst es nicht," sagte Thilde und nahm eine beurre grise vom Baum. „Sieh, Hugo, die Birne da ist noch hart, und du mußt sie vier Wochen aufs Stroh legen, eh' sie schmeckt; aber noch eh' die vier Wochen 'rum sind, habe ich dir den Landrat weich gemacht. Er ist ein sehr guter Herr und eigentlich liebenswürdig von Natur, und das müßte nicht mit rechten Dingen zugehen, wenn er nicht zu bekehren wäre. Wer eine Tänzerin heiratet, hat immer ein weiches Herz."

Hugo seufzte, denn er litt unter der Gegnerschaft und sah kein Ende davon. Aber er hatte Thilde unterschätzt, und die vier Wochen waren noch nicht um und die Birne noch nicht präsentiert, als Hugo Ende November von einer Kreistagssitzung heimkam und nicht genug von der Liebenswürdigkeit des Landrats erzählen konnte.

Thilde sagte kein Wort, und Hugo sah erst einigermaßen klar in der Sache, als er am selben Abend Silberstein in der Ressource traf.

„Haben Sie schon gelesen, Herr Großmann?" fragte dieser augenzwinkernd, und als Hugo verneinte, gab er ihm die vorletzte Nummer der „Königsberger Hartungschen Zeitung", die in Woldenstein am meisten gelesen wurde, mit den Worten: „Sehr gut geschrieben. Ein feines Artikelchen. Aber er ist es wert. Er ist ein feiner Herr, der Herr Landrat." Und dabei ließ er Hugo mit dem Zeitungsblatt allein.

Hugo schüttelte den Kopf und setzte sich in einen Stuhl neben dem Schanktisch, auf dem sechs, acht Weingläser mit Apfelsinencreme, eine Baumtorte und kleine Korianderkuchen standen. Er selbst hatte sich schon vorher einen Curacao geben lassen, und während er daran nippte, las er die blau angestrichene Stelle:

"Woldenstein, 14. November. In unserm Kreis rührt man sich bereits für die Wahlen, ohne daß eine besonders pressante Benötigung dafür vorläge. Denn die Wahl unseres Landrats v. Dunajewski darf wohl als gesichert angesehen werden, da, soviel wir bisher erfahren konnten, seine politischen Gegner auf Aufstellung eines Gegenkandidaten verzichtet haben. Sowohl die polnisch-katholische wie die fortschrittliche Partei vereinigen sich in Würdigung der hervorragenden Charakter- und Verwaltungseigenschaften des Landrats v. Dunajewski und halten es für ihre Pflicht, selbst auf Kosten ihrer sonstigen politischen Überzeugungen ihrem Vertrauen zu ihm Ausdruck zu geben. Es läßt sich hier von einem Sieg der Persönlichkeit sprechen, der um so glänzender ist, als das landrätliche Hauswesen eine besondere Anziehung auf das Polentum ausübt. Die feine Sitte, die dem Polentum so viel bedeutet, hat in diesem Hauswesen ihre Stätte. Diese Vorzüge würdigt auch der Fortschritt trotz gesellschaftlichen Draußenstehens vollauf, weil der vorherrschende Ton nicht nur ein Ton der Vornehmheit, sondern beinah mehr noch der schönsten Humanität ist. Frau v. Dunajewski hat einen Krippenverein gegründet, zu dem auch die dritte Konfession beigesteuert hat, und die Tätigkeit dieses Vereins wird am Weihnachtsabend Freude in die Hütten der Armut tragen. Über alle großen Fragen hinaus bedarf unser Kreis vor allen Dingen einer Sekundärbahn, um endlich bequeme Verbindung mit der Weichsel zu haben, eine Sache, darin alle Parteien einig sind. Und diese Bahn uns zu sichern, ist Landrat v. Dunajewski geeigneter als jeder andere, da seine Beziehungen zum Hof bekannt sind. Adel, wenn er die Zeit begreift und

auf Exklusivität verzichtet, ist immer die beste Lokal=
vertretung."

Hugo legte das Blatt aus der Hand und nahm einen
Korianderkuchen. „Also daher! Er hält mich für den Ver=
fasser. Natürlich, da in Woldenstein nur drei Menschen
in Betracht kommen können: Silberstein, der katholische
Lehrer und ich. Und da es Silberstein und der Lehrer
aus inneren Gründen nicht sein können, so bin ich es ..."

Er erhob sich und sah in den Saal nebenan hinein,
um noch an Silberstein eine Frage zu richten, aber der
war fort, und so brach er auf, um nach Haus zu gehen.

Unterwegs fiel ihm ein: Sollte vielleicht ...? Aber
nein, das war nicht möglich, dazu war es alles zu ge=
wandt, zu routiniert ausgedrückt! Und noch damit be=
schäftigt, trat er in sein Zimmer, wo Thilde gerade den
roten Papierschirm über die Lampenglocke warf.

„Guten Abend, Thilde. Nun, was gibt es?"

„Das mußt du wissen, du warst ja aus."

„Ja, ich war in der Ressource, nur eine Viertelstunde,
und dann kam Silberstein und gab mir die ‚Hartungsche‘
mit einem Artikel darin aus Woldenstein."

„Ach, das ist gut, ich dachte schon, er wäre untern
Tisch gefallen."

„Aber Thilde! Dann ist es am Ende doch so ...?
Dann hast d u den Artikel eingeschickt?"

Thilde lachte. „Ja, das mit dem Landrat, das mußte
anders werden, das ging nicht so weiter."

„Also wirklich, du hast ihn geschrieben?"

„Nein, geschrieben nicht eigentlich."

„Aber wer denn?"

„Ein Unbekannter, dem ich nun zu Dank verpflichtet
bin. Als wir damals das Gespräch hatten, da sah ich
jeden Tag, wenn die ‚Vossische‘ kam, in die Wahlangelegen=

heiten hinein, und es sind wohl nun schon acht Tage, da fand ich das alles in einer kleinen Korrespondenz aus Myslowitz, und danach habe ich es so zurechtgemacht. Wenn man erst das Gestell hat, ist es ganz leicht, eine Puppe zu machen."

Er schüttelte mit gutmütigem Lächeln den Kopf, war aber doch etwas betreten.

„Thilde, du solltest doch lieber so was nicht tun."

„Ich dachte, du würdest mir danken, daß ich das beglichen und deine Stellung angenehmer gemacht habe."

„Ja, du kannst aber mal damit scheitern. Es kann auch mal schief gehen."

„Gewiß, alles kann mal schief gehen, und die sich dadurch einschüchtern lassen, die sitzen still und tun gar nichts. Schief gehen! Ich würde da lieber warten, bis es so weit ist; bis dahin aber würde ich mich freuen, wenn einer für mich sorgt. Silberstein, der so schrecklich gebildet ist, spricht immer von deiner Initiative."

„Ja, und es ist mir auch mitunter fatal genug, besonders wenn du dabei bist. Aber ich bitte dich, halte du nicht zu viel davon."

* *

Seit dem Artikel in der „Hartungschen" hatte sich Hugos Stellung in Woldenstein und in der Umgegend noch wesentlich verbessert. Auch der katholische Lehrer war gewonnen worden, nachdem auf Thildens Anregung eine Gehaltszulage für ihn beantragt und bewilligt worden war. Thilde freute sich ihrer Errungenschaften und gab ihrer Freude auch dadurch Ausdruck, daß sie sich modisch kleidete, wobei Silberstein, der oft nach Posen und Breslau fuhr, mit Rat und Tat helfen mußte. Die Ressource leitete Beziehungen ein, und ein Erscheinen im landrätlichen Haus war in hohem Maß wahrscheinlich. Es setzte sich mehr und mehr die Meinung fest, daß die Frau Bürgermeister sehr klug sein müsse und immer wisse, was in der Welt los sei. Selbst Ehrenthal gab zu, sie „höre das Gras wachsen", und sagte huldigend: „Sie hat entschieden was von unsern Leuten."

Im ganzen ließ sie sich aber all das nicht zu Kopf steigen und blieb nüchtern und überlegend, und nur darin zeigte sich ein kleiner Unterschied gegen früher, daß sie sich zu einer gewissen Koketterie bequemte und auf Hugo einen Frauenreiz auszuüben suchte. Sie ging darin so weit, daß sie die Ampel vom Flur her in das Schlafzimmer nahm und scherzend zu Hugo bemerkte: „Draußen im Flur hat sie nun ihre Schuldigkeit getan, schade, daß das Rosa wie gar nichts aussieht. Es müßte Rubinglas sein. Man kriegt dann so rote Backen. Die liebe Schmädicke! Was wohl Mutter sagen würde..."

„Ja," sagte Hugo, „die würde sich freuen über dich, und ich habe es mir auch überlegt, ob wir sie nicht zum Fest einladen sollen."

Thilde schüttelte den Kopf. „Nein, Hugo, dazu haben wir es denn doch noch nicht. Und sie müßte doch Zweiter fahren oder wenigstens doch von Bromberg aus... Und dann, es geht auch überhaupt nicht. Wir müssen für sie sorgen, natürlich müssen wir das, denn sie ist doch eine gute alte Frau und immer so allein und bloß die Runtschen um sich her, was gerade kein Vergnügen ist..."

„Nein," bestätigte Hugo, den es bei dem bloßen Namen wieder überlief.

„... die Runtschen und die Schmädicke, die auch nicht viel besser ist. Aber einladen hierher, geht nicht. Wir packen ihr eine Kiste zusammen, Schinken, Eier, Butter, und legen ihr vier oder sechs Paketchen Thorner Kathrinchen bei und einen schwarzen Muff, den sie sich schon lange gewünscht hat, und Gummistiefel mit Pelz, und wenn sie das auspackt, dann freut sie sich viel mehr, als wenn wir sie hier mit in die Ressource nehmen... Und überhaupt, es geht mal nicht. Der Landrat könnte da sein oder die gnädige Frau. Und nun denke dir einen Bostontisch und Mutter mit dem Landrat zusammen! Ich glaube, Mutter kann gar nicht Boston. Sie hat seit Vaters Tod bloß immer Patience gelegt... Nein, dazu ist mir Mutter zu schade, daß sie sie hier auslachen. Und dann, Hugo, auch unsertwegen. Wir sind doch hier das, was man in Büchern und Zeitungen die oberen Zehntausend nennt, obschon Woldenstein erst dreitausendfünfhundert Einwohner hat, und was der Adel auf dem Land ist, das sind die Honoratioren in der Stadt, und das sind wir... Also, es geht nicht. Ich denke, wir warten, bis ein Jahr um ist, und dann nimmst du Urlaub, und dann besuchen wir Muttern und können dann auch sehen, was aus Rybinski geworden ist."

Hugo war mit allem einverstanden. Er hatte das mit der Alten auch nur so gesagt, weil er Thilden eine Freude machen wollte. Zugleich dachte er an ein Weihnachtsgeschenk. Er fand Rubinglas auch hübscher.

* * *

Die Woche zwischen Weihnachten und Neujahr verging in Saus und Braus. Der Landrat, der während der letzten vier Wochen im Reichstag gewesen war, kam zurück, und eine Festlichkeit drängte die andere. Am Weihnachtsabend war erst Aufbau für die armen Kinder aller Konfessionen, wobei Thilde, die Landrätin und Rebekka Silberstein die Leitung übernahmen. Am Sylvesterabend war

Theateraufführung in der Ressource, wo erst „Monsieur Herkules" und dann „Das Schwert des Damokles" gespielt wurde. Hugo hätte gern mitgewirkt, mußte aber verzichten, weil es sich nicht passe. Silberstein gab den Buchbindermeister Kleister und erfuhr, daß sein Spiel an Döring erinnert habe. Hugo mußte den ganzen Abend an Rybinski denken und beneidete ihn um das Leben in der freien Kunst. Der Ball, der folgte, ließ aber trübe Gedanken nicht aufkommen; er selbst eröffnete mit der Landrätin die Polonäse, und der Landrat folgte mit Thilde, die die Reichstagsberichte jeden Morgen las und gelegentlich sogar einen Satz aus einer kurzen Rede zitierte, die der Landrat über die Simultanschulfrage gehalten hatte.

„Sie interessieren sich auch für Politik, meine gnädigste Frau?"

„O ja, Herr Landrat. Je mehr ich die kleinen Verhältnisse fühlte, die mich umgaben, je mehr empfand ich eine Sehnsucht nach Auffrischung, die nur, ich will nicht sagen das Ideal, aber doch das Höhere ergeben kann. Ich darf sagen, daß die Reden Bismarcks erst das aus mir gemacht haben, was ich bin. Es ist so oft von Blut und Eisen gesprochen worden, aber von seinen Reden möchte ich für mich persönlich sagen dürfen: Eisenquelle, Stahlbad. Ich fühlte mich immer wie erfrischt."

Beim Souper, das den Tanz auf eine Stunde unterbrach, saßen sich Landrat und Bürgermeister gegenüber. Als der Tanz um zwei Uhr wieder begann, rückten sie nebeneinander, und der Landrat sagte: „Bürgermeister, Freund, Sie haben eine famose Frau! Kolossal beschlagen! Weiß ja Bescheid wie 'n Reporter oder eigentlich besser! Die Reporter sind Maschinen und folgen bloß mit Ohr und Hand. Aber Ihre Frau, Donnerwetter, da merkt man was! Muck, Rasse, Schick... Sagen Sie, was ist es für eine Geborene? Vielleicht Kolonie oder Familie, die den Adel hat fallen lassen?"

Hugo nannte den Namen, und der schon stark angefisselte Landrat fuhr fort: "Hören Sie, Bürgermeister, da steckt etwas drin... Oder ob vielleicht die Mutter?..."

Hugo sagte, soviel er wisse...

"Na, ganz egal," schloß der Landrat, "ganz egal, woher es kommt, wenn's nur da ist. Und muß ein Bombengedächtnis haben."

Hugo, gegen den Schluß hin, tanzte noch eine Redowa mit der Landrätin und geleitete dann beide bis an den draußen wartenden Schlitten. Er war im dünnen Frack mit weitausgeschnittener Weste, und draußen, wo er noch eine Weile stehen mußte, blies ein scharfer Südostwind von den Karpathen her. Als er mit Thilde eine Stunde später in seiner Wohnung ankam, war er im Fieber und fröstelte.

"Thilde, mir ist nicht recht. Ich möchte ein Glas Zuckerwasser."

"Immer Zuckerwasser. Wer trinkt Zuckerwasser, wenn er von einem Ball nach Hause kommt! Ich werde dir eine Tasse Kaffee machen."

Sie holte die Spirituslampe, setzte das Kesselchen auf und machte ihm eine Tasse Kaffee von drei Lot.

Er fieberte heftig.

* * *

Wäre das Wetter über Nacht anders geworden, so hätte das Fieber vielleicht nicht viel bedeutet. Aber der Wind ging noch mehr nach Osten herum, und an Schonung war nicht zu denken, weil verschiedene Visiten zu machen und allerhand Pik- und Stuhlschlitten für den Nachmittag zu besorgen waren. Sich davon auszuschließen, war um so unmöglicher, als Hugo beim Abschied um die Ehre gebeten hatte, die Landrätin auf dem Eise fahren zu dürfen. Eine kleine Eitelkeit kam hinzu, denn er war ein sehr guter Schlittschuhläufer und wollte sich in den Pausen als solcher zeigen. Thilde schlug ihm zum Frühstück ein Glas Portwein vor, aber sein Zustand war doch schon so, daß er selbst auf Haferschleim drang. Er genoß auch bei Tisch nichts anderes und nahm ein Schächtelchen isländische Moospastillen mit sich, als er um drei zu dem Rendezvous auf dem Eis aufbrach. Er sah sehr verändert aus, was auch Thilden nicht entging, und weil sie trotz aller Abhärtungsprinzipien, nach denen sie selber lebte, nicht ohne Teilnahme für ihn war, so würde sie ihn vielleicht vom Eise zurückgeschickt und bei der Landrätin, die noch nicht da war, entschuldigt haben, wenn nicht ein alter polnischer Graf, dessen Bekanntschaft sie schon am Abend vorher gemacht hatte, sich ihrer bemächtigt und ihr auf seinem kleinen Muschelschlitten mit zwei davor gespannten Scheckenponies einen Platz angeboten hätte. Sie mußte das annehmen, denn er war der reichste und angesehenste Mann der ganzen Gegend, Original und schon über siebzig.

Thildens franke, ganz uneingeschüchterte Manier hatte ihm schon auf dem Sylvesterball gefallen, und er war „enchantiert", als sie seine Aufforderung, den Platz im Schlitten einzunehmen, ohne weiteres annahm. Er fuhr selbst und legte seine mächtige Wolfsschur um den kleinen Schlittensitz herum, wobei er Thilden aufforderte, die Schur von rechts her zu halten, so daß sie wie in einer Pelzlaube saß. Und nun flog der Schlitten über das Eis hin, und die Glöckchen läuteten, und die weißen Decken blähten sich im Wind, während der Alte von der Pritsche her seine Konversation aufnahm.

„Freut mich ungeheuer, meine gnäbbigste Frau ... sacrebleu, man sieht doch ... große Stadt ... andere

Menschen ... ja, ja, Berlin ... bin nicht preußisch ich, nicht serr ... aber Berlin ... o Berlin, eine merrkwürdigen Stadt, eine tollen Stadt..."

Thilde versicherte lächelnd, daß sie davon eigentlich wenig gemerkt habe. Das Berlin, das sie kenne, sei sehr wenig toll, fast zu wenig. Es passiere ja eigentlich gar nichts.

„Ja, meine Gnäddigste, das macht die Stelle, wo man steht, von derr aus man sieht ... Ich habe gestanden immer serr in Front, immer serr avancé."

„Glaub' ich, Herr Graf. Ihre gesellschaftliche Stellung..."

„O, nicht das ... Das war einmal — vor dem großen Tor. O, viele Lichter da, viele Schlitten. Da hatten wir Maskenball ... Kroll, ja richtig ... Kennen Sie Kroll?"

„Gewiß, Herr Graf, jede Berlinerin wird doch Kroll kennen."

„Ja, und da hatten wir Maskenball. Ich Fleddermaus. Und da hatten wir — Orpheum..."

„Auch davon habe ich gehört."

„Aber ich habe gesehen ... Eine merrkwürdigen Stadt, eine tollen Stadt. Aber eine Stadt ohne ... ohne Grimasse."

„Ja, das ist wahr."

„Eine Stadt von serr froier Bewegung..."

„Ich glaube doch nicht überall."

„Nein, überall nicht, das ist wieder, wo man steht, meine gnäddigste Frau. Wo ich gestanden, serr freie Bewegung und keine falsche Verschämmung..."

„Aber doch vielleicht eine richtige?"

„Verschämmung immer falsch, immer Grimasse, und ich liebe serr die freie Bewegung."

Eine Herzählung sämtlicher Berliner Lokale mit freier Bewegung stand in Aussicht, und wer will sagen, wo Graf Goschin schließlich gelandet wäre, wenn nicht eine plötzlich quer durch das Flußeis gezogene Rinne das Weiterfahren gehindert und zur Umkehr gezwungen hätte. Wenige Minuten, und der Schwanenteich war wieder erreicht, wo sich die Woldensteiner Honoratioren in engerem Kreis bewegten, die jüngeren in der Nähe eines Leinwandzeltes mit einer Punsch- und Waffelbude, daraus der angesäuerte Fettqualm ins Freie ging. In Front dieser Bude hielten die Schlitten, und auf einer Bank, der die eine Wand der Bude als Rückenlehne diente, saßen Hugo und die Landrätin, die eben den Pikschlitten verlassen hatte, um sich hier zu erholen. Hier hielt jetzt der kleine Muschelschlitten des Grafen an, und dieser schlug den Pelz zurück, um Thilden aus ihrem warmen Gefängnis zu entlassen.

„Ja, mein Herr Bürgermeister, es hat nicht sollen sein."

„Was, Herr Graf?"

„Eskapade. Wollte wie Gott der Unterwelt oder Pluto..."

„Warum nicht höher hinauf, warum nicht Jupiter?" lächelte Thilde.

„Ah, ich verstehe, wegen der Attrappe. Gnäddigste Frau haben eine spitze Zunge."

Er winkte von den Leuten, die umherstanden, einen heran, gab ihm die Zügel und hieß ihn den Schlitten seitwärts führen, an eine Stelle, wo braunes Weidengebüsch vom Ufer her auf das Eis hinabhing. Dann faßte er Hugo unter den Arm und ging auf die Bude zu, um sich ein Glas Punsch geben zu lassen.

„Serr erfreut, Bürgermeister. Eine scharmante Frau, kluge Frau, gar nicht bißchen ängstlich. Auf alles eingehen und beuken immer, alles geht vorüber, und den Kopf wird es ja wohl nicht kosten."

Hugo, halb geschmeichelt, stimmte zu. Das sei so die Schule der großen Stadt.

„Ja — merkwürdigen Stadt, tollen Stadt."

Diese Worte hatten etwas Beunruhigendes selbst für Hugo, der seiner Thilde sicher zu sein glaubte. Er kam aber nicht dazu, dem lange nachzuhängen, denn ein heftiger Hustenanfall zwang ihn, sich an einer Banklehne festzuhalten. Als der Anfall vorüber war, kam der Graf mit einem Glas Punsch. Das löse, meinte er aufmunternd.

Hugo kam in die Verlegenheit, ablehnen zu müssen, das würde seinen Zustand nur verschlimmern.

„Kann nicht verschlimmern. Punsch nie."

Als er aber Hugo mit seinen listigen, etwas blutunterlaufenen Augen ansah, kam ihm doch ein Zweifel, ob Punsch auch hier ein Allheilmittel sei, und er ging sogar hinaus und rief die noch im Gespräch mit der Landrätin auf der Bank sitzende Thilde an.

„Gnäddigste Frau, Ihr Herr Gemahl... Packen wir ihn in die Schur, und der Knecht kann ihn nach Hause fahren."

„Es ist wohl besser, wir gehen zu Fuß, Herr Graf," sagte Thilde, und Hugo am Arm führend, der traumhaft hin und her schwankte, schritten sie auf die Stadt zu.

Als sie fort waren, setzte sich der Graf neben die Landrätin und sagte: „Woldenstein kann sich nach neuen Bürgermeister umsehen."

Die Landrätin lächelte. „Bei Ihnen draußen gedeiht wohl das zweite Gesicht?"

„Nein, aber ich sehe gut." —

Der Arzt war über Land. Erst gegen Morgen kam er und hatte gegen Thildens Behandlung des Kranken — Brotrinde in Essigwasseraufguß, ein Mittel, das noch von der alten Möhring herrührte — nichts Erhebliches einzuwenden.

„Es hat nichts geschadet," sagte er, „und das ist immer schon viel."

Er verordnete dann eine Abkochung, und als Thilde fragte, ob ihres Mannes Krankheit was zu bedeuten habe, lächelte er ein wenig und sagte:

„Einigermaßen. Es ist eine Lungenentzündung. Vor allem Ruhe."

Thilde war eine gute Krankenpflegerin und gab Hugo die Medizin mit einer Genauigkeit, als ob das Leben an der Minute hinge. Sie glaubte nicht daran, aber sie wollte nichts versäumt haben. Die Vormittagsstunden vergingen unter Umwandlung des Schlafzimmers in ein Krankenzimmer. Die nach dem Hof hinausgehenden Fenster wurden verhangen und mit Stroh verstopft, während die Tür nach der Vorderstube offen blieb, nur durch eine halbe Portiere geschützt.

Thilde sah oft von draußen hinein, ohne daß der Kranke irgend etwas verlangt hätte, dann ging sie wieder an das Vorderfenster, das von der vorigen Frau Bürgermeister her noch einen altmodischen Tritt und einen Fensterspiegel hatte. Dieser Fensterspiegel war eigentlich überflüssig, denn es gab so wenig zu sehen, daß es auch nichts zu spiegeln gab. Mitten auf dem Marktplatz stand das Rathaus mit einer schräglaufenden hölzernen Stiege, die bis zum ersten Stock ging und sich in einem schmalen Laubengang fortsetzte, aber alles von Holz. Dicht neben dem Rathaus standen ein paar alte Scharren, jetzt verschlossen und mit Schnee bedeckt. An der Marktplatzseite war die Löwenapotheke, deren Provisor hinter der Ladentür stand und gähnte, denn seit der Mixtur für den Herrn Bürgermeister war seine Tätigkeit noch nicht wieder in Anspruch genommen worden. Daneben ein Bäckerladen mit einem schräggestellten Blechkuchen im Schaufenster und einigen bewundernd davorstehenden Kindern. Die Sonne schien so grell darauf, daß Thilde die großen Zuckerstellen erkennen konnte.

Zwischen alledem glitt ihr Auge hin und her und nahm erst eine andere Richtung, als sie — diesmal allerdings mit Hilfe des Spiegels — den Briefträger die Herzog-Kasimir-Straße heraufkommen sah. Er trat auch gleich darauf ins Haus, und Thilde ging ihm entgegen, um ein paar Briefe in Empfang zu nehmen. Einer war aus Breslau, also wahrscheinlich eine Rechnung oder eine Preisliste, der andere eine Verlobungsanzeige von Rybinski (aber mit einer andern Dame), und der dritte von der alten Frau Möhring. „Frau Bürgermeister Großmann, geborene Möhring. Woldenstein in Westpreußen." Die Buchstaben waren so steif gekritzelt wie auf einem Waschzettel.

Gott, dachte Thilde, wenn Mutter doch bloß nicht immer „geborene Möhring" schreiben wollte. Möhring ist doch das wenigste.

Dann ging sie bis an die Portiere und horchte hinein, und als sich nichts in der Schlafstube regte, ging sie wieder bis ans Fenster und setzte sich in den kleinen schwarzen Stuhl mit drei Holzstäbchen, der hier stand, und nun las sie.

„Meine liebe Thilde!

Die Kiste kam gerade Heiligabend an, aber schon früh, und da gerade die Runtschen da war, so sagte ich, na Runtschen, nu wollen wir sie aber auch gleich aufmachen.

Und da hätteſt du ſehen ſollen, wie geſchickt ſie war, und wie ſie jeden einzelnen Nagel rausholte ohne Kneifzange, bloß alles mits Küchenmeſſer. Und als wir alles 'rausҺatten, gab ich ihr eins von die Pakete, weil ich bran denken mußte, daß ihr die Petermann zu vorige Weihnachten auch ein großes Stück Steinpflaſter geſchenkt hatte. Sie war aber noch nicht ganz zufrieden, bis ich ihr ſagte, na Runtſchen, wenn es ſo weit iſt, den Schinkenknochen, den kriegen Sie auch.

Da bedankte ſie ſich: ich weiß das ſchon von Ulrike, ſie ſind immer ſehr nach Fleiſch, natürlich, wer ſoll es denn bezahlen. Und muß ich Dir doch ſagen, daß ich mich ſehr über alles gefreut habe, weil man doch die Liebe ſieht, und dann auch, weil ich ſehe, daß Ihr's könnt, und daß Ihr's dazu haben müßt. Und ſieh, das iſt doch die Hauptſache. Denn mit der Sparkaſſe, das iſt ja nu vorbei, weil es alles ſo viel gekoſtet hat, und wenn ich mir denke, daß es auch noch knapp ginge, ja, was ſollte da werden.

Ins Spittel mag ich nicht. Und nu ſage mir, Thilde, wie ſteht es eigentlich mit Dir? Und Du haſt mir noch immer nicht geſchrieben von wegen der Witwenkaſſe. Die Schmädicke ſagte mir zwar neulich, ſie müßten einkaufen, ob ſie wollen oder nicht, aber es wäre mir doch lieb zu hören, daß Du ganz ſicher biſt. Ich bin immer ſo ſehr fürs Sichere. Denn der Menſch denkt, und Gott lenkt, und heute rot und morgen tot. Und er hatte auch mitunter ſo rote Backen, was mir nicht gefallen hat. Und auch die Runtſchen ſagte, glauben Sie mir, Frau Möhring, es ſitzt ihm hier. Und nun grüße Deinen lieben Mann und ſag ihm, ich ließ ihm ein glückliches neues Jahr wünſchen, er verdient es, und es wird ſich ſchon belohnen. Es iſt ja viel brauf gegangen, aber es schadet nicht, und ich habe es alles gern gegeben, und die Schmädicke sagte neulich: Aufs Kapital kommt es nicht an, wenn man bloß gute Zinsen hat.

Deine Dich liebende Mutter
          Adele Möhring, geborene Printz."

‚Gott, nun auch noch Printz,' meinte Thilde, ‚was sich Mutter nur eigentlich denkt! Und was sie da schreibt, als ob sie sich geopfert und mir mit ihrem Sparkassenbuch, was doch mein war, mein Glück bereitet hätte. Na, sie war immer so, und auf ihre Art meint sie's gut, erst mit sich und dann mit mir. Und dann war das Gute, daß sie mir immer freie Hand gelassen hat. Eine weimerige alte Frau, aber ich habe doch mit ihr leben können. Und vielleicht muß ich wieder mit ihr leben.'

*   *   *

Hugo genas, und Ende Februar saß er im Garten in Front von einem Weinspalier, auf das eine warme Frühjahrs= sonne fiel. Thilde saß neben ihm und las ihm die Zeitung vor, denn es waren die Tage, wo Bismarck ins Schwanken kam. Hugo fing jedes Wort auf und zeigte großes Inter= esse, ergriff aber nicht Partei. ‚Sie werden wohl beide recht haben," meinte er.

Thilde lächelte. „Ja, Hugo, das bist ganz du. Beide recht. Ich bin für einen."

Über den Zaun fort grüßten die Nachbarn, die sich schon in ihrem Garten zu schaffen machten, und stellten auch Fragen nach seinem Befinden, denn so kurze Zeit er in der Stadt war, so war er doch sehr beliebt, und jeder freute sich seiner Wiedergenesung.

Die Landrätin kam persönlich und klagte sich an:

eigentlich sei sie schuld, er habe sich's bei Ostwind auf dem Eis geholt. Und der alte Graf schickte eine große Melone aus seinen Treibhäusern mit einem Billett voll phantastischer Verbindlichkeiten und Ratschläge.

Nach Berlin hin war all die Wochen über kein Wort über die Krankheit vermeldet worden, weil Thilde dem Gejammer der Alten entgehen wollte, und auch jetzt, wo die Genesung im Gang war, schrieb sie nichts von der zurückliegenden schweren Sorge.

Vielleicht unterließ sie es auch, weil sie der Genesung mißtraute, wozu — wie sich bald zeigen sollte — nur zu viel Veranlassung vorhanden war.

Eines Tages, als Hugo wieder in der Sonne saß, schlug das Wetter plötzlich um, ein Schüttelfrost stellte sich ein, und ehe noch der Arzt es feststellen konnte, war es klar, daß ein Rückfall eingetreten war. Er nahm die Form einer rapide fortschreitenden Schwindsucht an, und am zweiten Osterfeiertag abends trat der Tod ein, nachdem der Kranke Thilde nochmals ans Bett gerufen und ihr für ihre Tüchtigkeit, ihre Liebe und Pflege gedankt hatte. Diese Worte waren ehrlich gemeint, denn die Bedenken einer früheren Zeit waren ganz geschwunden, und er sah längst in Thilde nichts mehr als die rührige, kräftige Natur, die sein Leben bestimmt und das bißchen, was er war, durch ihre Kraft und Umsicht aus ihm gemacht hatte.

Am dritten Osterfeiertag bei untergehender Sonne wurde er auf dem Woldensteiner Kirchhof begraben. Alles war da: der alte Graf, der es auf den Arzt schob und dann wieder versicherte, er habe es schon am Neujahrstag gewußt. Der Landrat, der, weil Osterferien waren, gerade in seinem Kreis sein konnte, viel Adel aus der Nähe und die ganze Bürgerschaft einschließlich der dritten Konfession. Auch der Provisor, der sich zufällig einen neuen Frühjahrsanzug hatte machen lassen, wollte nicht fehlen. Ein Bläserchor blies, der alte Graf unterhielt sich ziemlich laut, und was Woldenstein an Blumen hatte, wurde auf das Grab gelegt.

Der Geistliche geleitete Thilde in ihre Wohnung, und während der alte Graf im „Herzog Kasimir" eine Flasche herben Ungar ausstach, saß Thilde auf dem Trittbrett ihres Wohnzimmers und sah auf den immer dunkler werdenden Marktplatz, über den ein Westwind einige braune Winterblätter trieb.

Dann wurden ein paar an Ketten hängende Laternen angesteckt, und im Schatten des Rathauses, da wo die Stiege hinaufführte, stand plaudernd ein Liebespaar. Sie ließen sich durch den immer heftiger werdenden Wind nicht stören, der die Laternen hin und her bewegte, so daß sie an ihren Ketten quietschten und knarrten.

Als Thilde wohl eine halbe Stunde lang auf das alles hinausgestarrt hatte, zündete sie die Lampe an und setzte sich an ihren Schreibtisch, um ein paar Zeilen an ihre Mutter zu schreiben:

„Liebe Mutter!

Heute gegen Abend haben wir Hugo begraben. Es war sehr schön und feierlich, alle Welt erschien, auch der Adel aus der Umgegend. Prediger Lämmel hielt die Rede. Sie wird gedruckt und wird uns dann — denn bis dahin denke ich wieder in Berlin zu sein — von hier aus zugestellt werden. Wie ich Dir gleich bemerken will, kostenfrei, auch der Druck. Denn Du wirst wohl sehr in Angst sein. Ich muß Dich aber ernsthaft bitten, mich mit dieser Angst nicht quälen zu wollen. Ich habe von hier aus für Dich gesorgt, und ich werde weiter für Dich sorgen. Du denkst immer an jämmerlich zugrundegehen, aber solange Deine Thilde lebt, solange wirst Du zu leben haben, dessen sei versichert.

Ich empfange noch das Gehalt bis Jahresschluß und die Witwenpension vom ersten April an. Dies wird Dir einen Stein von der Brust nehmen, und wenn Du erst weißt — und deshalb habe ich dies alles vorausgeschickt —, daß Du nicht ins Spittel kommen und nicht wie die alte Runtschen reinmachen und einholen brauchst, wirst Du vielleicht auch zuhören, wenn ich Dir sage, daß Hugo gut gestorben ist. Ganz wie ein feiner Mensch, der er immer war. Denn er war aus einem guten Haus, was immer die Hauptsache bleibt. Er hat mir auch noch gedankt, als ob ich wunder was für ihn gewesen wäre. Das macht, er hatte so was Edles. Und Dich hat er grüßen lassen.

Daß er bloß schwächlich war, dafür konnte er nicht. Wenn es nach ihm gegangen wäre, wäre er stärker gewesen. Alle Leute hier haben ihn sehr geachtet, weil alle sahen, daß er sehr gut war, und selbst Silberstein, von dem ich Dir schon geschrieben, hat an seinem Grab gesprochen, so daß sogar Pastor Lämmel zufrieden war und ihm die Hand gab. Silberstein, Firma Silberstein Ehrenthal, wird auch alles besorgen, es sind sehr reelle Leute, fortschrittlich, aber sehr reell. Und was aus dem Mobiliar herauskommt, das werden wir kriegen auf Heller und Pfennig. Ich habe noch ein paar Tage hier zu tun und Briefe zu schreiben, auch an den alten Grafen, der mir eine Stellung als Hausdame in seinem Haus angeboten hat — natürlich mit Gehalt —, aber all dies wird in drei oder vier Tagen beendet sein, und spätestens Sonnabend früh gedenke ich in Berlin einzutreffen. Ich schreibe aber noch eine Karte vorher, damit Du ganz sicher bist und die Runtschen zu rechter Zeit bestellen kannst.

Ich bringe Dir auch ein kleines Andenken von ihm mit, ein kleines Kreuz, vorn mit einer Perle. Die Perle hat einigen Wert.

Ich freue mich, Dich wiederzusehen, so schmerzlich auch die Veranlassung ist, denn die Pension reicht nicht an das Gehalt. Ich muß Dir das sagen, mir ist es gleichgültig. Ich bringe mich schon durch und Dich mit.

Deine treue Tochter Thilde."

*   *   *

Sonnabend früh mit dem Achtuhrzug kam Thilde auf dem Friedrichstraßenbahnhof an. Den kleinen Handkoffer, den sie mit sich führte, gab sie einem Gepäckträger zugleich mit ihrem Gepäckschein und wies ihn an, ihr alles in ihre Wohnung zu schaffen, drüben bei Schultzens, drei Treppen.

„Jawoll, Fräulein," nickte der Packträger — er verbesserte sich aber rasch, denn er kannte sie von alter Nachbarschaft her ganz gut, und versprach dann, in einer halben Stunde da zu sein.

Als sie ging, sah er ihr einen Augenblick nach. „Was doch nich das liebe Geld alles tut. Die hat sich tüchtig 'rausgemausert, or'ntlich 'n bißchen forsch, und sogar mit 'n Krimstecher!"

Während ihr diese Betrachtungen folgten, schritt Thilde über den Damm hin und sah auf das Haus und nach der dritten Etage hinauf. Es hatte sich nichts verändert, und doch kam ihr alles ganz anders vor. Ein eigentümliches Gefühl beschlich sie, als sie sich sagte: sei froh, daß es ist, wie es ist, es könnte viel schlimmer sein. Wie war es vor zwei Jahren, da mußte ich noch alles selber tun.

Sie ging auf die rechte Seite der Straße und spähte hinauf, ob sie die Alte vielleicht am Fenster sähe. Aber sie sah nichts, auch nicht in den andern Etagen, überall waren noch die Rouleaus herunter. Es war ihr lieb, ganz unbeachtet zu sein, aber sie war es nicht, und während sie über den Damm auf die Haustür zuging, sagte oben die Rätin, die vom Frühstückstisch aufgestanden war und sich ein Guckloch in der angelaufenen Scheibe zurechtgemacht hatte:

„Was sitzt du wieder über der Zeitung, Schultze, so was sieht man nicht alle Tage. Sie hat bloß schwarze Handschuhe an und sieht sonst aus, als reiste sie nach Dresden und in die Sächsische Schweiz. Regenmantel und Opernglas, es fehlt bloß noch der Alpenstock."

„Ach, du hast immer was zu quängeln, Luise. Wenn sie mit einer langen Trauerfahne aufkäme, dann wär' es dir auch nicht recht."

Thilde stieg langsam eine Treppe hinauf, je höher sie kam, desto langsamer, weil ihr vor der Begegnung mit der Alten bange war.

Auf dem letzten Treppenabsatz stand die Runtschen und nahm ihr, weil sie nichts anderes mit sich führte, wenigstens den Regenschirm ab.

„Na, Runtschen, wie geht es?"

„Jott, Frau Bürgermeistern, wie soll et jehen" — aber ehe sie das Gespräch fortsetzen konnte, war man oben, und Thilde lief auf die Mutter zu, die halb sonntäglich zurechtgemacht, in der offenen Tür stand und gleich zu weinen anfing.

„Mutter, so weine nur nicht gleich. Jeder kommt doch mal 'ran."

„Ja, bloß der eine zu früh und der andere zu spät. Wenn ich doch 'rangekommen wäre!"

Und dabei trat sie vom Flur her in das Entree und vom Entree in die Wohnstube, wo vor dem Sofa schon der Kaffee stand und Semmeln und Butter.

„Na, komm, Thildchen, nu wollen wir eine warme Tasse trinken, und erzähle mir alles, wie es war."

„Ja, Mutter, gleich. Ich möchte mir aber erst die Hände waschen, und das Haar ist auch in Unordnung, ich hatte den Wind ins Gesicht und wollte nicht zumachen."

Und dabei erhob sich Thilde wieder, legte Hut und Krimstecher beiseite und hing den Mantel an einen Ständer im Entree. Dann kam sie wieder und meinte: „So, Mutter, nun schenk uns ein. Kalt war es ja, und der Mantel hat auch nicht viel geholfen."

„Ich dachte, du würdest ein Umschlagetuch drüber nehmen und überhaupt so etwas, was wie Trauer aus= sieht. Hast du denn gar keine Trauer getragen? Ich weiß ja, daß es hier sitzt, aber wegen der Leute. Und sie haben sich doch sehr anständig gegen dich benommen."

„Ja, Mutter, natürlich habe ich Trauer getragen. Silberstein hat mir alles besorgt und hatte das meiste auf Lager. Ich war ganz schwarz mit Schleier und Schleppe, alles wie sich's gehört, aber als ich mich für die Reise zurechtmachte, hab' ich alles eingepackt, und du kannst es sehen, wenn es nachher kommt."

„Und unterwegs wolltest du nicht . . ."

„Nein, Mutter, unterwegs nicht. Und ich wollte auch nicht hier so ankommen. Das sieht gleich so gefähr= lich aus, und die meisten glauben doch nicht dran, und ich habe schon gesehen, daß sie zudringlich wurden, bloß wegen zu viel Trauer."

„Aber willst du es denn einfach so liegen lassen, es kriegt ja Flecke, und von Silberstein hast du's doch auch nich umsonst."

„Auftragen will ich es nicht, aber tragen werde ich es doch, wo's hingehört, wenn ich ernste Besuche mache. Denn wenn ich auch die Pension habe, so muß doch etwas geschehen."

„Ach, Thilde, daß du nun davon gleich sprichst. Ich hab' es ja nich gewollt und habe mir diese ganze Nacht gesagt: Sprich nich davon, Thilde mag es nich, Thilde war immer großartig, und nu is sie es erst recht. Aber da du nu selber davon anfängst, sage, Kind, was soll nu werden? Denn es war ja doch eine furchtbare Krankheit."

„Ja, Mutter, das war es. Immer die Beklemmungen und die Atemnot..."

„Ach ja, Thilde, die Beklemmungen, aber ich meine nich die Beklemmungen, ich meine, daß es so lange gedauert hat."

„Ja, gerade ein Vierteljahr."

„Und wenn auch in einer kleinen Stadt der Doktor bloß um die Ecke wohnt, die Länge hat die Last, und zuletzt macht es doch was aus. Und dann die Medizin! Und gerade wenn es mal schon besser war, da müssen sie dann immer gestärkt werden. Aber es hilft meistens nich mehr un is alles bloß hin."

Thilde nahm ein Stück Zucker, brach es zweimal durch und sah in Gedanken auf die vier Krümel, die da vor ihr lagen. In den vier Krümeln hatte sie nun wieder ihr Leben, und die Mutter, die noch kein Wort von dem armen guten Mann gesprochen hatte, rechnete schon wieder, was seine Krankheit gekostet habe. So nüchtern sie selber war, das war ihr doch zuviel. Sie nahm der Alten Hand und sagte: „Mutter, bringe der Runtschen den Kaffee 'raus, sie wird wohl noch nichts Warmes gehabt haben. Ich will in die andere Stube gehen und mich einen Augen=

blick hinlegen. Vielleicht schlafe ich ein, mir ist doch 'n bischen übernächtig."

Sie dachte nicht an Einschlafen, sie wollte nur allein sein und einen Augenblick andere Gedanken haben. In Hugos früherem Zimmer ging sie auf und ab. Da war das Stehpult, darauf die juristischen Bücher immer so verstaubt umhergelegen hatten, und da war der Sofatisch, auf dem hochaufgeschichtet die kleinen Reclamhefte lagen und ein paar Bleistifte daneben, um immer gleich Notizen an den Rand schreiben zu können. Und da war das Fensterbrett, an das gelehnt sie so sonderbar sentimental ihre Verlobung angesichts des Mondes gefeiert hatten, er noch halb krank und verlegen, sie nüchtern und berechnend.

‚Ich habe mich ihm immer überlegen geglaubt,‘ sann sie vor sich hin. ‚Es war nicht so. Wenn das ewige Nachrechnen klug ist, dann ist Mutter die klügste Frau. Von den andern, zu denen Hugo gehörte, hat man doch mehr, und ich will versuchen, daß ich ein bißchen davon wegkriege. Aber es wird mir wohl nicht viel helfen. Von Natur bin ich gerade so wie Mutter. Sie berechnet immer, was es kostet, und ich rechne mir den Vorteil aus. Die vier Krümel Zucker will ich mir in eine Schachtel legen und hier in das offene Sekretärfach stellen. Da habe ich es immer vor Augen und will dran lernen, daß das ganz Kleine nun wieder anfängt, und wenn Mutter weimert, will ich nicht ungeduldig werden.

‚Ich dachte wunder was ich aus ihm gemacht hätte, und nun finde ich, daß er mehr Einfluß auf mich gehabt hat, als ich auf ihn. Rechnen werde ich wohl immer, das steckt wohl drin, aber nicht zu scharf, und will hilfreich sein und für die Runtschen sorgen, schon deshalb, weil die Runtschen seine einzige Renonce war. Und wenn er das sieht, wird er mir's danken, aber er wird's wohl nicht sehen...'

Und dann ging sie wieder auf und ab und trat ans Fenster, und da, wo damals der Mond gestanden hatte, hing ein graues Gewölk. Aber während ihr Auge noch darauf ruhte, rötete sich's, und die Sonne gab ihm einen goldenen Saum.

Vielleicht ist das meine Zukunft, dachte Thilde.

Und sie holte sich den Regenmantel aus dem Entree, deckte sich damit zu, verfolgte noch eine Weile das Licht- und Schattenspiel an Wand und Decke und schlief ein.

* * *

Zu Thildens besonderen Eigenschaften gehörte von Jugend auf die Gabe des Sich-anpassens, Sich-hineinlebens in die jedesmalige Situation. Wäre Hugo am Leben und im Amt geblieben und nach Ablauf seiner Woldensteiner Amtszeit zum Oberbürgermeister einer Provinzialhauptstadt gewählt worden, so würde seine Frau bei Besuchen des Oberpräsidenten, ja selbst bei Kaiserparaden die Honneurs des Hauses mit vollkommener Unbefangenheit und ausreichender Geschicklichkeit gemacht haben.

Jetzt, wo sie sich nach einem kurzen Erfolg auf die Stufe zurückversetzt sah, von der sie ausgegangen war, fand sie sich auch darin zurecht und nahm ihr altes Leben ohne jede weitläufige Betrachtung und jedenfalls ohne Klage darüber wieder auf.

Die Sache lag so und so, folglich mußte sie so und so gehandhabt werden. Nur keine nutzlosen Betrachtungen! Es handelte sich für sie keinen Augenblick darum, ihre Situation in irgendein Gegenteil zu verkehren, sondern immer nur darum, aus der Situation, wie sie nun einmal war, das Beste zu machen, und dies tat sie voll Überzeugung und auf ihre Weise, rücksichtsvoll und doch auch wieder entschieden. Soweit es möglich, war sie der Alten zu Willen und unerschöpflich in kleinen Guttaten und Aufmerksamkeiten, und ging so weit, daß sie wie vordem das bloß alkovenhafte Schlafzimmer mit ihr teilte. Den ganzen Tag aber sich beständig von ihr über Spittel und ähnliche Dinge unterhalten zu lassen oder Fragen zu beantworten, die sich fast immer auf ihr intimes Woldensteiner Leben bezogen, dazu war sie nicht mehr gewillt und hatte dementsprechend kategorisch erklärt, daß sie wenigstens den Tag über allein sein müsse.

Das mit dem Vermieten müsse ein Ende haben. Und so hatte sie sich denn drüben eingerichtet, und als die Alte sah, daß Thilde viel schrieb und sich unter Büchern und Karten vergrub und, wenn sie zu Tisch kam (die Runtschen mußte das Essen jetzt holen), oft rote Backen vom Lernen hatte, konnte sie sich denken, was Thilde vor hatte.

Sie konnte sich's denken und war auch nicht eigentlich dagegen. Aber wenn sie sich auch recht gut entsann, daß der Seminarlehrer schon damals, ehe Möhring starb, immer von Thildens schönen Gaben gesprochen hatte, so ging sie doch davon aus, daß „Lehrerin" nicht recht was sei, ja, daß jedes andere Unterkommen, wenn auch von etwas fraglicher Beschaffenheit, dem immer noch vorzuziehen wäre.

Bei Tage wagte sie mit solchen Betrachtungen nicht recht hervorzutreten, aber wenn sie zu Bett gegangen waren und schon eine Weile ganz ruhig gelegen hatten, richtete sich die Alte von ihrem Kissen auf und sagte, während von der Straße her durch die nach vorn hinaus offenstehende Tür ein schwacher Lichtschimmer sie traf:

„Thilde, schläfst du schon?"

„Nein, Mutter, aber beinah . . .. Willst du noch was?"

„Nein, Thilde, wollen will ich nichts. Mir is bloß so furchtbar angst wegen deiner Lernerei. Du siehst so spack aus und hast solchen Glanz in den Angen. Er hat ja doch die Schwindsucht gehabt, und am Ende . . ."

„Nun?"

„Am Ende wär' es doch möglich . . . und wenn es so is, is doch frische Luft immer das beste und nich so viel sitzen."

„Gewiß, frische Luft ist immer gut, aber wo soll ich sie hernehmen? Hier ist sie nicht gut, und wenn es nicht wegen deines Rheumatismus wäre . . ."

„Nein, Thilde, daß das Fenster offen steht, das geht nich, aber du könntest doch die frische Luft haben."

„Ich? Woher denn?"

„Ja, Thilde, du hast mir doch gleich in deinem ersten Brief geschrieben, ich meine in deinem ersten, als er tot war, da hast du mir geschrieben von wegen ‚Hausdame‘ und mit Gehalt. Und wenig kann es doch nich gewesen sein, weil er ja so reich is, wie du mir geschrieben hast. Und alt is er auch, und da hättest du nu die schöne frische Luft gehabt und die gute Verpflegung. Ich will ja nichts sagen, aber was wir heute hatten, hatte doch keine Kraft mehr. Und wenn du ihn ordentlich gepflegt hättest, und das hättest du gewiß, denn du hast ja Mit= leid mit jedem und mit mir auch, denn du bist gut, Thilde, ja, Thilde, denn hätten wir jetzt vielleicht was. Einer, der so reich is, kann doch nich so mir nichts, dir nichts sterben, ohne was zu hinterlassen. Und vielleicht daß er noch ganz zuletzt . . . War er denn katholsch?"

„Natürlich war er katholisch."

„Na, denn ging es nich."

„Ach, deshalb wär' es schon gegangen. Katholisch ist nicht schlimm. Aber was denkst du denn! Ich will von Woldenstein gar nicht reden. Aber hier! Was würden hier die Leute gesagt haben. ‚Die hat es eilig.' Und die Petermann, der alte Giftzahn, die hätte gesagt: ‚Es wird wohl eine mulmige Geschichte gewesen sein.'"

„Ach, Thilde, dessentwegen muß man sein Glück nich fortstoßen. Die Leute sagen immer so was, aber wenn man was hat, denn is es gleich, und bloß wenn man nichts hat . . ."

„Ja, ja, Mutter. Nun wollen wir aber schlafen."

* * *

Der Wunsch der Alten ging ganz ersichtlich dahin, daß sich Thilde wieder verheiraten sollte. Hugo war ein sehr hübscher Mann gewesen und aus einem sehr guten Haus. Und wenn sie damals, wo sie bloß ein armes Mädchen war, den Großmann gekriegt hatte, so konnte sie jetzt jeden heiraten, denn sie hatte ja nun einen Titel und war eine junge Witwe, und die Trauer stand ihr gut, und wenn sie zum Schulrat ging mit dem geteilten langen Schleier, sahen ihr die Leute nach.

Als die Alte aber merkte, daß Thilde die Heirats=idee ganz entschieden ablehnte und wirklich nur Lehrerin werden wollte, kam sie auf einen andern Plan, der ge=raume Zeit nach der Unterhaltung über den alten Grafen und das mutmaßlich verscherzte Glück auch wieder nächt=licherweise erörtert wurde. Diesmal nicht in dem sauer=stoffarmen Alkoven, sondern noch in der Vorderstube, die Alte steif aufrecht auf dem Sofa, Thilde zurückgelehnt auf der Chaiselongue.

„Na, Thilde, du warst ja heute wieder da. Wann glaubst du denn, daß es so weit is?"

„Du meinst mit dem Examen und mit der Stelle und möchtest wissen, wann ich das erste Gehalt kriege?"

„Ja, Kind, das mein' ich. Du willst immer davon nichts hören, aber es ist doch was Sicheres."

„Ach, sicher ist das andere auch."

„Meinst du? Na, ich will es dir wünschen. Aber wenn es auch nich so sicher is, das mit der Schule, das is doch nu die Hauptsache. Das hast du ja selber gesagt, und da habe ich dich nu schon lange fragen wollen, ob du nich das mit der Witwe fallen lassen und deinen Mädchennamen wieder aufnehmen willst. Es werden ja so viele mit andern Namen getauft, und bei dir is es nich mal so, da kommt das Alte bloß wieder obenauf."

Thilde schüttelte den Kopf, ersichtlich mit einiger Verstimmung. Aber die Alte, die sich, solange sie den Wiederverheiratungsplan verfolgte, von „Witwe" viel versprochen hatte, wollte bei der veränderten Sachlage mit ihrem neuen Plan nicht nachlassen und fuhr fort:

„Ich denke mir, Thilde, du mußt es nu lieber so nehmen, als ob es . . . ja, wie heißt es doch, wenn was ganz kurze Zeit gedauert und dann wieder vorbei is . . ."

„Ich weiß schon, was du meinst."

„. . . also so nehmen, wie wenn es gar nich gewesen wäre. Daß dir als Witwe was zugute getan wird, kann ich mir nich denken, und Fräulein is doch das Gewöhnliche . . ."

Thilde richtete sich auf, nahm ein von Woldenstein mitgebrachtes Luftkissen in den Rücken und sagte:

„Ja, Mutter, was denkst du dir eigentlich dabei! Das ist doch wie eine Defraudation, wie Unterschlagung, wie Lug und Trug."

„Gott, Thilde, rede doch nich so was."

„Doch, Mutter, das ist Ableugung des Tatsächlichen und straffällig."

„Gott, Gott . . ."

„Ich habe dir wohl öfters gesagt, wenn du so beständig anbohrtest und alles wissen wolltest, was auch nicht richtig war und immer nur davon kam, daß du gegen den armen Hugo was hattest — nun, da habe ich dir wohl mal gesagt, daß es nicht so was Besonderes gewesen sei, was ich vielleicht nicht hätte sagen sollen, denn alles, was man in der Art sagt, wird doch bloß mißverstanden. Und nun bist du gerade doch so wie die andern Menschen! Aber es ist alles falsch, was du da denkst, und ich muß dir sagen, ich glaube beinah, daß er besser hätte nicht heiraten sollen. Er sah so stark aus mit seinem Vollbart, aber er war nur schwach auf der Brust, und ich bin ganz sicher, es hat ihm geschadet . . . Und nun soll es gar nichts gewesen sein. Das wäre ja doch schändlich und undankbar, wenn ich ihm so was in sein Grab nachsagen sollte! Fräulein Möhring! Was denkst du dir nur! Ich bin kein Fräulein und habe meinen Stolz als Frau und Witwe, wenn ich auch kein Pfand seiner Liebe unter meinem Herzen trage."

„Gott, Thilde, wie du redest . . ."

„Ja, so sagt man, Mutter, das ist gerade das richtige Wort. Und es ist bloß ein Zufall, daß es so ist, wie es ist . . ."

„Meinst du?"

„Ja, das meine ich, und mitunter denke ich, es wäre

doch hübsch und besonders für dich, wenn es anders gekommen wäre."

„Ja, Kind, wenn du so denkst ..."

* * *

Das war kurz vor dem Examen gewesen, das Thilde weit glänzender bestand als Hugo damals das seine. Noch am selben Tag sagte man ihr, daß eine Stelle für sie frei sei. Man freute sich, sie ihr geben zu können. Am ersten Oktober trat sie ein, in Berlin N, zwischen Moabit und Tegel. Sie ging mutig ans Werk, hatte frischere Farben als früher und war gekleidet wie an dem Tag, als sie von Woldenstein wieder in Berlin eingetroffen war, nur ohne Krimstecher. Das seitens der Schuldeputation in sie gesetzte Vertrauen hat sie gerechtfertigt. Hinaus fährt sie jeden Morgen mit der Straßenbahn, den Weg zurück macht sie zu Fuß und kauft öfters was ein für die Mutter, eine Tüte voll Prünellen, einen Pfannkuchen, einen Geraniumtopf oder wohl auch am Oranienburger Tor eine Hasenleber, weil sie weiß, daß Hasenleber das Lieblingsgericht der Alten ist. Und die Alte sagt dann:

„Gott, Thilde, wenn ich dich nich hätte."

„Laß doch, Mutter, wir haben es ja."

„Ja, Thilde, es is schon wahr, aber wenn es man bleibt."

„Es wird schon." —

Von Hugo Großmann wird selten gesprochen, seine Photographie aber hängt mit einer schwarzen Schleife über der Chaiselongue, und zweimal im Jahr kriegt er auf das Grab in Woldenstein einen Kranz. Silberstein legt ihn nieder und schreibt jedesmal ein paar freundliche Zeilen zurück.

Ein Kuss unter dem Mistelzweig.

Nach einer Originalzeichnung von Adolf von Menzel zum
70. Geburtstage Theodor Fontanes.

Gedicht-Nachlese.

I. Aus der Frühzeit.

Frühlingslieder.

I.

Der Frühling hat des Winters Kette
Gelöst nach altem, gutem Brauch;
O, daß er doch zerbrochen hätte
Die Ketten unsrer Freiheit auch!

Er nahm das weiße Totenlinnen,
Das die gestorb'ne Erde trug,
Und sieht die Fürsten weiterspinnen
An unsrer Freiheit Leichentuch.

Wird nie der Lenz der Freiheit kommen?
Und werden immer Schnee und Eis
Und nimmer Ketten uns genommen?
Es seufzt mein Herz: Wer weiß, wer weiß?

II.

Der Frühling kam, der Weltbefreier,
Die Erde liebt und grünt und blüht,
Am Himmel keine Wolkenschleier,
Und ohne Wolken das Gemüt.

Die Vögel und die Menschen singen,
Und wie die Lerche himmelwärts,
Will sich empor zur Gottheit schwingen
In Dankgebet das Menschenherz.

O, Herz! es brach die Frühlingssonne
Des Winters Ketten wohl entzwei;
Wohl ziemt der Erde Dank und Wonne,
Doch bist auch du von Ketten frei?

Zwei Liberale.

I.

Freiheitseifer voller Geifer,
Tobt jetzt wie ein Marodeur,
Kaiser ist der Scherenschleifer
Wie der Schneider und Friseur.

Hier ein Schmollen, dort ein Tollen,
Überall ein Freiheitsschrein!
Was denn nur die Leute wollen?
Niemand wehrt uns, frei zu sein.

Selber hielt ich den „Freimüt'gen"
Als er noch am Leben war,
Jetzund klebt mein Lehrling Dütchen
Aus dem Blatt der Blätter gar.

Und die Marseillaise pfeif' ich,
Wo ich irgend geh' und steh',
Nach der „Leipziger Zeitung" greif ich,
Wo ich sie nur irgend seh'.

Auf der freien Straße paff' ich
Ungeniert als freier Mann,
Und im nächsten Jahre schaff' ich
Mir vielleicht den Rotteck an.

I. Aus der Frühzeit.

Und nun frag' ich, kann es freier,
Besser sein um uns bestellt?
Doch um ungelegte Eier
Kümmert sich die junge Welt!

Selbst den Fürsten manch ein grober
Bursche sein Verdienst nicht läßt.
Dein Geburtstag im Oktober
Aber ist mein Freiheitsfest.

II.

Sieh, es geht der Krug zum Wasser
Nur so lange, bis er bricht,
Und die königlichen Prasser
Prassen binnen kurzem nicht.
In mir glüht der Himmelsfunken,
All mein Sein ist liberal,
Und dem Funken der Hallunken
Mach' ein End' ich bald einmal.
Doch die Wände haben Ohren,
Und kaum weiß ich, wer du bist,
Und ich wäre schier verloren,
Hörte mich ein Polizist.

Von den großen Schillers Werken
Lieb' ich nur den „Wilhelm Tell",
Und ich trinke — mich zu stärken —
Oft aus diesem Freiheitsquell.
Als die Schillerwestenfeier
Neulich man begangen hat,
Klang begeisternd meine Leier
In dem „Leipzger Tageblatt".
Doch die Wände haben usw.

Einen invaliden Polen
Lad ich täglich zu mir ein,
Und zwei Doppelterzerolen
Müssen stets geladen sein.
Ja, in meinem Hause wohnen
Zwei selbst von der Burschenschaft,
Die sich, wie man sagt, Kanonen
Größter Sorte angeschafft.
Doch die Wände haben usw.

Fruchtlose Saat.

Es mähn der Schnitter Sensen
Bei lustigem Gesang,
Wo einst der Tod, der Schnitter,
Die Riesensense schwang.
Noch mähten ihre Sicheln
Der Halme nicht so viel,
Als unter seiner Sense
Von unsern Brüdern fiel.

Die Halme müssen fallen,
Sie geben uns das Brot,
Die Brüder mußten sterben
Für Freiheitsmorgenrot.
Doch haben sie den Boden
Mit Blute nur gedüngt,
Daß er (Heil uns!) Kartoffeln
Zu seltner Größe bringt?!

I. Aus der Frühzeit.

Berliner Republikaner.

Berliner Jungen scharten sich
Vor einiger Zeit allabendlich
Nicht weit vom Kupfergraben
Und sangen gottserbärmlich:
„Wir brauchen keenen Kenig nich,
Wir wollen keenen haben!"

Da endlich packt ein Fußgendarm
Nicht eben allzuzart am Arm
Den allergrößten Jungen,
Und spricht: „He, Bursch, juckt dir das Fell,
Du Tausendsapperments-Rebell?
Was hast du da gesungen?"

Doch der Berliner comme il faut
Erwidert: „Hab Er sich nicht so,
Und laß Er sich begraben;
Wozu denn gleich so ängstiglich,
Wir brauchen keenen Kenig nich,
Weil wir schon eenen haben!"

Von der Tann ist da!
(Schleswig-Holstein-Lied.)

Hurra, hurra,
   Von der Tann ist da!
Von der Tann ist gekommen auf Eisenbahnen,
Mit Eisen die Wege sich weiter zu bahnen.
Ihr lieben Dänen, nun müssen wir weiter,
Rasch über die Eider, rasch über die Eider,
Und weiter, weiter, — hurra, hurra,
Von der Tann ist da! Von der Tann ist da.

Hurra, hurra,
Von der Tann ist da!
Ihr Düppelschen Höhn, ihr Düppelschen Schanzen,
Nun gibt es mal wieder ein Stürmen und Schanzen,
Und seid ihr erst unser, dann rüber nach Alsen,
Das Fischvolk uns gründlich vom Halse zu halsen.
Und weiter, und weiter, — hurra, hurra,
Von der Tann ist da! Von der Tann ist da.

Hurra, hurra,
Von der Tann ist da!
Was Strich, was Grenze, von Flensburg bis Toudern.
Wir wollen nichts Halbes, kein Teilen und Sonderu;
Herr Kammerherr Tilisch, nun grabe, nun grabe,
Wir wollen und müssen bis Apenrade,
Und weiter, weiter, — hurra, hurra,
Von der Tann ist da! Von der Tann ist da!

Hurra, hurra,
Von der Tann ist da!
Wir wollen in Krieg und in Hader leben,
Bis daß wir wieder in Hadersleben;
Wir wollen die Fridericia=Schulden
Rückzahlen den Danskes auf Groschen und Gulden,
Und weiter, und weiter, — hurra, hurra,
Von der Tann ist da! Von der Tann ist da.

Hurra, hurra,
Von der Tann ist da!
Von der Tann ist da, den schicket uns Bayern,
Nun werden die andern nicht lange mehr feiern,
Die Schwaben und Franken, die Sachsen und Hessen,
Die werden am Ende uns auch nicht vergessen,
Und weiter, und weiter, — hurra, hurra,
Von der Tann ist da! Von der Tann ist da.

I. Aus der Frühzeit.

Hurra, hurra,
Von der Tann ist da!
Ihr deutschen Brüder im Westen, im Osten,
O laßt nicht die Kling' in der Scheide verrosten;
Die Büchs' und den Pallasch heruntergenommen,
Ihr seid uns willkommen, zum Siege willkommen,
Und weiter und weiter, — hurra, hurra,
Von der Tann ist da! Von der Tann ist da!

Edward.
(Altschottisch.)

Was blinket dein Schwert so rot von Blut,
Edward, Edward?
Was blinket dein Schwert so rot von Blut
Und macht so trübe dich schreiten?

„Ich habe erwürgt meinen Falken gut,
Mutter, Mutter,
Ich habe erwürgt meinen Falken gut,
Und hatte doch keinen zweiten."

Deines Falken Blut war nimmer so rot,
Edward, Edward,
Deines Falken Blut war nimmer so rot,
Dein Schwert ist dunkler gerötet;

„Ich hab erstochen mein rotbraun Roß,
Mutter, Mutter,
Ich hab erstochen mein rotbraun Roß,
Im Zorn hab ich's getötet."

Dein Roß war alt, das kann es nicht sein,
    Edward, Edward,
Dein Roß war alt, das kann es nicht sein,
Was tät deine Wang' entfärben?

„Ich hab erschlagen den Vater mein,
    Mutter, Mutter,
Ich hab erschlagen den Vater mein,
Und mir ist weh zum Sterben!"

Und so du büßest, was du getan,
    Edward, Edward,
Und so du büßest, was du getan,
Wo hoffst du Sühne zu finden?

„Ich geh an den Strand und steig in den Kahn,
    Mutter, Mutter,
Ich geh an den Strand und steig in den Kahn,
Und gebe mein Schiff den Winden."

Und was soll werden aus Hall und Turm,
    Edward, Edward,
Und was soll werden aus Hall und Turm,
Wenn Wind und Wellen dich wiegen?

„Laß stehn, laß stehn, bis sie fallen im Sturm,
    Mutter, Mutter,
Laß stehn, laß stehn, bis sie fallen im Sturm,
Ich hab sie zum Letzten bestiegen."

Und Weib und Kind, die du lässest zurück,
    Edward, Edward,
Und Weib und Kind, die du lässest zurück,
Was soll aus den Weinenden werden?

I. Aus der Frühzeit.

„Laß sie betteln gehn nach Brot und Glück,
  Mutter, Mutter,
Laß sie betteln gehn nach Brot und Glück,
Ich seh sie nicht wieder auf Erden."

Und deiner Mutter, was lässest du ihr,
  Edward, Edward,
Und deiner Mutter, was lässest du ihr,
Die dich unterm Herzen getragen?

„Den Fluch der Hölle, den laß ich dir,
  Mutter, Mutter,
Die Tat war mein, doch du rietest sie mir,
Wir haben ihn beide erschlagen."

Katharina von Medici.

Bluthochzeit feierte die Stadt Paris,
Der Glocke Zeichen war in Nacht verklungen
Und durch die Straßen, wie gehetztes Wild,
Wehschreiend, betend floh der Hugenott.
Schon zog ein Blutstreif durch der Seine Fluß,
Schon lag verstümmelt, siebenfach durchbohrt,
Auf offnem Platz der greise Coligny,
Und immer noch, von Mord zum Morde mahnend,
„Laßt Aber!" schrie der tückische Tavennes.
Im Schlosse aber, das sie Louvre nennen,
An seiner hohen Bogenfenster einem
Stand König Karl, der neunte seines Namens,
Und zitterte. Der ungeheure Frevel
Griff ihm ins Herz. Trotz Licht und Fackelglanz,
Nacht war's um ihn. Er warf die Büchse fort.

„Ich kann nicht schießen, Mutter!" rief der König.
Da trat sie selbst hervor, schwarz war ihr Haar,
Schwarz wie der Sammet ihres Schleppenkleides,
Und ihrem Aug' entflammte tiefre Glut,
Als dem Rubin, der ihr am Nacken blitzte.
„Bist du ein Mann?" so raunte sie ihm zu,
„Ein König und so feig? Ich mag's nicht glauben."
Das zündete. Der Fürst, in falscher Scham,
Griff wieder nach dem Rohr, sie aber rief:
„Schau dort das Weib, das Hugenottenweib,
Sie flieht und birgt den Säugling an der Brust,
Zertritt das Raupennest!" Der König schoß;
Ein Wehschrei klang herauf; sie aber klatschte
Laut in die Hand....
     In jener dunklen Nacht
Erlosch der Glanz des Hauses Medici.

II. Gelegenheitsgedichte.

Rumlied.
(An Emilie)

Und ist auch noch so dünn der Tee
Und tut dir irgendwo was weh,
    Rum, Rum,
Dann sind gleich alle Schmerzen stumm.

Und liest du ein ‚sensation'-Buch
Voll Gift und Mord und Vaterfluch,
    rum, rum,
Nicht alle Bücher sind so dumm.

Und geht im Leben etwas schief
Und steht der Barometer tief,
    rum, rum,
Ein Tag gestaltet alles um.

Und ärgert dich ein Blick, ein Wort,
Tu's schnell aus deiner Seele fort,
    rum, rum,
Ist aller Weisheit Satz und Summ'.

Und ist man endlich worden alt,
Und wird es öde, bitter kalt,
    rum, rum,
Wir wechseln unser Publikum.

Reich ober arm, wohl jeder weiß,
Das Leben ist 'ne lange Reis',
    rum, rum
Ist stets das beste Viatikum.

Geburtstagsverse.
(An Emilie, zum 14. November)

I. 1859.

Vor einem Jahr, vor einem Jahr,
Unser Häuschen noch in London war,
Wir hatten damals englisch Brot
Fifty two in St. Augustines Road,
Wir hatten mutton und english beef,
Und Betsy uns zu Tische rief.

Dahin ist nun der mutton chop,
Doch gibt es Hammel auch hier, Gottlob,
Statt english beef und english ale,
Floriert nun Hirse und Kaneel,
Und statt der Betsy, die nun hin,
Kocht Thilde, die Berlinerin.

Sonst scheint wie dort auch hier die Soun',
Wir haben Marta Merington,
Wir haben Hoffnung und Vertrau'n
Und müssen immer vorwärts schaun.
Und glauben — was uns auch entschwand —
Glück blüht doch nur im Vaterland!

II. Gelegenheitsgedichte.

II. 1865.

Briefträger setzten sich in Trab,
Sie reißen fast die Klingel ab,
Sogar Pakete treffen ein,
Mög' es das ganze Jahr so sein!

Herren, Damen, kommen zu Hauf',
Sie setzen die besten Gesichter auf,
Du selber blickst gutlaunig drein,
Mög' es das ganze Jahr so sein!

Im Hause ruht der Bruderstreit,
George, Theo markieren Artigkeit,
Sanfte Stimmung bei groß und klein,
Mög' es das ganze Jahr so sein!

Der Himmel ist blau, die Luft ist klar,
Auf dem Simse zwitschert ein Spatzenpaar,
Am Fenster aber lacht Sonnenschein —
Mög' es das ganze Jahr so sein!

III. 1867.

Ich schenke dir eine Decke von Tuch
Für fünf Taler und zwanzig Groschen,
Die alte — es dauerte lange genug —
Ist in ihrem Glanze erloschen.

Und ich schenke dir (aus Joachimstal),
Handschuh für sechstehalb Gulden,
Und anderes kriegst du ein andermal,
Doch mußt du dich gedulden.

Und ich schenk' dir — geht wieder um mit Gebrüll
"Egoismus", der alte Bube? —
Ich schenke dir zwanzig Ellen Tüll
Zu Gardinen für meine Stube.

Für meine Stube? Es scheint nicht nett,
Doch was liegt uns noch am Scheine.
Längst haben wir auf demselben Brett
Das Meine und das Deine.

Wir haben gemeinsam Freud und Leid,
Warum nicht auch die Gardine?
Und so wachse denn unsere Gemeinsamkeit —
Parole: Mus wie Mine!

IV. 1880.
(Mit neuen Pfropfen.)

Es hilft uns kein Gebeutel,
So nimm es, wie es fällt,
Der eine hat den Beutel,
Der andre hat das Geld.

Es läßt sich nichts erklopfen,
Der eine hat den Wein,
Der andre hat die Pfropfen,
Man muß zufrieden sein.

V. 1892.

Mai, Juni, Juli und August,
O wunderschöne Sommerlust,
So hat einst Platen es drucken lassen,
Uns aber wollt' es heuer nicht passen,
Mai, Juni, Juli und August
Lagen uns schwer auf Herz und Brust.

II. Gelegenheitsgedichte.

Nun haben wir, geliebte Frau,
Statt des Sommers wieder Novembergrau,
Novembergrau, das so schlimm nicht ist,
Schon schimmert herüber der Heilige Christ,
Und hat noch den besonderen Wert,
Daß es mir dich in die Welt beschert.

Und ich wünsche, daß du darin noch bleibst,
Unlogisch weiter plauderst und schreibst,
Wie dir's gefällt, gefällt es mir eben,
Drum wolle für mich noch weiter leben.

VI. 1897.

Wieder kamen große Kisten
(Ausnahmsweise nur von Christen),
Wieder zu des Tages Feier
Kommen Enten, Hühner, Eier,
Kamen, treu den Traditionen,
Mandeltorten und Makronen.
Alles ohne Neugestalten
Hat im alten sich gehalten,
Und im Stil von Wetterwendern
Sollte ich nur mich verändern?!
Nein, ich hab's damit nicht eilig,
Mir auch ist das Alte heilig,
Und wenn Wertheim auch schon stünde,
Schenken wäre doch 'ne Sünde.

Weihnachtsepistel.
(An Emilie. 1855.)

London, 3½ Uhr morgens.

Im Cafe Divan wieder einmal
Starr ich in die flammenden Leuchter,
Das Herz wird weihnachts-sentimental,
Und die Wimpern werden feuchter.
Doch zwischen die Tränen tritt Freund Humor,
Ein gemütlich lustiger Lerse,
Und nur ein leiser Trauerflor
Legt sich um die lachenden Verse.

Ich seh im Geist ein rumpliges Haus
Und eine rumplige Stube,
Drei Frauen gehen ein und aus,
Und der vierte ist mein Bube.
Die älteste Frau hat schwarzes Haar,
Und die jüngste hat es nicht minder,
Das macht, es ist, wie's immer war,
Es ähneln sich Mutter und Kinder.

Die dritte sieht ihren Knaben an
Unter Lachen und unter Weinen,
Die denkt: ich hab eine Art von Mann
Und hab auch wieder keinen.
Der Junge spielt und fährt über See,
Um seinen Vater zu suchen,
Er ruft: Lieb Mutter mein, ade,
Ich hole den Butterkuchen.

Der Vater, ach, ihm ist nicht nett,
Er muß sich wehren und stemmen,
Er säße viel lieber im Kabriolett
Und passierte Friesack und Cremmen,

II. Gelegenheitsgedichte.

Er spränge gern zum Wagen hinaus
Am Kanal und der Kirchplatz=Ecke,
Und schleppte gern in dies rumplige Haus
Den besten der Ruprechtsäcke.

Es kann nicht sein. Am Londoner Strand,
In Simpsons stolzer Taverne,
Legt an die Stirn er seine Hand
Und träumt sich ferne, ferne.
Er sieht durch Nebel und über das Meer
Eine Fülle lieber Gesichter,
Und heimisch wird es um ihn her,
Als brennten die Weihnachtslichter...

Zum 24. Dezember.
(1890.)

Noch einmal ein Weihnachtsfest,
Immer kleiner wird der Rest,
Aber nehm' ich so die Summe,
Alles Grade, alles Krumme,
Alles Falsche, alles Rechte,
Alles Gute, alles Schlechte —
Rechnet sich aus all dem Braus
Doch ein richtig Leben heraus.
Und dies können ist das Beste
Wohl bei diesem Weihnachtsfeste.

Epistel aus Oxford.

(An George zum 14. August 1856.)

Hier im Gasthof zum Robin Roy
Schreib ich dir dies, mein lieber Boy,
Und wünsche, daß es am rechten Tag
Dich froh und munter treffen mag.
Es sind nun fünf Jahre, daß deine Mama
Mich wissen ließ: du seiest da,
Ich erinnre mich dessen, als sei es heut,
Und habe mich sehr über dich gefreut.
Du warst nicht schön, weder fleischig noch rund,
Und hattest nur einen tüchtigen Mund,
Einen Mund, der — ohne allen Spaß —
Dir genau zwischen beiden Ohren saß.
Doch sei dem allem, wie ihm woll',
Wir waren ganz deines Ruhmes voll.
Nur in einem schuf uns zu jener Zeit
Dein Mündchen doch Bedenklichkeit.
Das machte, wir hatten selbst nicht satt
Und dachten: ach, wenn er Hunger hat,
Einen Hunger, der diesem Mund entspricht,
So können wir ihn sättigen nicht,
Denn Mutters Vorrat ist sehr gering,
Hilf Himmel, es ist ein schlimmes Ding.

Und der Himmel tat, was er immer tut,
Er half, und alles wurde gut,
Und wurde besser als in der Nacht,
Da Gott dich schickte, wir je gedacht.
Es fanden sich Milch und Meyersche Flaschen,
Zuckerbiskuits, davon zu naschen,
Es saub sich manches und allerlei,

II. Gelegenheitsgedichte.

Und so ging das erste Jahr vorbei.
Das zweite auch. Im dritten Jahr,
Als eben Mamas Geburtstag war,
Da hatten deine Eltern beid'
Um dich kleinen Kerl großes Leid.
Du wurdest uns bis zum Tode krank,
Doch der Himmel half wieder, Gott sei Dank,
Und an Weihnachten, als du eben genesen,
Sind wir voll Dank und Freude gewesen.
Aber die Freude war kaum getan,
Da fingst du zu hinken und humpeln an.
Und die Leute sagten: Das arme Kind!
Und wie traurig seine Eltern sind!
Wir rieben mit allerhand Salben dich ein,
Doch die Hilfe sollte wo anders sein;
Gott nimmt es damit nicht eben genau,
Und er wählte für dich eine alte Frau,
Die riet uns Ulmenbäder an,
Und in vier Wochen war es getan.

Seitdem, mein Boy, gleich einem Alten
Hast du dich brav und wacker gehalten.
Du hast durchzogen wie ein Held
Zu Wasser und Lande die halbe Welt.
Du hast gespielt auf grüner Halde
Am Ufer der Nuthe, in Luckenwalde,
Du hast an der Katzbach dich 'rumgeschlagen,
Wie Vater Blücher in alten Tagen,
Und bist ohne langes Federlesen
Ein Gast im großen London gewesen.
Deine Mutter schreibt mir von zu Haus:
Du zögst dich jetzt selber an und aus,
Ausziehen ginge eins, zwei, drei,

Aber anziehn immer noch schwierig sei.
Und du dächtest: wenn ich das erst kann,
So reis' ich nach London und bin ein Mann.
Beim Lesen mir dies gleich gefiel,
Steck dir beizeiten ein großes Ziel,
Wem's Anziehnlernen rasch gelingt,
Der auch wohl andres rasch bezwingt.
Das kannst du heut noch nicht verstehn,
Doch fünfzehn Jahre schnell vergehn.
Und wenn dich Gott am Leben läßt
Und du feierst dann wieder Geburtstagsfest,
Dann wollen wir über die Sache sprechen
Und uns den Kopf ein wenig zerbrechen.
Heut fühl' ich von allem Laufen und Sehn
Sich ein Mühlrad in meinem Kopfe drehn,
Und will dir nur noch sagen zum Schluß:
Sei brav und gut! Und nimm einen Kuß

Von

beinem Papa.

Für George.
(Nach Hermann Lingg. 2. Mai 1857.)

Zu Campten Street im ersten Flur
Sitzt von der Spree ein Krokodil
Von äußerst friedlicher Natur
Und kaut an einem Federkiel.

Wenn Hammel und gebratenes Rind
Es endlos gibt, so Tag wie nachts,
Da weint es wie ein kleines Kind.
Doch wenn es Pudding gibt, da lacht's.

II. Gelegenheitsgedichte.

Zu Georges Hochzeit.
(Toast auf Justizrat Robert. 1886.)

Viel, was beglückt! Der mannigfachsten Weise
Sind die begehrten Dinge dieser Welt:
Vermögen, Ehre, hochgeborne Kreise,
Champagner-Dejeuners im türk'schen Zelt,
Arcona, Saßnitz, italienische Reise,
Seebad am großen oder kleinen Belt,
Vor allem Liebe, Glück bei schönen Damen,
Ich preise noch ein andres: einen Namen.
Als Knabe schon, in Büchern, auf den Blättern
Erquickte mich der Namen schöner Klang,
Duc Montmorency stand in Sternenlettern
Zu Häupten mir und scholl mir wie Gesang.
Entzückten Ohrs, als ob Drommeten schmettern.
Horcht' ich auf Douglas all mein Leben lang,
Und Douglas wiederum verklang, erlosch
Vor dir, Bajard, sans peur et sans reproche.

Schön alle! Doch zu voll fast ihre Schale
Von a, o, u wie gern ich zugesteh.
Ja, a, o, u sind Renommiervokale,
Und renommieren schad't dem Renommee,
Zum echten, wahren Namensideale,
Bedarf der Mischung es von o und e,
Und o und e, zu schönstem Sieg verbunden,
In Robert haben beide sich gefunden.

Doch welcher Robert trägt den Sieg von bannen?
Ist's Robert Guiscard oder Robert Bruce?
Ist's Robert Diable, Herzog der Normannen?
Auch der nicht, und es bleibt Gewehr bei Fuß.

Zu höherm Fluge muß mein Lied ich spannen, —
Justizrat Robert, diesem gilt mein Gruß,
Das ist der Name, drauf wir heute schwören,
Weil wir zugleich mit Ohr und Herz ihn hören.

An Theodor Storm.
(Zum 14. September 1853.)

Der Herbst ist da, und Storm ist da,
Schenkt ein den Wein, den holden,
Wir wollen diesen goldnen Tag
Verschwenderisch noch vergolden.

Und geht es draußen noch so toll
Und hängt die Welt voll Knuten,
Kein Mucker und kein Hassenpflug
Soll unsern Mut entmuten.

Und wimmert auch einmal das Herz
Und will nicht fort nach Pommern,
Wir wissen doch, es schmilzt der Schnee,
Es geht zu neuen Sommern.

Was sind denn sechsunddreißig Jahr?
Sie sind ein bloßes Weilchen.
Doch vierzig, fünfzig, sechzig hin,
Da blühen erst die Veilchen.

Mit siebzig und mit achtzig erst
Erschließen sich die Rosen,
Mit neunzig Jahren schrieb Hafis
Von Freundschaft, Wein und Rosen.

II. Gelegenheitsgedichte.

Bis dahin aber jeden Tag
Sollst du wie heut genießen
Und statt des Tods ein Lorbeerblatt
Dir deine Augen schließen.

Schiller.

(Zum Schillerfest des „Tunnels". 1859.)

Es sprach Apoll: Ich bin der Lieder müde,
Zu Ehren all der Damons und Damöte,
Ich mag nicht mehr, was unwahr und was prüde.

Und siehe da, anbrach die Morgenröte
Der deutschen Kunst, von Bergen stieg zu Tale
Die hehre Doppelsonne Klopstock-Goethe.

Geboren ward die Welt der Ideale;
Hell schien das Licht; nur für die nächtigen Zeiten
Gebrach uns noch das Feuer der Fanale;

Gebrach uns noch das Feuer, das von Weiten
Zu Waffen ruft vom hohen Bergeskamme,
Wenn's gilt, für Sitte, Land und Thron zu streiten;

Gebrach uns noch die hohe, heilige Flamme,
Die unsern Sinn von Kleinheit, Selbstsucht reinigt
Und uns zusammenschweißt zu einem Stamme;

Und Schiller kam, und Deutschland war geeinigt.

An Franz Kugler.
(Zum 6. Dezember 1855.)

Es ist nicht warm in meinem Quartier,
Es ist nur höchstens wärmlich,
Und Ärger und Sorge — ach, glaube mir,
Ich fühle mich ganz erbärmlich.

Die Zeitung will nicht recht vom Fleck,
Eintreffen täglich Rüffel,
Und dieser Zeitungsmausedreck
Ist ohnehin nicht Trüffel.

Heut heißt es: Freund, wir brauchen Ideen
Und morgen wir brauchen Fakten,
Am dritten Tag: so kann es nicht gehn,
Depeschen, Freund, und Akten!

Am vierten Tag: nicht so viel Krieg,
Am fünften: nicht soviel Frieden,
Und: Sie müssen nicht jeden Zeitungssieg
Zu 'nem Glaubensartikel schmieden.

Am sechsten: immer die Maske vor,
Am siebenten: Maske runter!
Im Kopfe, den ich schon halb verlor,
Wird's immer kunterbunter . . .

Und wäre die Weite weiter noch
Zwischen hüben Freund und drüben,
Ich käm' an diesem Tage doch,
Um meines Amts zu üben;

Ich bin ein toastender Fridolin,
Und in der Näh und Ferne
Ergeben der Gebieterin
Der Gräfin von Saverne.

II. Gelegenheitsgedichte.

Ich komme direkt von London her,
Von Tower und von Westminster;
Dies London ist ein sich türmendes Meer
Und ein Abgrund tief und finster;

Die Wellen kennen kein Wo und Wann,
Und endlos sausend und brausend
Zu tausend mal tausend wachsen sie an
Die ewigen hunderttausend.

Wohl wenn mich's die Themse hinabgeführt
Oder nur hinab auf die Gasse,
Hat mich der mächtige Zauber berührt,
Der Zauber der bloßen Masse.

Wohl trat lebendig vor mich hin,
Was nur Zahl ist in andren Zonen,
Wohl hab ich geschwelgt mit trunkenem Sinn
In dem Bilde von Millionen.

Wohl hab' ich geschwelgt — bis doch zuletzt
Ein Grauen mich überkommen
Und ich mich vor der Masse entsetzt,
Die einst mich gefangen genommen.

Da lag sie, wie vor dem Vergrößerungsglas
Ein Stück infusorischer Erde,
Und es fehlte jenes unnennbare Was,
Daß die Masse zur Schönheit werde.

Ich forsche und suche: was ist dies Was?
Und ich forsche und suche vergebens;
Es ist nicht dies, es ist nicht das,
Es ist die Fülle des Lebens,

Es ist die Entfaltung hundertfach
Jener Keime, die in uns liegen,
Jener himmlischen Keime, die in uns wach
Nur noch wachsen können und siegen.

Und diese Keime, die, ungepflegt,
Dort sterben und verderben,
Du hast sie wie ein Gärtner gepflegt
Auch in den gebrochensten Scherben;

Der Liebe, der Ehre, dem Wissen der Kunst
Hast du eine Hand gegeben, —
Drum, liebe Gäste, mit Vergunst,
Ich denke, wir lassen ihn leben.

Toast auf Kugler.
(19. Januar 1855.)

Gott schütz' den König, unsern Herrn
Und unser aller Leben!
Am ewigen Herd hat wieder einmal
Geburtstag sich begeben.

Graf Nöl zog aus um sieben Uhr,
Er war geschmückt aufs beste,
Er trug seinen besten schwarzen Frack
Und seine beste Weste.

Er sprach: Komm Weib, versäume dich nicht
Mit Wirtschaft und häuslichen Lasten,
Ich hab' es geschworen, zum siebentenmal,
Den Kugler anzutoasten.

II. Gelegenheitsgedichte.

Ich hab' es geschworen, gib mir meinen Hut
Und gib mir meinen Bambus;
Variatio delectat! Ich tu' es heut
Im siebenfüßigen Jambus.

Graf Nöl, er sprach's; seine Lady und er,
Eine Droschke ließen sie kommen, —
Am Himmel waren des Mondes Licht
Und die Sternlein eben entglommen.

Sie kamen an, sie stiegen aus,
Zweihundert und zweiundvierzig;
Die Treppen waren festlich erhellt
Und die Küche duftete würzig.

Sie traten ein; da sprengte heran
Graf Eggers von der Schleuse,
Er sah wie der Gallaitsche Egmont aus
Oder sonst ein Wassergeuse.

Er trug einen Frack von braunem Tuch,
Mit braunem Sammet beschlagen,
Er trug ein zierlich batistenes Hemd
Und einen getollten Kragen.

Er trug eine Binde von Moirs
Und die zierlichste der Broschen,
Die kostete, schlecht gerechnet, ihm
Sechs Taler und einige Groschen.

Graf Eggers rief: Was willst du, Nöl,
Hier toasten in meinem Reviere,
Was gehen mich deine Jamben an,
Die in deinem Frack ich verspüre.

Ich toaste hier seit sieben Jahr
In spanischen Trochäen,
Und ob du mir das nehmen kannst,
Das wollen wir doch einmal sehen!

Toast auf Lübke.
(17. Januar 1860.)

Wer kennt den Tiber und die Spree,
Wer kennt Berlin und Ninive,
Papierchen und Papyrus?
Wer spinnt so brav im dritten Stock
Die Bücher ab von seinem Wock?
    Der Jrus, der Jrus.

Und wer ist immer gut gelaunt?
Wer spricht und funkt, das alles staunt,
Im Stile der Hariri?
Kann sein, daß Nöl ihn nicht versteht,
Das macht des Witzes Majestät
    Des Jri, des Jri.

Wer ist der lebenskluge Mann,
Der selbst dir Kuude geben kann
Von Agio und Giro?
Wer ist's, du fragest? Sieh dich um,
Und huldige still und huldige stumm
    Dem Jro, dem Jro.

O weh! ich fürcht', es wird zu viel
Des Reimens, noch dazu im Stil
Von Larum und von Lirum;
Indes Geduld, der vierte Fall
Schon grüßt er eben als Vasall
    Den Jrum, den Jrum.

II. Gelegenheitsgedichte.

Und nun zum Schluß, trara, trara,
Und nun zum Schluß hurra, hurra,
Man soll sich nicht genieren,
Es leb' Jrus, Jra, Jrum.
Er selbst, Frau, Tochter, Publikum,
 Es leben alle die Jren!

Toast auf Ribbeck.
(12. März 1855.)

Oft heißt es: ach, Gasele ist
Ein Lied, das voll Gequäle ist,
Ein Ding, was wahrlich viel zu schlecht
Zum Streit selbst und Krakehle ist.
Ich aber denke, wer nur nicht
Ein Vetter vom Kamele ist.
Und wem (wie Platen sagt) das Wort
Zu Dienst und zu Befehle ist,
Der mag es wagen und, — Gasel
Mein Roß heut, das ich wähle, ist.
Fragt ihr, warum ich, dessen Herz
Halb Schotte jetzt und Gäle ist,
Und der nur lobt, was aus dem Land
Des Porter und der Ale ist,
Warum ich just nach Persien zieh,
Wo heimisch die Gasele ist?
So hört, ich tu' es, weil mein Held
Nicht bloß so pêle mêle ist,
Vielmehr auf toastlichem Gebiet
Ein Dichter ohne Fehle ist,
Und, wie der persische Hafis,
Vor allem stets fidele ist.

Ja, dieser Held, der euch bekannt,
Obschon ich ihn verhehle, ist,
Der Feuertoaste machen kann,
Wogegen dies Geschwele ist,
Der Brot uns gibt, dieweil mein Lied
Ein Mehlwurm kaum im Mehle ist,
Er lebe! Und so sicher er
In meinem Liede die Seele ist,
Empfang er laut das Lebehoch,
Das längst in jeder Kehle ist.

An Zöllner.
(12. Dezember 1874.)

Lieber Chevalier, ich war in Rom,
Wie du weißt, ein kurzer Verweiler
Und musterte mehrfach im Petridom
Die dicken mächtigen Pfeiler.

Am Pfeiler rechts hängt in Relief
Und mit männlich entschlossener Miene,
Als wär' sie ein alter Husaren=Chef,
Die Königin Christine.

Und am Pfeiler links, auf einem Ruck,
Da hängen in geistlichem Kleide
Und der Bruder daneben in Waffenschmuck
Die letzten Stuarts beide.

Der im geistlichen Kleide war Kardinal
Und zählte zu den Dümmern,
Er ist uns also ganz egal
Und kann uns hier nichts kümmern.

II. Gelegenheitsgedichte.

Der in Waffenschmucke desto mehr
Interessiert unsere Herren und Damen
Um seiner selbst nicht allzusehr,
Aber um seinen — Namen.

Denn ach, was wäre lieblicher je
In allen Sprachen und Zungen
Als dieser Name „Chevalier"
Von Menschenlippen erklungen.

Der Chevalier in Sankt Peters Dom
Ich lieb ihn im lauten und stillen,
Ich lieb ihn in und außer Rom
Um seines Namens willen.

An Klaus Groth.
(1878.)

Vördem bi minem Balladenkroam
Mit all de groten schottschen Noam:
Percy un Douglas un noch manch een
(All mit ih'n uppn Kopp un mit ih'n an de Been)
Doa währd' mi da Bost so wied, so wied,
Un ick schreew denn wull sülwst en Percy=Lied.

So güng dat männig, männig Joahr,
Awers as ick so rümmer un fortig woahr,
Doa seggt' ick mi: Fründ, ſi mi nich bös,
Awers all dat Tüg is to spektakulös,
Wat süll all de Lärm? Woto? Up min Seel,
Dat allens bumst un klappert to veel;
Ick bin mehr för allens wat lütt un still,
En beten Beschriewung, en beten Idyll,
Wat läuschig is, dat wihr so min' Dart,
Dat Best bliewt doch ümmer dat Menschenhart.

So seggt' ick mi; antwurten beed ick nix,
Awers all mine Ritters, de noahm ick fix
Un ehre Schillen un Speeren noahm ick bato
Un packt allens in un schlott benn to,
Un in'n Kasten liggen se noch pêle-mêle.
Un vörbi wihr nu dat Puppenspeel.

Dat Puppenspeel, joa! Awers „min Jehann",
Dat richtige Lewen dat sung nu ihrst an,
Un ick hürte nu blot noch, wat sünsten ick wied,
Dat „Mignon=" und dat „Harfnerlied",
Doa hatt ick dat Beste för dat, wat goot,
Hatte Goethe, Mörike un Klaus Groth.

III. Aus der letzten Zeit.

„Stine."
(Widmung.)

Will bir unter den Puppen allen
Grade „Stine" nicht recht gefallen,
Wisse, ich finde sie selbst nur so so,
Aber die Witwe Pittelkow!

Graf, Baron und andere Gäste,
Nebenfiguren sind immer das Beste,
Kartoffelkomödie, Puppenspiel,
Und der Seiten nicht allzuviel.
Was auch deine Fehler sind,
Finde Nachsicht, armes Kind!

Gruß an Autographensammler.

Jeden Morgen (auch wohl, daß es zweimal sich traf)
Fordert ein Gönner ein Autograph.
Ich schreib' auch gleich ohne langes Besinnen,
Denn der Gönner meiste sind Gönnerinnen.
So komm' ich im Jahr auf mehrere Hundert.
Von jedem einzelnen ward ich bewundert,
Einige von ganz fanatischem Wesen
Haben „Sämtliches" gelesen;
Das gibt, rechn' ich nur zehn Jahr zurück,
Dreitausendsechshundertundfünfzig Stück.
Dreitausendsechshundertundfünfzig Bände
Von jedem Roman? Wenn's doch so stände!

Flickwerk.

„Immer eigensinniger und verstockter
Wirst du, ... so frage doch den Doktor!
So lange man lebt, muß man doch leben,
Du hustest — es muß doch am Ende was geben,
Ein Brunnen, ein Bad, eine Medizin,
Sulfonal oder Antipyrin,
Massage, Kneipp=Kaltwasserkur,
Schweninger, Schreber, versuch' etwas doch nur,
Davos oder Nizza,
Oder Tarasp oder Sylt oder Föhr,
Oder auch bloß Mampes Magenlikör!"

So stürmt es zu Zeiten auf mich ein,
Ich nehm es hin, ich steck es ein,
Ich denke der Szene, die jahrauf, jahrab
Ich halbjährlich mit meinem Schuhmacher hab.

Ich zeig ihm dann ein Stiefelpaar,
Das in Ehren gedient seit manchem Jahr,
Und will ihn, während Zigarren glimmen,
Zu 'nem Rüster für den Stiefel bestimmen.
Er aber dreht ihn bloß hin und her
Und lächelt: „Ne, Herr, es lohnt nicht mehr!"

Auch ein Stoffwechsel.

Im Legendenland, am Ritterbronnen,
Mit Percy und Douglas hab' ich begonnen;
Dann hab' ich in seiner Schwadronen Mitten
Unter Seydlitz die großen Attaken geritten
Und dann bei Sedan die Fahne geschwenkt

III. Aus der letzten Zeit.

Und vor zwei Kaisern sie wieder gesenkt.
In der Jugend ist man eben dreister,
Mag nicht die Zunft der Handwerkermeister;
Jetzt ist mir der Alltag ans Herz gewachsen,
Und ich halt es mit Rosenplüt und Hans Sachsen.

Zeitung.

Wie mein Auge nach dir späht,
Morgens früh und abends spät,

Die besten Plätze sind alle leer,
Was noch lebt, gefällt mir nicht mehr.

Aber wie sie mogeln und sich betören,
Davon mag ich noch gerne hören.

Wie sie sich zanken und sich verhetzen,
Ist mir gar nicht zu ersetzen,

Stöcker, Hammerstein, Antrag Kanitz,
Edler zu Putlitz und Edler von Planitz.

Liu-Tang und Liu-Tschang,
Christengemetzel am Yang-tse-Kiang —

Wie sie mogeln und sich betören,
Davon will ich tagtäglich hören.

Will mir, wenn sie ganz arg es treiben,
Vor Vergnügen die Hände reiben,

Und will aus dem Leitartikel erfahren
Die Gedanken des Sultans oder des Zaren.

Vielleicht entbehrt es des rechten Lichts,
Aber enfin; das schadet nichts,

Im ganzen ist es doch immer noch besser,
Als ein Weisheitsschnitt mit eignem Messer,

Und nichts kann mich so tief empören,
Als auf Zeitungsschreiber schimpfen zu hören.

Da stehn sie mit hochgetragnen Nasen:
„Aus deiner Zeitung — das sind ja Blasen,

Die Kerle, die's schreiben, halb Füchse halb Hasen.
Und was sie schreiben, sind elende Phrasen."

Aber nehmt uns die Phrasen auch nur auf drei Wochen,
So wird der reine Unsinn gesprochen,

Und du — du suchst wohl krampfhaft zu lachen —
Du würdest keine Ausnahme machen.

Hoffnung.

Mag nicht krakeln und nicht brämmeln,
Aber die Berliner Semmeln
Werden mählich zum Skandal,
Ihre knusprig braunen Backen
Schwinden — denn die Bäcker backen
Ohne Glauben und Moral.

Alles ist in Rückwärtsschreitung,
Feuerwehr und Wasserleitung
Sind noch letztes Ideal,
Alles sieht man sich verschofeln,
Die Kartoffeln selbst verstrofeln
Ohne Glauben und Moral.

III. Aus der letzten Zeit.

Aber, Herze, woll nicht trauern,
Aus den trüben Regenschauern
Ragt uns, nah schon, ein Fanal,
Denn es sorgen unsre Kleber
Und die lieben alten Streber
Frisch für Glauben und Moral.

Über ein Weilchen.

Wohl im Zeichen des Verkehrs
Stehen die modernen Zeiten,
Aber auch in dem des Heers
Und in dem der Plötzlichkeiten.

Gestern noch ein frischer Mann,
Heute noch in Sicherheiten,
Morgen tritt Lucanus an,
Ach, wie schnell die Toten reiten!

Selbst der neuste Ritter Götz
Wird sich Dauer nicht erstreiten,
Und wohl auch für Herrn von Plötz
Kommen plötzlich Plötzlichkeiten.

Umsonst.

Immer rascher fliegt der Funke,
Jede Tschunke und Spelunke
Wird auf Wissenschaft bereist,
Jede Sonne wird gewogen,
Und in Rechnung selbst gezogen,
Was noch sonnenjenseits kreist.

Immer höhre Wissenstempel,
Immer richt'ger die Exempel,
Wie Natur es draußen treibt,
Immer klüger und gescheiter,
Und wir kommen doch nicht weiter,
Und das Lebensrätsel bleibt.

Leben.

Leben; wohl dem, dem es spendet
Freude, Kinder, täglich Brot,
Doch das Beste, was es sendet,
Ist das Wissen, das es sendet,
Ist der Ausgang, ist der Tod.

An meinem Fünfundsiebzigsten.

Hundert Briefe sind angekommen,
Ich war vor Freude wie benommen,
Nur etwas verwundert über die Namen
Und über die Plätze, woher sie kamen.

Ich dachte, von Eitelkeit eingesungen:
Du bist der Mann der „Wanderungen",
Du bist der Mann der märk'schen Gedichte,
Du bist der Mann der märk'schen Geschichte,
Du bist der Mann des alten Fritzen
Und derer, die mit ihm bei Tafel sitzen,
Einige plaudernd, andre stumm,
Erst in Sanssouci, dann in Elysium;
Du bist der Mann der Jagow und Lochow,

III. Aus der letzten Zeit.

Der Stechow und Bredow, der Quitzow und Rochow,
Du kanntest keine größeren Meriten,
Als die von Schwerin und vom alten Zieten,
Du fandst in der Welt nichts so zu rühmen,
Als Oppen und Groeben und Kracht und Thümen;
An der Schlachten und meiner Begeisterung Spitze
Marschierten die Pfuels und Itzenplitze,
Marschierten aus Uckermark, Havelland, Barnim,
Die Ribbecks und Kattes, die Bülow und Arnim,
Marschierten die Treskows und Schlieffen und Schlieben —
Und über alle hab' ich geschrieben.

Aber die zum Jubeltag kamen,
Das waren doch sehr, sehr andre Namen,
Auch „sans peur et reproche", ohne Furcht und Tadel,
Aber fast schon von prähistorischem Adel:
Die auf „berg" und auf „heim" sind gar nicht zu fassen,
Sie stürmen ein in ganzen Massen,
Meyers kommen in Bataillonen,
Auch Pollacks und die noch östlicher wohnen;
Abram, Isack, Israel,
Alle Patriarchen sind zur Stell',
Stellen mich freundlich an ihre Spitze,
Was sollen mir da noch die Itzenplitze!
Jedem bin ich was gewesen,
Alle haben sie mich gelesen,
Alle kannten mich lange schon,
Und das ist die Hauptsache . . . , „kommen Sie, Cohn".

Veränderungen in der Mark.
(Anno 390 und 1890.)

Warens Germanen, warens Teutonen,
Spreeaufwärts saßen die Semnonen,
Schopfhaarige, hohe Menschengebilde,
Sechs Fuß sie selber und sieben die Schilde.

Neben ihnen, in Höfen und Harden,
Saßen elbwärts die Longobarden,
Saßen von Laub und Kränzen umwunden
Oberwärts die blonden Burgunden,
Saßen am Bober in Rotten und Kralen,
Zechend und streitend die Vandalen,
Saßen am Saalfluß, auf Wiesen und Fluren,
Den Kreis abschließend, die Hermunduren.

Aber Semnonen, Burgunden, Vandalen,
Alle mußten der Zeitlichkeit zahlen,
Longobarden und Hermunduren,
Alle nach Wallhall aufwärts fuhren, —
Bis hin vor die Weltenesche sie ziehn,
Da lagern sie sich um Vater Odin.

 Tick, tick,
Tausend Jahre sind ein Augenblick!

Und als nun Bismarck den Abschied nahm,
Eine Sehnsucht über die Märkischen kam,
Und sie sprachen: „Herr, laß uns auf Urlaub gehn,
Wir möchten die Spree mal wieder sehn,
Die Spree, die Havel, die Notte, die Nuthe,
Den ‚kranken Heinrich‘, die Räuberkute,
Wir sind unsrer fünf, und haben wir Glück,

III. Aus der letzten Zeit.

Bis Donnerstag sind wir wieder zurück."
Odin hat huldvoll sich verneigt, —
Alles zur Erde niedersteigt.

Und zunächst in der Neumark, in Nähe von Bentschen,
Landen sie. „Himmel, was sind das für Menschen!"
Und als sie kopfschüttelnd sich weiter schleppen,
Bis Landsberg, Zielenzig, bis Schwiebus und Reppen,
Spricht einer: „Laßt uns mehr westwärts ziehn."
Und so westwärts kommen sie nach Berlin.
Am Tore rücken sie sich stramm,
Erst Neuer Markt, die Börse, Mühlendamm,
Dann Spandauer- und dann Tiergartenstraße, —
Wohin sie kommen, dieselbe Rasse.

Sie kürzen freiwillig den Urlaub ab,
In wilde Karriere fällt ihr Rückzugstrab.
Ihr Rücktritt ist ein verzweifeltes Fliehn.
„Wie war es?" fragt teilnahmsvoll Odin,
Und der Hermundure stottert beklommen:
„Gott, ist die Gegend 'runtergekommen."

Drehrad.

Heute, Sonntag, hat einer ein Lied gedichtet,
Morgen, Montag, wird wer hingerichtet,
Dienstag verbirbt sich ein Prinz von Mayen,
Mittwoch wird eine Schlacht geschlagen,
Donnerstag habe ich Skatpartie,
Freitag stirbt ein Kraftgenie,
Samstag wird überall eingebrochen,
Und so geht es durch viele Wochen.
Bilder, blaue, rote, gelbe,
Aber der Inhalt bleibt derselbe.

Summa Summarum.

Eine kleine Stellung, ein kleiner Orden
(Fast wär' ich auch mal Hofrat geworden),
Ein bißchen Namen, ein bißchen Ehre,
Eine Tochter „geprüft", ein Sohn im Heere,
Mit siebzig 'ne Jubiläumsfeier,
Artikel im Brockhaus und im Meyer ...
Altpreußischer Durchschnitt. Summa Summarum,
Es drehte sich immer um Lirum Larum,
Um Lirum Larum Löffelstiel.
Alles in allem — es war nicht viel.

Als ich zwei dicke Bände herausgab.

„Zwölfhundert Seiten auf einmal,
Und mit achtundsiebzig! beinah' ein Skandal.
Konntest es doch auf viermal verteilen!"
Ihr könnt es, — aber bei mir heißt es eilen.

Mein Leben.

Mein Leben, ein Leben ist es kaum,
Ich gehe dahin, als wie im Traum.

Wie Schatten huschen die Menschen hin,
Ein Schatten dazwischen ich selber bin.

Und im Herzen tiefe Müdigkeit —
Alles sagt mir: Es ist Zeit . . . .

Literarische Studien und Eindrücke.

Wilibald Alexis.

I.

Viele meiner Leser kennen Heringsdorf. Mit Laubholz und Kiefern bestanden, von Moos und Strandhafer überwachsene Sandhügel ziehen sich am Ostseeufer hin; in der parallel laufenden Talmulde stehen, vereinzelt, oder schon zu Straßen geordnet, bescheidene Sommer-, noch bescheidenere Fischerhäuser; auf der vordersten Dünenreihe aber, hier und dort von mächtigen Weißbuchen überragt, lachen in hellem Weiß einzelne Villen und haben eine entzückende Aussicht auf das offene Meer.

Anfang der Dreißigerjahre führte mich's aus der benachbarten Stadt Swinemünde (in der ich meine Knabenjahre verlebte) oft nach Heringsdorf hinaus, das, auf halbem Wege nach Dorf Coserow und dem Streckelberg hin gelegen, mir und meinen Spielgenossen immer einen Vorschmack von dem Zauber des sagenhaften, zu Füßen jenes Berges untergegangenen Vineta bot. Wir hörten mit phantasiegeschärftem Ohr die „Abendglocken" klingen, die Kunde gaben

„von der schönen, alten Wunderstadt",

und mit Vorliebe deklamierten wir die Strophen des eben damals bekannt gewordenen Müllerschen Liedes in den Seewind hinein, wenn wir am Strand hin dem Auf und Ab der Brandung nachliefen, oder den tiefen Sandweg durchwateten, der uns den Abhang hinauf auf die Höhe der Düne führte.

Eines Tages, als wir eben diesen Abhang erstiegen, begegneten wir auf halber Höhe einem Herrn im jagdgrünen Rock und Gebirgshut, in ziemlich derselben Form, wie sie wieder getragen wird. Er war kaum mittelgroß, brünett, der Kopf steckte in den Schultern, die Augen dunkel, aber von einem freundlichen Glanz. Er erwiderte unsern Gruß, trat an den Größten und Hübschesten unter uns heran (dessen „Bilder aus dem südspanischen Leben" er zehn Jahre später herausgegeben hat), streichelt ihm das lange, blonde Haar, trug ihm Grüße an die Eltern auf und stieg dann hinunter, dem Strande zu.

„Wer war das?"

„Er hat unsere Villa gekauft; er heißt Häring, aber sie nennen ihn Wilibald Alexis."

„Der?" sagt' ich. Ich kannte seinen Namen wohl; mein Vater war all' die Zeit über ein Walladmor-Bewunderer gewesen.

Ich blickte dem Dahinschreitenden nach; — der erste Dichter, den ich sah. Sein Bild ist mir deutlich im Gedächtnis geblieben. Wer mir damals gesagt hätte, daß ich vierzig Jahre später über ihn schreiben würde, über ihn und über Bücher die damals selbst noch nicht geschrieben waren!

* * *

Wilibald Alexis, mit seinem eigentlichen Namen Wilhelm Häring, wurde am 29. Juni 1798 zu Breslau geboren. Seine Familie, die sich ursprünglich Hareng nannte, stammte aus der Bretagne und verließ Frankreich nach Aufhebung des Edikts von Nantes. Indessen wahrscheinlich nicht unmittelbar, wie die Mehrzahl der Refugiés, sondern erst einige Jahrzehnte später. Der Großvater ließ sich in Soldin in der Neumark nieder, modelte sein französisches Hareng in ein deutsches Häring und widmete sich, wie so viele andere Eingewanderte, dem Gartenbau oder der Obstbaumzucht. Der Sohn, also der Vater unseres Wilibald Alexis, trat in die Beamtenlaufbahn ein, wurde Kanzleidirektor und starb frühzeitig zu Breslau.

Bald nach diesem Todesfalle, sehr wahrscheinlich zwischen 1805 und 1810, siedelte die Witwe nach Berlin über und ließ ihren Sohn, der studieren sollte, das Wersche Gymnasium besuchen.

So trafen ihn die Befreiungskriege. Die Kämpfe der Jahre 1813 und 1814 mitzumachen, war er zu jung; 1815 aber trat er in das berühmte Regiment Colberg als freiwilliger Jäger ein und nahm insonderheit an der Belagerung der Ardennenfestungen teil. „Die Nibelungen," so wird erzählt, „hatte er mit in den Krieg genommen; er brachte sie unversehrt wieder heim, aber auch — ungelesen." In Berlin nahm er seine Studien wieder auf, widmete sich der juristischen Karriere, machte sein Staatsexamen und arbeitete als Referendar beim Kriminalgericht. „Seine Arbeiten nach dieser Seite hin waren nichts weniger als hervorragend."

Etwa ums Jahr 1820 veröffentlichte Wilhelm Häring, bereits damals unter dem Namen Wilibald Alexis, den er als Mitglied einer studentischen Verbindung geführt hatte, seine erste Arbeit, ein scherzhaftes Epos; bald auch einige Novellen. Fouqué, der Kenntnis davon nahm, fand das Talent darin so ausgesprochen, daß er ihm riet, die Karriere zu vertauschen. Wilibald Alexis folgte diesem Rat und trat bereits 1823 mit einer Erzählung hervor, die bald in ganz Europa von sich reden machte. Es war sein Roman „Walladmor", halb eine Nachbildung, halb eine Ironisierung Walter Scotts. Er stand damit nicht gerade vereinzelt da. Tieck, Raupach dachten ähnlich; letzterer schrieb um dieselbe Zeit seine „Schleichhändler".

Es war aber doch ein Unterschied zwischen Raupach und Wilibald Alexis. Jener persiflierte nur die Wirkung, die die Romane, so zu sagen unverschuldet, ausübten: Dieser, indem er ihnen spielend ein Gleiches an die Seite stellte oder zu stellen vorgab, die Romane selbst. Es war eine sehr eigentümliche Prozedur. Sehr richtig ist gesagt worden, und zwar durch Karl Gutzkow, daß heutzutage ein solches Sicheinführen in die Literatur einen Menschen ruiniert haben würde; damals nahm man das hin, amüsierte sich, ja, es gab „seine Jronici", die dies witzig fanden. Mein Empfinden geht ganz mit Gutzkow und kann an diesem Scherze keinen Gefallen finden, noch weniger daran, daß Wilibald Alexis ihn wiederholte und 1827 „Schloß Avalon", ebenfalls unter der Maske Walter Scotts, publizierte. Die Aufnahme war kühler, und die Mystifikation hatte damit ihre Endschaft erreicht.

Drei oder vier Jahre später erschien der erste selbstständige Roman von Wilibald Alexis, „Cabanis", zugleich derjenige, der, wenn nicht am meisten gefeiert, so doch am häufigsten genannt worden ist. Die Veranlassung dazu fand der Dichter in den Briefen und Aufzeichnungen einer französischen Koloniefamilie, welchem allen er einen geschichtlichen Hintergrund gab. So wurde denn eine bloße Familiengeschichte zum großen historischen Roman, zum Zeit= und Sittenbild des Siebenjährigen Krieges. Das Buch machte hier und dort Aufsehen; Friedrich Wilhelm III. ließ dem Verfasser eigens seine Freude darüber ausdrücken. Es scheint indes, daß es bei dem bloßen „Aufsehen" verblieb, und daß weder ein großer äußerer Erfolg noch eine besondere Zustimmung seitens der Kritik das Erscheinen des Werkes begleitete. Wer jener Zeit sich entsinnt, wird das letzte ziemlich erklärlich finden.

Die herrschende literarische Richtung war die roman=

tische, partiell die jung-deutsche: für den Walter-Scottismus blieb in den tonangebenden Kreisen nicht viel übrig. Die phantastisch-abenteuerliche Seite der Waverley-Novellen ließ man in diesen gelten, die historische aber stieß auf Kühle oder Widerspruch. Und nun gar die Übertragung dieser Dinge auf die Mark! Ein Interesse, das die Stuarts nur unvollkommen einzuflößen gewußt hatten, sollten es die Hohenzollern, und zwar innerhalb des Romans, zu überbieten vermögen? Wusterhausen lag so prosaisch nah, Potsdam war so öde und langweilig; — die Kritik erschrak also bei dem Gedanken an märkische Rob Roys und Kenilworths und gab ihrem Schrecken Ausdruck.

Dies war hart genug, aber es war noch nicht das Härteste. Viel niederdrückender war es, daß sich die Freundschaft, wie so oft, mit dieser Kritik indentifizierte. Jeder, der in verwandter Lage war, wird an sich selbst erfahren haben, wie schwer dies wiegt. Der Tageskritik läßt sich trotzen, auch der bittersten und schärfsten; sie ist wie ein Sturmwind — nach kurzen Momenten der Gefahr richtet der Baum sich wieder auf. Anders die **Freundschaftskritik**, die Tag um Tag geübte, stille Negation der nächsten Umgebung! Sie ist der Tropfen, der den Stein höhlt. Ihr sich zu entziehn ist schon da unmöglich, wo uns das Gefühl der Gleichberechtigung oder der Überlegenheit begleitet; **doppelt unmöglich** wird es da, wo wir unserer Umgebung eine allgemeine oder eine kritische Superiorität selber zusprechen. Dieser Fall war der Fall unseres Wilibald Alexis. Es waren nicht Niemande, die sich nüchtern oder ablehnend gegen ihn verhielten, es waren die besten Geister, die Berlin damals besaß, oder solche, die von Halle, Dresden, Leipzig aus das Berliner Urteil unterstützten oder machten: Tieck und Fouqué, Hitzig und Chamisso, Raupach und Rellstab,

Varnhagen und Sternberg; unter den jüngeren: Ferrand und Gaudy. Der Einfluß dieser Kühle, den das Einzige, was darüber hinweg helfen kann: eine begeisterte Aufnahme beim Publikum, nicht balanzierte, konnte nicht ausbleiben; Wilibald Alexis schob das Kurbrandenburgische, das kulturhistorisch Märkische, wenigstens vorläufig wieder bei Seite und schrieb „Haus Düsterweg" und die „Zwölf Nächte", Romane, in denen er sich mehr oder weniger als unter dem Einfluß der modernen jungdeutschen Richtung stehend erwies.

Die „Zwölf Nächte" erschienen 1838. In demselben Jahre vermählte er sich mit einer durch Schönheit und Herzensgaben ausgezeichneten Dame, Lätitia Perceval. Schon zwei Jahre früher, 1836, hatte er bei Ferdinand Dümmler ein Bändchen Lyrisch-Episches unter dem Titel „Balladen" herausgegeben. Bei Besprechung dieses jetzt halb verschollenen Büchelchens verweilen wir einen Moment.

Wenn mit Recht gesagt worden ist: „Besser als an Eichbäumen erkenne man an den Strohhalmen von wo der Wind weht," so gilt im Gegensatz zu Romanen ein gleiches von Liedern und Gedichten. Das Kleine charakterisiert oft rascher und durchschlagender als das Große, und wenn ein umfangreiches Werk, an dem äußerliche Erlebnisse und ganze Bibliotheken mitgearbeitet haben, uns im Zweifel über die eigentlichste Beanlagung seines Verfassers lassen mag, so schließt ein Lied uns das Geheimnis seines Wertes oder Unwertes auf. Hier sprechen je nachdem Selbständigkeit und Nachahmung, Innerlichkeit und Phrase, Reichtum und Armut am deutlichsten zu uns und gestatten Rückschlüsse auf eine vorhandene Kraft oder Ohnmacht. Selbstverständlich so weit die Poesie in Betracht kommt. Ein schlechter Lyriker mag im übrigen ein Newton oder ein Moltke sein. Zudem muß man auf diesem Gebiet vom äußern Erfolg absehen. Das Tiefste hat das kleinste Publikum.

Was nun die „Balladen" von Wilibald Alexis an= geht, so geben sie uns, wie es Dichtungen sollen, den ganzen Mann. Wir haben hier konzentriertes Leben. Das Beste, das aus seinem Herzen kam, wir finden es hier. Das Buch selbst ist tot, aber einzelne seiner Blätter leben und werden weiter leben. Dahin gehören in erster Reihe: „Fridericus Rex, unser König und Herr" und „General Schwerin". Das erstere ist längst zu einem Volkslied geworden, so ganz und gar, daß die wenigsten den Verfasser kennen und darauf schwören würden, daß es vor mehr als hundert Jahren, in den Tagen des Siebenjährigen Krieges entstanden sei; das andere, von gleicher Schönheit, ist minder ins Volk gedrungen, wird es aber auch noch. Gut Ding will Weile haben. Ich gebe nur drei Strophen daraus:

„Schwerin, mein General, ist tot,
　Schwerin ist tot!
Sie luden in eine Kanone ein
Vier Kugeln schwarz wie Pech und Stein,
Vier Kugeln in der Prager Schlacht,
Die haben meinem General den Tod gebracht.
　Schwerin ist tot.

General Schwerin ergriff die Fahn':
‚Allons, Grenadiers, ich gehe voran!'
Vier Kugeln, ach, von heißem Blei,
Die rissen dem General die Brust entzwei,
　Schwerin ist tot!

Er sank, die Fahn' in seiner Hand,
Wie ein guter Preuß' und Protestant.
‚Es lebe mein König!' rief er noch,
Und hörte die Siegestrommeln noch.
　Schwerin ist tot!"

Neben dem Holteischen „Mantellied" mit seinem er= schütternden:

„Und mögen sie mich verspotten,
Du bleibst mir teuer doch,
Denn wo die Fetzen herunterhangen,
Sind die Kugeln hindurchgegangen,
Jede Kugel, die machte ein Loch",

ist auf dem Gebiete preußischer Kriegslyrik, vielleicht aller Kriegslyrik überhaupt nie schöneres geschrieben worden als der „Fridericus Rex" und „Schwerin ist tot". Diese beiden Gedichte allein würden ausreichen, den Namen ihres Verfassers, so lange es ein Preußen gibt, unsterblich zu machen.

Mit dem „Cabanis" war er an der Stelle gewesen, wo er hingehörte; äußere Einflüsse, wie wir sahen, hatten ihn davon abzudrängen vermocht; jeder hat durch solche Kämpfe und Schwankungen zu gehen; aber, Gott sei Dank, ein Stamm, der bestimmt ist, geradlinig aufzuwachsen, überwindet alle Irrungen nach rechts und links und schießt, sich selber überlassen, wieder nach oben. Jene äußeren Einflüsse erlahmten oder schwanden ganz: Varnhagen zog sich mehr und mehr in seinen Schmollwinkel zurück, Simrock ging an den Rhein, Tieck und Fouqué wurden alt oder entfremdeten sich dem Berliner Leben; Hitzig, Chamisso, auch die Jüngeren, Ferrand und Gaudy, starben fort. Was er menschlich an diesem Hinscheiden verlieren mochte, gewann er literarisch. Er fand sich selber wieder; er knüpfte da an, wo er 1832 stehen geblieben war; acht Jahre später, 1840, erschien der erste jener vaterländischen Romane, zu denen „Cabanis" der Vorläufer gewesen war.

Das Jahr 1848 mit seinen politischen Erregungen, man darf auch sagen, mit den Forderungen, die es an einen Mann wie Wilibald Alexis stellte, unterbrach sein ruhiges, sich immer mehr klärendes, ihm immer bewußter werdendes Schaffen. Bald nach den Märztagen, von einer größeren italienischen Reise zurückgekehrt, trat er in die Redaktion der „Vossischen Zeitung" ein (der sein Schwager Rellstab schon seit langem angehörte) und blieb bei ihr etwa ein Jahr lang tätig. Dann schied er aus, um zu seinen „Historien" zurückzukehren. Die Journalistik war nicht sein Feld. Er war zu reizbar, verfügte auch nicht über jene rasche Produktionskraft, die das Zeitungswesen wohl oder übel erheischt. Anderes kam hinzu. Ein von ihm herrührender Artikel hatte eine Reprimande König Friedrich Wilhelms IV. erfahren, etwa des Inhalts: „Von Ihnen hätt' ich mir Besseres erwartet." Dergleichen konnte er nicht ertragen; Anstoß geben war überhaupt nicht seine Sache, und nun gar Anstoß an solcher Stelle! Er zog sich zurück, verdrossen über Persönliches und Allgemeines. Die Ära Hinkeldey behagte ihm nicht; der neue Geist, der auf Sanssouci umging, hatte nichts gemein mit dem alten, der hier einst ein Menschenalter hindurch geherrscht hatte; er fühlte sich in seinen besten Empfindungen verletzt und seine Arbeiten aus jener Zeit lassen diese Mißstimmung zum Teil erkennen. Berlin war ihm vergällt, und bei aller Vorliebe für die Mark gab er sie auf, um der Hauptstadt nicht länger allzu nahe zu sein.

1853 kaufte er sich in Arnstadt in Thüringen an und baute sich daselbst ein bequem eingerichtetes Haus, das, mit der Rückseite an einer schönen Lindenallee gelegen, die Aussicht hatte auf freundliche, bis in den Spätherbst blühende Gärten und grüne Berge im Hintergrund. Er fühlte sich in dieser Stille glücklich. Da traf ihn plötzlich 1856, mitten im rüstigsten Schaffen, ein Schlaganfall, der sich im Jahre 1860 wiederholte. Von da ab war er gebrochen. Er vermochte noch zu folgen, noch zu verstehen, er las, ihm blieb die Fähigkeit, Geistiges aufzunehmen und sich innerlich zustimmend oder ablehnend dazu zu stellen; aber die Kraft, das geistig in ihm Vorgehende auszudrücken, war ihm genommen. Er verwechselte die Worte. Es war dasselbe Leiden, an dem, genau um dieselbe Zeit, König Friedrich Wilhelm IV. dahinsiechte.

Gutzkow, der den kranken Poeten damals sah, schreibt über diese Begegnung: „Das Wiedersehen mit diesem, in seinen Vorstellungen klaren, von der heftigsten Willensregung und Mitteilungslust ergriffenen und dabei doch an jeder Kundgebung gehinderten, ausgezeichneten, an Lebenserfahrungen und Talenten so reich gewesenen Mannes war in der Tat erschütternd."

Die Jahre, die von 1860 an folgten, waren, wie sich voraussehen ließ, keine Freudenjahre mehr; es fehlte jetzt das, was das Glück eines solchen Hauses ausmacht: die geistige Arbeit, die Freude am Schaffen. Aber so viel Freude, wie überhaupt noch denkbar war, so viel blieb ihm. Pflege, milde Geduld, Entsagung, — die leuchtende Erscheinung einer selbstsuchtslosen Liebe wurden dem Haus ein neuer Glanz, und Gastlichkeit und seine Sitte trugen das ihre dazu bei, ein wohltuendes Licht innerhalb seiner Mauern nicht ersterben zu lassen.

Besucher kamen von nah und fern; aber der intimere Verkehr, wenn wir von einigen Anverwandten (Pflegetöchter, an denen der Dichter mit besonderer Liebe hing) absehen, beschränkte sich doch ausschließlich fast auf zwei Personen: Propst Drenckmann und Appellationsgerichtsrat Dr. Vollert. Zu Dr. A. Vollert in Eisenach. trat er um diese Zeit auch in literarisch=geschäftliche Beziehungen. Wilibald Alexis hatte von 1841 an (damals in Gemeinschaft mit dem Kriminalgerichtsdirektor Hitzig) den „Neuen Pitaval" herausgegeben und das Werk bis zum 28. Bande fortgeführt[1]. 1861 ging die Redaktion auf Dr. A. Vollert

---

[1] Der „Neue Pitaval" war eine Sammlung der interessantesten Kriminalgeschichten aller Länder älterer und neuerer Zeit, die von

über. Bis 1872 waren bereits 42 Bände dieser berühmten Sammlung erschienen. An der politischen Neugestaltung Deutschlands, an unseren Siegen 1864 und 1866, auch noch an dem großen Kriege von 1870, nahm er den lebhaftesten Anteil, denn es blieb ihm sein preußisches Herz bis zuletzt getreu, und wenn er dem Hochgefühl über die Erfüllung seines Jugendtraumes auch nicht mehr in Worten Ausdruck geben konnte, man sah es doch an dem freudig glänzenden Auge, wie tief er empfand. Eine besondere Freude ward ihm noch 1867, als ihm König Wilhelm, auf Antrag des Kronprinzen, den Hohenzollernschen Hausorden verlieh. Ob er ihn noch getragen, ist gleichgültig; es gab keinen Mann in Preußen, dessen Brust, speziell an der Stelle, wo das Herz sitzt, mehr Anspruch darauf gehabt hätte, mit diesem Kreuze geschmückt zu werden. Allein sein „Fridericus Rex" hatte ihm den vollgültigsten Titel darauf verliehen.

Das war 1867. Die Jahre gingen. Er war müde geworden, er sehnte sich nach Ruhe. Wer damals, um die Sommerzeit, nach Arnstadt kam und an stillen Nachmittagen unter den Bäumen des Parkes spazieren ging, der begegnete einem Wägelchen, drin ein Kranker langsam auf und ab gefahren wurde: ein alter Herr, das Haupt entblößt und auf die Seite geneigt, das Gesicht interessant, trotz aller Zeichen des Verfalls. Dieser Kranke war Wilibald Alexis. Manches Auge ist teilnahmvoll diesem stillen Gefährt gefolgt[1].

Wilibald Alexis und Hitzig auf Veranlassung der Firma F. A. Brockhaus begonnen wurde. Nach Hitzigs Tode (1849) hatte die Fortführung des Werkes Wilibald Alexis allein obgelegen. So lange er bei geistiger Vollkraft war, hatte er dem „Neuen Pitaval" jederzeit eine besondere Liebe zugewandt. Er hing mit poetisch-psychologischem Grauen an dieser „Nachtseite der menschlichen Natur".

[1] S. die letzte photographische Aufnahme des Dichters in dem hier erwähnten Rollstuhl: Literarisches Echo I, Heft 1 (1898). D. H.

So kam der Dezember 1871. Am 8. wurde er bettlägerig; vier Tage später wußte er, daß er sterben werde und nahm Abschied von seiner treuen Pflegerin, ihr in rührenden Zeichen, da er das Wort nicht finden konnte, für ihre Liebe dankend. Dann verfiel er in einen bewußtlosen Zustand; am 16. schloß sich sein Auge für immer. Am Vorabend vor seinem Begräbnis wurde ein Gottesdienst an seinem offenen Sarge gehalten. „Er lag wie in Blumen begraben; nur sein Antlitz sichtbar. Er sah ernst, bleich, müde aus, so müde, wie ich noch keinen Toten gesehen." Um den Sarg her standen die nächsten Anverwandten: seine Frau, seine Pflegetochter, Frau Majorin von Döring (Witwe seit dem Tage von Gravelotte), deren Schwester, Frau Hauptmann von Zedlitz, zwei Schwägerinnen, Appellationsgerichtsrat Dr. Vollert aus Eisenach, Bankdirektor von Holzendorff aus Gotha. Aus Berlin war niemand erschienen. Oberkonsistorialrat Propst Drenckmann sprach am Sarge schöne Worte des Trostes und der Erbauung, zugleich ein Lebens= und Charakterbild des vieljährigen Freundes vor den Versammelten entrollend.

Einem Brief Dr. A. Vollerts durfte ich über den Charakter Wilibald Alexis das folgende entnehmen. „Ich glaube, daß Sie Widersprechendes über Häring hören werden, denn er war nicht leicht zu erkennen: ein Gemisch von Schelm und kraftvollem, knorrigem Mann, dabei ein echt kindlicher Sinn. So lange er gesund war, ungesellig, schweigsam und gelegentlich unzufrieden; seit seiner Krankheit viel liebenswürdiger, heiterer, gesprächiger und höchst vergnügt, wenn er einmal im Hause eines Freundes sein konnte. Er war nie sentimental, liebte und besaß gesunden Humor, Tiefe des Gemüts und einen auf das Ideale gerichteten Sinn. Während seiner letzten Lebensjahre (denn, wie immer wieder hervorgehoben werden muß, sein Geist blieb klar) traten ihm auch religiöse Fragen näher. Ich weiß, daß er gern in der Bibel las und wiederholentlich das heilige Abendmahl empfing. Aller Orthodoxie indessen blieb er entschieden abgeneigt. In politischer Beziehung war er altliberal. Freiherr von Vincke, Graf Schwerin, Camphausen, das waren die Männer, zu denen er hielt; ob er den Nationalliberalen sich angeschlossen hätte, ist mir zweifelhaft. Dennoch mag das auf sich beruhen. Er war keine Windfahne, buhlte nicht mit der Macht, huldigte nicht dem momentanen Erfolg; er haßte das Zynischsein in der Wahl der Mittel, ebenso das Schwätzen über alles. Er gab nicht zu, daß der politische Kampf ein Recht habe, unter Umständen mit Ausschluß aller guten Sitte geführt zu werden ... Eine große Liebe hatte er von jeher zur Natur. Zu allen Zeiten seines Lebens ist er gern gewandert, oft mit dem Ranzen auf dem Rücken. Dies Wandern, so lange er noch schaffensfähig war, hielt seine Seele frisch. Seine Bücher machen deshalb nirgends den Eindruck des Müden und Abgestandenen, selbst da nicht, wo es zweifelhaft sein mag, ob man sie interessant nennen kann. Auch wiederholt er sich nicht in seinen Landschaftsschilderungen; er sah eben immer neues. Diese Vorliebe für die Natur blieb ihm bis zuletzt, und eine Wagenpartie nach Elgersburg, Ilmenau oder Schmücke zählte zu seinen größten Vergnügungen. Man empfand dann, das Herz ging ihm auf; seine Augen lachten wieder ... Merkwürdig war sein lebendiges Interesse für ‚Mordgeschichten'. Ich habe ihm fast jeden Prozeß, den ich seit 1861 in den Pitaval aufnahm, erzählt, und je blutiger die Sache war, desto mehr hatte sie seinen Beifall ... Er war ein guter Wirt, für seine Person einfach und bedürfnislos; aber was ihn umgab, das Haus und seine Einrichtung, mußte gefällig, geschmack=

voll sein. Er hatte ein Auge für diese Dinge; viele, zum teil gute Bilder, schmückten seine Zimmer. Er hing an allem, womit er sich eingelebt hatte und trennte sich ungern von ihm bequem gewordenen Möbeln und Kleidungsstücken."

So weit Vollert. Von anderer Seite wurde mir das Bild dahin vervollständigt: „Er hielt am Konstitutionalismus fest und verstand zu hoffen, wurde also vielfach getäuscht und hintergangen. Er war reinen Herzens, sanftmütig, hilfebereit. Manchen hat er „herausgezogen". Wie ein Tropfen fremden Blutes pulste ihm etwas von Spekulationsgeist in den Adern. Unternehmungen reizten ihn; er hat meist teuer dafür bezahlen müssen. In Gesellschaft war er schweigsam, aufmerksam, beobachtend. Auch in der Mittwochsgesellschaft, die alle damaligen literarischen Namen der Hauptstadt umfaßte, verhielt er sich passiv. Er hatte den immer seltener werdenden Vorzug, besser hören als sprechen zu können. Dies ging so weit, daß er jedem begründeten oder auch nur ehrlichen Tadel ein alleraufmerksamstes Ohr lieh. Er war demütig, bescheiden, fleißig; in allen Dingen so gewissenhaft wie möglich. Dabei stand ihm andererseits ein scharfes Urteil zur Seite, das ihn davor bewahrte, sich gegen schwächeres ohne weiteres in den Schatten zu stellen. Aber dies vergleichsweise Selbstbewußtsein hatte dann immer einen sachlichen, nie einen persönlichen Charakter. Mit seinem Schwager Rellstab lebte er in stiller literarischer Fehde. Man bemängelte sich gegenseitig; jeder kannte die Schwächen des andern, aber das persönliche Einverständnis wurde nicht gestört. Wie politisch, so nahm Alexis auch kirchlich eine Mittelstellung ein, wenigstens so lange er Berlin angehörte. Er suchte, ohne recht zu fiuden. Man könnte sagen; er glaubte das, was er nicht glaubte und umgekehrt. Dies war im innersten Zusammenhange damit, daß er den

Romantizismus, die ‚Tiecksche Ironie‘ nie ganz los wurde. Er begeisterte sich für eine Sache, um auf der Höhe der Begeisterung in Skepsis zu verfallen. Das „alle Dinge haben zwei Seiten" war in ihm zu Fleisch und Blut geworden; er war wie doppelsichtig und sah Avers und Revers der Medaille zu gleicher Zeit. Eine wunderbare Mischung von Vertrauen, Spott, Zweifel; aber voll Zweifel nur den Dingen gegenüber. Im Verkehr mit den Menschen ein Kind ohne Argwohn."

Gutzkow hebt seine Neidlosigkeit hervor: „Er war im Urteil über die Gaben anderer gerecht. Mit herzlichem Anteil konnte er den Erfolg eines Rivalen auf dem gleichen Gebiet, auf welchem er selbst arbeitete, ertragen, fördern, sogar in verschiedenen Blättern dasselbe Urteil wiederholen. Todschweigen, nur sich selbst im Auge haben, anerkennen nur auf Gegenseitigkeit — diese häßlichen Eigenschaften des gegenwärtigen literarischen Verkehrs waren seinem edlen Gemüte fremd."

II.

Nach diesen Vorausschickungen, die sein Leben und seinen Charakter betreffen, wende ich mich nun seinen Arbeiten zu, jenen märkisch-preußischen Romanen, die, mit dem „falschen Waldemar" beginnen und mit dem „Isegrim" schließen. Ich halte in ihrer Besprechung die historische Reihenfolge fest, nicht die, in der die Romane, ziemlich bunt durcheinander, entstanden.

„Der falsche Woldemar" ist eine Darstellung der Epoche von 1348—50 oder 55, wo es der lützelburgischen Partei, Kaiser Karl IV. an der Spitze, gefiel, den Müller Jacob Rehbock zum Markgrafen Woldemar zu machen, unter Vorgabe, daß dieser 1319 nicht gestorben, vielmehr zur Beruhigung seiner Seele dem gelobten Lande zugepilgert sei. Die Kunde von der Not seines Landes habe ihn zurückgerufen. Es gibt bekanntlich eine ganze Woldemar-Literatur, in der, mit Scharfsinn und Erbitterung, für und gegen seine Echtheit gefochten wird. Der Gelehrtenstreit hierüber hat den Waffenstreit um ein halbes Jahrtausend überdauert und ist noch nicht geschlichtet.

Wie stellte sich nun Alexis zu dieser Frage? Höchst eigentümlich. Er läßt uns bis auf die letzten Seiten im Zweifel darüber, ob wir uns all die Zeit hindurch dem echten oder unechten gegenüber befunden haben, und als er schließlich einer bestimmten Stellungnahme zu der Frage nicht mehr gut ausweichen kann, führt er in poetisch-mystischen Paraphrasen den Gedanken durch: "Es sei zwar der unechte gewesen, aber — doch der echte." Die betreffende Stelle ist zu charakteristisch, als daß ich sie hier nicht wiedergeben sollte. Der Graf von Anhalt ist dem Helden des Romans zuletzt doch zweifelnd entgegengetreten und ruft ihn nun an: "Bist du Wahrheit oder bist du ein Lügengebilde?" Worauf Woldemar antwortet: "Ein Gelöbnis lag auf der Brust Woldemars, nach Palästina zu wallfahren. Als er zum Sterben kam, ließ ihn das unerfüllte Gelöbnis nicht sterben. Wer war der, der es auf sich nahm, die heiligen Aufträge eines Sterbenden zu erfüllen? Ich pilgerte ins gelobte Land statt seiner. Ich trug die Seele eines andern. Wer solche Vollmacht übernimmt, der stirbt für sich, er wird ein anderer." Und dann gleich darauf: "Der große Woldemar hat seine Sündenlast (durch mich) am Grabe des Herrn niedergelegt; — der freigewordene Woldemar, ihn rief Gott in sein Land zurück. Das ist Wahrheit. Sinnst du nach über das Rätsel? Ich kann es dir nicht anders lösen."

Ja, Rätsel! Der mystischsten eines. Was Alexis

seinem Helden in den Mund legt, und womit er ersichtlich seine eigene Anschauung identifiziert, das heißt: „Ich (falscher Woldemar) trug die Sünden des echten, in heiliger Mission des Sterbenden, nach Palästina und legte sie am Grabe des Erlösers nieder. Der nun Sündenentlastete, als er der Not seines Landes gewahr wurde, kehrte als Schutzgeist in die Mark zurück und wählte, um in die Erscheinung zu treten, als sterbliche Hülle mich."

Hier haben wir, wie den Kern dieser Gestalt, zugleich den Kern des ganzen Romans. Es muß unentschieden bleiben, ob Alexis diese Art der Anschauung aus romantischer Laune freiwillig wählte, oder ob er sich zu dieser oder einer verwandten Auffassung durch die Betrachtung gezwungen sah, daß ein beständig auf den Höhn wandelnder, von Patriotismus strotzender falscher Woldemar dem Lügnerischen auf die Dauer unerträglich sei, wenn es nicht gelänge ein Wahrheitsmäntelchen umzuhängen. Ich sage, diese Frage mag unentschieden bleiben. Wahrscheinlich aber ist es, daß die romantische Laune, die Freude an einer mystisch-rätselvollen Gestalt den Ausschlag gab. Entgegengesetzten Falles würde seinem geübten Auge schwerlich entgangen sein, daß der prophetische Aufputz, die Wundertäterschaft, die Ehrenmannsallüren, anstatt über das Häßliche der Lügenhaftigkeit hinwegzuhelfen, nur dahin wirken konnten, das an sich Untolerable noch untolerabler zu machen. Alle die „Falschen", die bisher, namentlich von der Bühne herab, zu uns sprachen, glaubten entweder treu und ehrlich an ihre Echtheit, oder aber, wenn sie von ihrer Unechtheit überzeugt waren, bekannten sie diese jeden Augenblick vor sich selbst und empfanden es als ein sühneheischendes, über kurz oder lang die Strafe heraufbeschwörendes Unrecht, diesem oder jenem Staatszweck zuliebe zur Rolle einer Lügenpuppe verurteilt zu sein. Solche Gestalten, in dem sittlichen Kampf, den sie kämpfen, flößen uns ein Herzensinteresse ein; wir folgen ihnen gern, sie sind von unserm Fleisch und Bein, sie sind Menschen; dieser falsche „Woldemar" aber ist ein Schemen, und das Interesse, das wir an ihm nehmen, ist ein spukhaftes. Die großen Worte retten ihn nicht, auch nicht die Reinheit seines Wandels. Er ist ein Mormonenpriester ohne sieben Frauen, ein Johann von Leyden ohne Harem. Die Sinnlichkeit fehlt, aber die Sittlichkeit hat dadurch um nichts gewonnen. Er spricht wie der Uhlandsche Sänger „von allem Hohen, was Menschenherz erhebt", aber er bleibt eine beliebige menschliche Hülle — gleichviel ob Jakob Rehbock oder nicht —, in die nur Beelzebub, der Vater der Lüge, gefahren ist.

Dies zu bestreiten, durch poetisch-mystischen Apparat den Lügengeist in den entsühnten Geist des großen Woldemar umzuwandeln, ist die Aufgabe, die sich Alexis in diesem Romane gestellt hat. Hat er sie gelöst? Wer den historischen Sinn hat, wird antworten: nein. Wer umgekehrt den Hang hat, sein Leben mit Wundern und allenfalls auch mit Wunderlichkeiten zu umstellen, wird antworten: ja. Es ist eine Art Glaubensfrage. Wessen Glaube stark genug ist, um die Rückkehr eines Geistes aus jenem in dieses Leben und ein Wohnungbeziehen in der Hülle eines noch hier Wandelnden glaubhaft zu finden, und zwar mit der Modifikation, daß der hier unten Wandelnde aufhört, er selbst zu sein, und nun jener andere wird, — wessen Glaubenskraft über dieses Vollmaß verfügt, der wird in dem „falschen Woldemar" einen der glänzendsten Romane bewundern müssen, die je geschrieben wurden. Ich gehöre zu diesen Allerglaubenskräftigsten nicht. Die Kunst der Darstellung, die Macht der Sprache, die romantische Luft, um nicht zu sagen: die romantische

Überzeugung von seiten des Dichters ist freilich so groß, daß er momentan auch den widerwillig Nüchternsten in seinen Bann zwingt, aber nur um den Zweifel hinterher mit verdoppelter Macht heraufzubeschwören. Ich würde schließlich doch sagen müssen: das Ganze, wenn die Poesie mehr ist als ein Schattenspiel, ist verwirrend und unstatthaft, weil es einem falschen Glauben Altäre errichtet; eine allerglänzendste Leistung, aber wie ein Schneemann im Nordlichtglanze aufgeführt. In die Sonne gestellt, schmilzt seine Unterlage und er selber fort.

Historisch-chronologisch folgt "Der Roland von Berlin". Er spielt genau hundert Jahre später und umfaßt den Zeitraum von 1442—49. Es ist dies die entscheidende Epoche in dem mittelalterlich freien Leben der Städte Cölln und Berlin. Die Anstrengungen ihrer Freiheit gehen unter an Nebenbuhlerschaft, innerer Fehde, Selbstsucht und Selbstgerechtigkeit. Bürgermeister zu jener Zeit war Johannes Rathenow, dessen Eltervater bereits mit Albrecht dem Bären ins Land gekommen war. Der Roman ist zunächst eine Geschichte seines (des Johannes Rathenow) Hauses. Sein einzig Kind, Elsbeth, liebt den Henning Mollner, eines Raschmachers Sohn. An ein Ehebündnis ist nicht zu denken. Henning, ein Kleinbürger, ein Handwerker; auf der andern Seite Elsbeth, die Tochter des ersten Mannes der Stadt, eines Patriziers aus altsächsischem Geschlecht. Johannes Rathenow erklärt: „Eh' nicht der Roland von seinem Stein springt und durch die Stadt schreitet, eh' kann mein Kind nicht die deine werden." Natürlich tritt schließlich dieser Moment ein; d. h. der Berliner Roland ‚springt' nicht selbst vom Stein, wird aber herabgenommen. Der Sieger Kurfürst Friedrich II. entfernt das Sinnbild städtischer Macht und Freiheit von seinem Rathausplatz. Der Roman wurde geschrieben, um in einer Reihe historischer Genrebilder ein Gesamtbild des republikanisch-freiheitlichen Lebens unsrer Städte Berlin und Cölln zu geben. Dies ist die Tendenz. Wilibald Alexis, wenn ich recht berichtet bin, gedachte der Gegenwart einen Spiegel vorzuhalten: so waren eure Väter und so seid ihr. Es heißt, er habe an keinem seiner Romane (die übrigens alle einen seltenen Fleiß bekunden) mit gleicher Hingebung gearbeitet. Dies ist sehr wahrscheinlich. Man empfängt den Eindruck einer besondern Sorglichkeit und Gefeiltheit, zugleich freilich auch den einer mehr oder weniger „verlorenen Liebesmüh". Der ganze Roman repräsentiert ein Mißverhältnis zwischen Kraft und Stoff. Die angewandte Kraft ist außerordentlich, aber der Stoff spottet ihrer. Die Vorgänge, um die es sich handelt, sind weder so interessant noch so wichtig, als Wilibald Alexis uns glauben machen möchte. Die Absicht, ihnen einen Reiz oder eine Bedeutung beizulegen, die sie in Wahrheit in so hohem Grade nicht hatten, bessert nichts und macht den Leser nur allzu geneigt, den poetischen und historischen Wert noch geringer zu veranschlagen, als sie verdienen.

Über beide Punkte, das Romaninteresse und die historisch-politische Wichtigkeit, noch ein Wort.

Zum ersten also: diese Bürgerpatrizier- und Rittergestalten, die uns hier zu ganzen Dutzenden vorgeführt werden, können sie eine tiefere, menschliche Teilnahme, ein Romaninteresse in uns wecken? Ich antworte darauf: nur sehr bedingungsweise. Und zwar nur sehr bedingungsweise deshalb, weil wir doch eigentlich herzlich wenig von ihnen wissen. Aller Liebe muß eine Kenntnis des Gegenstandes, den man lieben soll, vorausgehen. Das bloße Allgemeine, die Rubrik, die Inhaltsangabe fesseln so gut wie nie: alles Interesse steckt im Detail; erst das Judividuelle bedingt unsere Teilnahme; das Typische ist langweilig. Diese Gestalten nun aber, wie sie uns im „Roland von Berlin" vorgeführt werden, sind alle typisch, müssen es sein, weil uns die individualisierenden Züge nicht mit überliefert worden sind. Solche Züge zu erfinden, geht nicht. So stellt sich uns denn alles mehr oder weniger schema= und schemenhaft vor, wobei es sich ereignen kann, daß dieser Schemen ein drei Zentner schwerer Ratsherr ist. Denn gerade auch der „Dicke" gehört mit zu den typischen Figuren. Wie auf den Totentänzen des Mittelalters, denen wir noch in so mancher norddeutschen Kirche (beispielsweise auch in der Berliner Marienkirche) begegnen, so treten auch in diesem Romane der Bischof, der Priester, der Ratsherr, der Junker, das Fräulein als bloße Gattungsgestalten an uns heran. Sie sind Begriffe, nicht Menschen. Aber nur Menschen wecken unser Interesse. Das Mittelalter, weit über das Typisch=Allgemeine hinaus, uns menschlich näher zu führen, hat Josef Viktor Scheffel in seinem „Ekkehard" versucht und auch erreicht. Es ist also möglich. Aber freilich nur unter einer Fülle von Voraussetzungen. Historischer Sinn, poetisches Ahnungsvermögen, rückwärts gewandte Begeisterung, unbedingte Muße, jahrzehntelanges Studium, sie alle sind nötig, um eine Seele derart zu bilden und zu pflegen, daß sie unter den Lebenden unserer Tage wie unter Schatten und unter den Schatten der Vergangenheit wie unter lebensfrischen Gestalten wandelt. Vielleicht hätte Wilibald Alexis dies gekonnt; aber es war ihm, dem wir für so vieles zu Dank verpflichtet sind, doch nicht vorbehalten, nach dieser Seite hin ein wirklicher Entdecker zu sein. So fleißig er war, so historisch er empfand, so tief er grub, er grub doch nicht tief genug. Die Gestalten, die uns aus diesem „Roland von Berlin" heraus grüßen, sind alte Bekannte, ständige, immer wiederkehrende Mittelaltersfiguren, wie wir sie aus Büchern und Bildern genugsam kennen.

Die zweite der von mir angeregten Fragen ging dahin: wie groß oder wie gering war die historisch-politische Bedeutung der in diesem Romane geschilderten Vorgänge? Vielleicht nicht ganz gering, aber auch sicherlich nicht allzu groß, und keine Anstrengung wird je dahin führen, die Mark zu jenem gelobten Lande zu machen, das von Anfang an, wenn man nur scharf zuzusehen verstehe, die Verheißung Deutschlands gehabt habe. Dieser Gedanke aber zieht sich durch alle die Romane hindurch, während in Wahrheit Kurbrandenburg ein bloßes Reichsanhängsel war und die Lehmkatenherrlichkeit unserer Städte in allem, was Reichtum, Macht und Kultur anging, neben dem eigentlichen Deutschland, neben den Reichs- und Hansastädten verschwand. Wir bedeuteten damals nicht mehr als Mecklenburg, Pommern, Holstein; zuzeiten erheblich weniger. Mit Recht sagt Gutzkow: „Gewiß kann man mit Interesse bei dem Gedanken verweilen, wie doch so wunderbar dieser Zollernsche Stamm emporgekommen; daß aber für ganz Deutschland eine Vertiefung in diese wunderbare Begebenheit, die Verwandlung der märkischen Lokalgeschichte in Reichsgeschichte eintreten sollte, das kann immer nur ein Traum bleiben. Was wir jetzt ernten, das sind die Früchte unserer Zeit. Es sind die Früchte der Ideen, die seit Jahren dem märkischen Tannenbaum einokuliert wurden. Diese neue Zeit aber mit der Heraufführung der ‚faulen Grete‘ beginnen zu wollen, ist eine Torheit." Diesen Sätzen stimme ich zu. Der Roman selbst, der uns hier beschäftigt, kann an einigen Stellen nicht umhin, Ähnliches auszusprechen. „Und was sind diese Krähennester", so heißt es darin, „gegen eine Reichsstadt! Schlammpfützen, Pfahlbauten! von ehegestern alles ... Und wenn sich das, was drin umherkriecht, mit deutscher Abkunft brüstet, so sind es Flamänder und Friesen, die das Wasser, das an der Nordsee sie vertrieb, hier im feuchten Schmutze wiederfanden. Es war der rechte Mischmasch zu dem wendischen Gezücht. Plump, halsstarrig, faul, Trunkenbolde; ohne Schwung und Erhebung, bleiben sie fest, wo sie sich hinsetzten ... Nichts Geschmeidiges; ist dumm und will nicht klug werden; ist versessen auf was es hat, und nimmt nichts an, was von außen kommt. Man mag's ihnen ins Land, man mag's ihnen ins Haus tragen, sie stellen's in den Winkel und bleiben beim alten."

Für mich persönlich steht es fest, daß diese Schilderungen, und nur diese, das im wesentlichen Richtige treffen. Wenn es einen gab, der scharfen und, wenn er wollte, vorurteilsfreien Auges derselben Überzeugung war, so war es Willibald Alexis selbst. Er schloß aber das Auge absichtlich; und aus der ethischen Absicht heraus, dem Bourgeoistum von 1840 einen Anstoß zum Bessern zu geben, erzählte er ihm ein historisches Märchen von der Freiheit und Herrlichkeit der Berliner Ratmannen von 1440. Was anfangs künstlich heraufgeschraubte Tendenz war, wurde schließlich, wie's immer so geht, zu einer Art von Überzeugung. Er enthusiasmierte sich selbst an seinem Wort und seinen Gebilden. Ich persönlich habe von dieser Zeit, in all und jeder Beziehung, die allerniedrigste Vorstellung und segne die Stunde, wo der Schloßbau als „Zwing=Berlin" fertig ward. Es war, um es zu wiederholen, eine rohe, tölpische, allem Geistesleben seitab stehende Bevölkerung und nur von einem noch weiter entfernt als von Geist und Kultur — von wirklicher Freiheit. Wer anders über jene Epoche denkt, dem mag das Herz höher schlagen, wenn er von der Herrlichkeit der Schumms und Blankenfeldes liest, aber dieser Glücklichen werden wenige sein.

Die „Hosen des Herrn von Bredow" spielen zehn Jahre vor dem Auftreten Luthers, zu Anfang des sechzehnten Jahrhunderts, wo das sprichwörtlich gewordene:

„Jochimken, Jochimken hybe bi,
Wo wi bi kriegen, do hängen wi di."

an die Schlafzimmertür Joachims I. geschrieben und dem jungen Kurfürsten ein Sporn wurde, dem Buschklepperwesen ein Ende zu machen. Der Roman schildert einerseits die Übertretungen, andererseits die Ahndungen; das Kapitel „Kläger und Günstling", in dem vor versammeltem Hofe der „Lindenberger", der Vertraute und Geheime Rat des Kurfürsten, durch diesen selbst als Wegelagerer entlarvt und verurteilt wird, zählt mit zu dem Schönsten und dramatisch Erschütterndsten, was Alexis je geschrieben hat.

Die Verurteilung Lindenbergs indes — ein Rechtsübergriff, wie die damaligen Edelleute vermeinen — ruft gegen Joachim eine völlige Adelsverschwörung wach; man versammelt sich in der Köpnicker Heide und beschließt, den „Schädiger an Recht und Ehre" zu umstellen, aufzuheben, wenn es sein muß, ihn zu töten. An der Spitze steht Otterstädt. Ebenfalls mit im Komplott — nicht weil ihn sein Herz dazu drängt, sondern weil man ihm beim Trunk sein adelig Wort abgeschwatzt hat — ist der alte Götz von Bredow auf Hohen-Zietz. Er will auch „mitreiten". Aber seine ehrsame Frau Brigitte, die ein klug Einsehen davon hat, daß die Hohenzollern es schließlich doch länger machen werden als die Otterstädts, läßt den vom Nachttrunk schwermüden Mann nicht nur die richtige Stunde zum Ausritt verschlafen, sie entführt ihm auch mittlerweile seine alten Familienhosen, die „Elensbüchsen", die einzigen, die er überhaupt hat, so daß sich ihm, als er schließlich erwacht, wie von selber das Nachreiten verbietet. Wer kann hosenlos zu Felde? So wird der Zwischenfall zur Rettung seiner selbst und seines Hauses. Über die anderen Verschwörer bricht der volle Zorn des Kurfürsten herein; sie büßen es mit dem Leben; Götz von Bredow aber, dessen inzwischen bis ins Berliner Schloß geschafften „Elenslebernen" den vollgültigen Beweis erbringen, daß er, trotz seines Verzeichnetseins auf der Liste, nicht „mit dabei gewesen" sein kann, geht nicht nur heil aus diesem Wirrsal hervor, sondern wird auch mittelbar in den Hofadel eingereiht, indem seine Kinder, Hans Jürgen und Eva in den persönlichen Dienst des Kurfürsten und der Kurfürstin treten.

Die „Hosen" bilden in diesem Romane etwa denselben Mittelpunkt wie das Rolandsbild in dem „Roland von Berlin". Doch ist in dem Hosenromane alles viel konzentrierter und dadurch (ganz abgesehen von dem Drastischen der Situation) auch viel wirksamer. Der Roland, in der breitangelegten Erzählung gleichen Namens, ist ein Mittelpunkt, den man erst suchen muß. Anders die Elensbüchsen in den „Hosen des Herrn von Bredow". Um sie selbst dreht sich in ebenso unmittelbarer wie ergötzlich-gemütlicher Weise von Anfang an die ganze Geschichte, sie spielen nicht nur mit, sie sind Held und Clown zugleich, und aller Wundersegen, der nur je an etwas Äußerlichem gehaftet hat, wir erwarten ihn von diesen Inexpressibles. Wir gewinnen sie lieb, wir sorgen uns, wenn sie fehlen, wir freuen uns, wenn sie wieder da sind. Sie sind wie ein treuer Diener, ein Hund, ein Talisman. Die Kunst, mit der dies durchgeführt ist, und zwar ohne irgendwo oder wie anstößig, albern oder langweilig zu werden, ist außerordentlich. Das wenige, das sich von Marotte und Schelmerei mit einmischt, stört nicht, sondern steigert vielleicht nur noch die Wirkung. Hätte sich Wilibald Alexis entschließen können, das Ganze knapp novellistisch zu behandeln, statt wenigstens partiell in volle Romanbreite und lange Dialoge zu verfallen, so würde diese Erzählung eine Zierde unserer Literatur und völlig eigenartig sein, etwa wie Chamissos „Peter Schlemihl", Eichendorffs liebenswürdiger „Taugenichts" oder Fouqués „Undine".

Der Roman „Der Wärwolf" gilt gemeinhin als eine Fortsetzung des vorigen. Einige Personen, wie die alte Brigitte, Eva und Hans Jürgen, vor allem der Kurfürst selbst, werden in der Tat aus dem einen in den andern mit herübergenommen; nichtsdestoweniger ist der Inhalt beider grundverschieden. Das macht, das Jahr 1517 und mit ihm das Auftreten Luthers liegt dazwischen. Wenn der eine Roman die letzten Reste des Raubritterwesens bringt, so bringt der andere die ersten Anfänge der märkischen Reformation. Die Stellung des Kurfürsten zu beiden Erscheinungen ist eine sehr ähnliche. Die eine wie die andere betrachtet er als Auflehnung, und mit derselben Energie wie gegen die Wegelagerei erhebt er sich auch gegen die Ketzer. Aber mit sehr verschiedenem Erfolg. Den qualmenden Stumpf der einen konnte er austreten, das helle Siegesfeuer der andern schlug ihm über dem Kopf zusammen.

Der Schauplatz der sich entspinnenden Kämpfe ist, so weit der Roman in Betracht kommt, zum wesentlichsten Teile das Haus des Kurfürsten selbst. Elisabeth von Dänemark (Christians II. Schwester) war im stillen zur neuen Lehre übergetreten. Es werden die Vorgänge geschildert, die zur Flucht der Kurfürstin führten; zugleich wird ein Generalbild des damaligen kirchlich-bewegten Lebens des Landes und seiner Hauptstadt gegeben. Hieronymus Scultetus, Bischof von Brandenburg, Matthias von Jagow, sein Amtsnachfolger, treten auf; vor allem anch Propst Musculus, der in der Erzählung selbst eine seiner Predigten gegen den „Hosenteufel" hält. Alle diese Dinge sind nicht sehr interessant, aber in seinem Beginn und an seinem Schluß enthält der Roman ein paar Kapitel, die an Reiz, Frische und Eigentümlichkeit von nichts Ähnlichem übertroffen werden. Dies ist die Episode mit Hake von Stülpe. Hake von Stülpe war es, der zwischen Frankfurt und Jüterbog dem Dominikanermönch Tezel seinen Geldkasten abnahm, nachdem er vorher Ablaß für einen zu begehenden Raubanfall bei ihm selber gekauft hatte. Dieser an sich interessante Vorgang, der in der protestantischen Geisteskeckheit, die ihm zugrunde liegt, einen solchen Antirömling, wie Wilibald Alexis es war, ganz besonders anziehen mußte, ist mit einer solch dämonischen Freudigkeit wiedergegeben, daß man die Gestalt des Dichters über ihr sonstiges Maß hinauswachsen sieht. Der Hohn doppelt ihm die Kraft, und man wird inmitten eines einem höheren Zwecke dienenden Zynismus von der sittlichen Macht der hier zu Gericht sitzenden unermeßlichen Verachtung ergriffen. Hake von Stülpe, lang, hager, abgerissen, ein Totenkopfgesicht, mit dem Teufel auf dem besten, mit den Pfaffen auf dem schlechtesten Fuß, ist in seinem Gemisch von „wildem Jäger" und märkischem Junker, von Schnapphahn und Edelmann, von Strolch und Freigeist eine der interessantesten Figuren, die je eines Dichters Phantasie schuf. Dabei durchaus märkisch-original.

III.

Mit den „Hosen des Herrn von Bredow" und dem „Wärwolf" schließen die dem Mittelalter angehörigen Alexisschen Romane ab. Es folgt „Cabanis", dessen ich schon erwähnt habe. Dieser vielgenannte Roman enthält die Lebensgeschichte von Etienne Cabanis, dem einzigen Sohne des Marquis von Cabanis. Dieser Marquis von Cabanis, trotzdem er immer nur meteorhaft auftritt, einige Raketen sprüht und dann wieder verschwindet, ist nichtsdestoweniger viel mehr die Hauptperson als sein Sohn Etienne, der umgekehrt, tausend Seiten lang, wie ein Firstern am Firmamente der Erzählung steht. Wir sehen ihn immer. Etienne hat die Heldenrolle, aber sein Vater, der Marquis, ist die originalere und interessantere Figur. Ich beginne deshalb mit ihm und stelle seine Geschichte (die im Romane selbst immer nur angedeutet und erst auf den letzten Seiten klar gelegt wird) in den Vordergrund.

Die Eltern des Marquis waren als Refugiés und scharfe Hugenotten aus dem südlichen Frankreich ins brandenburgische Land gekommen. Etwa ums Jahr 1730 vermählte sich dieser mit einer jungen Dame von der Kolonie, doch sollte er seines Eheglückes infolge eigner Schuld und Marotte nicht lange froh werden. Schuld und Marotte. Sein Protestantismus nämlich erwies sich bald als eben so schwächlich, wie sein Aristokratismus überschwenglich und phantastisch war; es beschäftigte ihn deshalb der Gedanke, die großen Familiengüter in Languedoc, coûte que coûte, wieder in seinen Besitz zu bringen. Er reiste nach Südfrankreich, trat zum Katholizismus über, erfüllte dadurch die Bedingung, auf die es ankam, und kehrte nun — was sich in sich selbst widersprach — als ein katholisierter Refugié nach Berlin zu seiner jungen Gemahlin und ihrem Kinde (Etienne) zurück. Auch bei Hofe meldete er sich in Person. Aber hier brach es über ihn herein. Friedrich Wilhelm I., in Glaubenssachen kaum minder streng als in Desertionsfragen, tobte ihm entgegen; ein solches Konvertitentum, das den opferfreudigen Glaubenseifer der kaum im Grabe ruhenden Refugié-Eltern geradezu verhöhnte, erschien ihm als niedrig, feil, unedelmännisch, und er hob die Hand und schlug nach dem Marquis. Dann jagte er ihn aus dem Schloß. Dieser forderte nunmehr Genugtuung. Aber der König verletzte ihn durch ablehnenden Hohn nur zum zweiten Male. Welche Lage! Das also war die erste Frucht des wiedergewonnenen Marquisats! Entehrt und der Waffengang zur Wiederherstellung der Ehre versagt! Der Marquis verließ Preußen, trennte sich von seiner Gemahlin, die seinen eignen Worten nach nicht länger einem „Ehrlosen" angehören sollte, und führte nun, in allen Staaten Mitteleuropas auf und ab fahrend, ein Abenteurerleben, das nur noch eine Aufgabe hatte: Befriedigung seines Hasses gegen Preußen. Sein Reichtum gestattet es ihm, seinen grotesken, in einen lächerlichen Ernst getauchten Plänen nachzuhängen; er wird antipreußischer Verschwörer von Fach, wie wir sie auch jetzt wieder in aller Herren Ländern sich umhertummeln sehen, und die letzten Zeiten des Siebenjährigen Krieges, die Jahre nach Kunersdorf, erfüllen ihn mit der Hoffnung, seinen Haß endlich befriedigt zu sehen. Da führen ihn die inzwischen nach der entgegengesetzten Richtung hin gegangenen Lebenswege seines Sohnes Etienne nach Berlin zurück; König Friedrich II., von der Sachlage, will sagen von dem Schimpf und der verweigerten Genugtuung unterrichtet, fordert den Marquis zu Hofe, legt die Hand an den Degen, zieht ihn zur Hälfte und fragt, ob der Affront, den ihm sein Vater König Friedrich Wilhelm I. angetan, nunmehr gesühnt sei? Dies ist es, was der Marquis sein Leben lang erstrebt hat: das symbolische Duell. Seine Ehre ist jetzt wieder hergestellt; der größte König hat den Degen gegen ihn gezogen; aller Haß ist abgetan; unbedingte Bewunderung tritt an die Stelle. Neue glückliche Tage des Hauses Cabanis brechen an.

Wie aber hat sich mittlerweile das Schicksal Etiennes, unseres eigentlichen Helden, gestaltet? Wir kehren zu den ersten Kapiteln des Romanes zurück. Die Mutter, nach der Trennung von dem Marquis, hatte sich mit einem Beamten bürgerlichen Standes, einem ehrlichen, gewissenhaften, aber beschränkten und engherzigen Manne wieder vermählt. In diesem bürgerlichen Hause, das uns die Sitten jener Zeit veranschaulicht, wird Etienne erzogen. Der starre Formalismus, die Gerechtigkeitswut, die beständig zur Ungerechtigkeit wird, das Prinzip des alleinseligmachenden Haselstocks, — sie treiben endlich den achtjährigen Knaben aus dem Hause; er flieht, wird im Walde gefunden (der ihn Findende ist natürlich der Marquis, sein Vater), dann in einer Karosse, völlig märchenhaft, nach Wien geschafft und in einem adligen Institut erzogen, wo, auf Wunsch des von nun ab beständig im Hintergrunde als Deus ex machina operierenden Marquis, in seiner Ausbildung zwei Dinge angestrebt werden: enthusiastische Verehrung für Maria Theresia, glühender Haß gegen Friedrich. Beides wird erreicht. Er tritt in die österreichische Armee, macht in einem ungarischen Husarenregiment die ersten Schlachten des Siebenjährigen Krieges mit, fühlt aber nach dem Tage von Kollin eine immer mächtiger werdende Bewunderung für den Preußenkönig in sich aufwachsen, bis er endlich ins preußische Lager desertiert. Er tritt in eines unserer Husarenregimenter ein, erobert sich, allem Familieneinspruch zum Trotz, das Herz einer sächsischen Gräfin, macht die Hochkircher Affaire mit, kommt als Verwundeter nach Dresden in das gräfliche Haus, erhält dann, als Russen und Östreicher gegen Berlin ziehen, wichtige Aufträge an Feldmarschall Lehwald, den Verteidiger der Hauptstadt, und erreicht, nach Gefahren und Aventüren aller Art, wirklich das inzwischen schon vom Feinde in Besitz genommene Berlin.

Nach neunzehn Jahren sieht er die Stadt zum ersten Male wieder, die er als ein achtjähriger Knabe flüchtig verließ. Welch ein Wiedersehn! Der Vater verarmt, die Mutter tot, der Halbbruder (Grenadier Gottfried, eine Hauptfigur des Romans) seinen Wunden erliegend; die Stadt selbst von Gesindel durchschwärmt; Preußen anscheinend am Ende seiner Tage. Aber die ewigen Geschicke haben es anders beschieden; Glück und Genie heißen weiter, und endlich bricht er an, der gesegnete Tag von Hubertusburg. Preußen ist gerettet, Schlesien bleibt ihm; Etienne, bis dahin vom Könige ignoriert, steigt zu Ehren und Ansehn, der Marquis, der inzwischen seine vorerwähnte, wunderliche „Genugtuung" erhalten hat, erklärt ihn als seinen Sohn, und die Vermählung Etiennes mit der liebenswürdigen sächsischen Komteße schließt das Buch.

Es ist eine ausgezeichnete Arbeit, die zu sehr erheblichem Teile die Anerkennung verdient, die gerade ihr zuteil geworden ist. Die den ersten Band füllende Jugendgeschichte Etiennes, hat neben ihrer Popularität sich auch den Ruf einer gewissen preußisch-brandenburgischen Klassizität zu erobern gewußt. Und mit Recht. Es gibt vielleicht kein Buch, an dem sich das Berliner Leben jener Epoche: die Armseligkeit der Zustände, die Beschränktheit und Unerbittlichkeit der Anschauungen die gesellschaftliche Steifheit, die soldatische Präponderanz und diesem allem zum Trotz doch ein keckes Sich-geltend-machen des Persönlichen, eine gewisse Freiheitlichkeit, die der Freigeistigkeit noch vorausging, so gut studieren ließe als an diesem ersten Bande von Cabanis. Die Schilderungen des Kolonielebens, seine feineren Formen bei gleicher Enge der Anschauung, steigern den Reiz der Lektüre. Einzelne Figuren aus dieser Jugendgeschichte, zumal Frau Kurzinne und Advokat Schlipalius, sind volkstümlich geworden wie Fritz Reutersche Gestalten; sie haben in der Tat die volle Wahrheit des Lebens mit diesen gemein und sind auch in dem modernen Berlin, also in den Enkeln und Urenkeln jener, noch keineswegs erstorben. Das Hämisch=Schabernacksche, das hier immer zu Hause war und von dem die berühmte „Ironie" nur eine verfeinerte Spielart ist, hat hier zu allen Zeiten Schlipaliusse in Masse gezeugt. Sie laufen noch zu Dutzenden umher.

In den folgenden Bänden des Romans sind die Gestalten des auf zwei Schultern tragenden, ewig intrigierenden sächsischen Grafen Meroni, seiner Tochter Eugenie' und der Gesellschaftsdame Fräulein Amalie mit besonderer Liebe gezeichnet; namentlich der Charakter der letzteren, in der sich die Shakespearsche Beatrice, die Lessingsche Franziska und die Goethesche Philine zu einer sehr reizvollen, von Witz, Laune und Leben übersprudelnden Gestalt vereinigt finden. Diese Amalie ist innerhalb des Kreises weiblicher Jugend des Verfassers beste Figur geblieben. Seine Begabung lag nicht sonderlich nach dieser Seite hin. Die Charakterköpfe jenseit vierzig glückten ihm besser.

Der Aufbau des Romans ist vorzüglich; die Geschicklichkeit, mit der uns ungezwungen an dem Lebensgange Etiennes alle Parteien: Preußen, Österreich, Sachsen, Rußland, zum Teil in einer großen Fülle von Gestalten vorgeführt werden, verrät den Meister; daneben reißen die Gesinnung, die starke vaterländische Empfindung, der Reichtum an Lebensanschauungen, die gedankliche Fülle, zur Bewunderung hin. Als Zeit= und Sittenbild, weit über das bloße Berliner Leben hinaus, ist der Roman ersten

Ranges; die landschaftlichen Schilderungen, beispielsweise in den Kapiteln „Der tote Mann" und „Der hungrige Wolf" sind Musterstücke; Fleiß, Liebe sprechen aus jeder Zeile. Dennoch zähle ich diesen bekanntesten seiner Romane nicht gerade zu seinen besten. Namentlich in dem eigentlichen Lese- und Unterhaltungsinteresse, das er einflößt, ist er sehr ungleich. Er ist vor allem zu lang; nichts rückt recht von der Stelle; die Charaktere zeigen sich immer wieder von derselben Seite, und das ein- und zwei- und dreimal Gehörte hört man schließlich zum zehntenmal. Alles macht sich selbst Konkurrenz. Die Versuche, den großen König durch abgegebene Urteile von Freund und Feind allseitig zu schildern, gehen einfach zu weit. Es ist zu viel, alles dreht sich im Kreise herum, und es gehört schließlich ein sehr gewissenhafter Leser dazu, durch das Ganze (die meisten haben immer nur die Jugendgeschichte gelesen) siegreich hindurchzubringen. Zehn Seiten lange, kaum unterbrochene Dialoge sind nicht jedermanns Sache. In einem historischen Romane will man Handlung, Geschichte, nicht Betrachtung.

Die weitaus bedeutendste Figur ist, wie schon eingangs hervorgehoben, der Marquis. Nichtsdestoweniger fürchte ich, daß die Zahl derer nicht groß ist, die sich für solch einen Charakter besonders interessieren. Die meisten werden ihn einfach als einen alten Narren bezeichnen und, was schlimmer ist, seine Lebensfähigkeit in Zweifel ziehen; sie werden sagen: schriftstellerische Marotte, Phantasiegebilde,— solche Menschen gibt es nicht. Es gibt ihrer aber. Wer ein nicht allzu kurzes Leben hinter sich hat und während dessen einer geistig-politischen Oberschicht der Gesellschaft näher trat, der wird solchen Gestalten begegnet sein, wo immer auch sein Leben verflossen sein möge. Denn diese Gestalten kommen überall vor; ja, ihre Zahl ist verhältnismäßig groß. Es ist die Gruppe der undisziplinierten, schönrednerischen, tief in Egoismus getauchten, aber meist mit Freigebigkeit, Heiterkeit und angenehmen Umgangsformen ausgerüsteten Phantasten. Die Phrase über alles! Nicht die triviale, landläufig armselige Redensart, sondern das prophetisch aufgebauschte Wort, das ganz genau weiß, wenn am Nordpol, jenseits des Eisgürtels, die erste Badeanstalt etabliert und, unter glücklicher Benutzung des Golfstromes, eine angenehm temperierte Villenstadt, ein Polar-Brighton, mit der Heilkraft von Pfäfers und Ragaz gegründet sein wird. Denn gründen tun sie alle, Königreiche oder Diamanten-Exploitierungsgesellschaften, ozeanische Tunnel- oder Meer-Auspumpungskonsortien. Ein Musterstück dieser Gattung ist der Marquis. Die sich am besten darbietende Sphäre, wie heute die Industrie, war damals die Politik. Die Phantasien gingen also nach dieser Richtung hin. Der Marquis handelte mit Kronen, stürzte und hob Dynastien; die Krone von Korsika hatte er schon so gut wie auf dem Haupte. Worte, Worte, damals wie heute. Das Gesprochene verdichtete sich in den Angen dieser Glücklichen sofort zur Tat, und so werden Millionen verrechnet, während der letzte Taler eben verloren geht, werden Königreiche zertrümmert, während zwei Häscher schon an der Türe stehen, den Zertrümmerer irgendwo in Sicherheit zu bringen. Vielleicht könnte Flucht ihn retten, aber er ist eben in Ausführung eines neuen Gedankens begriffen; dies ist wichtiger. Die Rede geht ihm über Freiheit und Leben. So ist der Marquis. Und solche Gestalten leben ... Wir wandeln unter ihnen.

Wie „Cabanis" eine Darstellung der großen Zeit Preußens ist, so ist der Roman „**Ruhe ist die erste Bürgerpflicht**" eine Darstellung seiner kleinen und allerkleinsten Zeit. Dort hoher Mut, Aufschwung und friderizianische Herrlichkeit, hier Leichtsinn, Niedergang und — während Hannibal an die Tore pocht — jene armselige Anschauung, die in dem polizeiministeriellen „jetzt ist Ruhe die erste Bürgerpflicht" ihren charakteristischen Ausdruck gefunden hat.

Der Roman beginnt mit dem Sommer 1804 und schließt 1806 mit dem 14. Oktober (Jena) und den unmittelbar folgenden Tagen. Der Auflösungsprozeß des damaligen Preußen soll gezeigt werden. Um ihn zu zeigen, führt uns der Verfasser in die damalige „Gesellschaft" ein. Diese „Gesellschaft" lernen wir nun in einzelnen Ministerialpalais und Wilhelmsstraßenkreisen, ganz besonders aber in den Salons der Geheimrätin Lupinus und der Fürstin Gargazin keunen. Hunderte von Gestalten werden uns vorgeführt, einerseits dem Hof, dem Adel, der Armee, andererseits der Hautefinance, der Diplomatie wie dem Intriganten- und Abenteuerertum angehörig. Frömmelndes, Romantisches, Literarisches (beispielsweise ein entzückend geschilderter Besuch Jean Pauls im Hause der Lupinus) zieht sich mit hindurch. Das glänzendste was, nach der Schilderungsseite hin, der Roman enthält, sind die „petits comités", die vertraulichen kleinen Diners, in denen die Staatsgeschäfte, Äußeres und Inneres, seitens „Exzellenz" des Geheimerats Bovillard und des Kammerherrn von St. Reyal bei einer Anzahl kaltgestellter Flaschen abgemacht werden. Ich mache eigens auf die drei einander folgenden Kapitel aufmerksam: „Auch eine Idylle", „Von Unmenschen und großen Menschen im Schlafrock" und „Das Citissime". Es sind wahre Perlen, und zwar in mehr als einer Beziehung. Man sieht in Abgründe und bringt es doch zu keinem Groll, kaum zur Verachtung. Ganz wie die Dinge damals lagen. Die Kunst zu leben, hatte es bis zur Perfektion gebracht. Witz, seine Formen, auch eine gutmütige Geneigtheit, leben zu lassen, nehmen allem den Stachel, und die Prinzipienstrenge wird einem nicht nur unter den Händen weggetändelt, sondern sieht sich auch so eigentümlich angelächelt, daß sie sich beim dritten Flaschenwechsel selber als Albernheit anzusehen beginnt. Das Verführerische, das in dieser leichtlebigen und bis zu einer gewissen Grenze hin berechtigten Auffassung aller Dinge liegt, hat selten eine meisterhaftere Behandlung erfahren. Und doch wird in dem vollen Behagen der Ausmalung die Gesinnung, das auch im Scherz noch ernste, richterliche Urteil gewahrt. Den Geheimerat Bovillard, zu dessen Porträtierung ihm wohl Lombard selbst gesessen hat, halte ich für die frappanteste und gelungenste Figur des Buches.

Viel mehr Raum als diesen Männergestalten wendet Alexis den schon genannten beiden Frauencharakteren des Romans, der Geheimerätin Lupinus und der Fürstin Gargazin zu. Die letztere zeichnet er als eine jener sensitiven, zwischen Lüge und Wahrheit, Sinnlichkeit und Mystizismus, Freiheitsphrase und Leibeigenschaftspraxis hin und her schwankenden osteuropäischen Gestalten, die sich und andere durch Intrige, Klatsch und Liebesabenteuer wohl oder übel zu unterhalten suchen und dabei doch allabendlich jeden ihrer Vertrauten: den diplomatischen Rous, den sechs Fuß langen Kavallerieoffizier und den strenggläubigen Geistlichen mit der stillen Betrachtung aus ihrem Boudoir entlassen, „daß alles eitel sei". Ein tiefes Unbefriedigtsein, über das selbst der mittlere der vorgenannten drei nicht hinweghelfen kann! Lesenswert, aber freilich bis an die äußerste Grenze des ästhetisch Erlaubten gehend, ist in bezug auf diese Dinge das Kapitel „Die Wollust der Märtyrer."

So viel über die russische Fürstin. Die Vorliebe,

die Wilibald Alexis ihr zuwendet, tritt indessen wieder zurück neben seinem künstlerischen Enthusiasmus für die Geheimrätin Lupinus. Sie ist seine eigentliche Lieblingsfigur. Und das charakterisiert ganz die Wilibald Alexissche Richtung. Die Geheimrätin Lupinus ist nämlich Giftmischerin. Sie zählt zu den entschieden historischen Figuren des Romans und glänzte in der Tat ein Jahrzehnt lang in der Berliner Gesellschaft. Ihr wirklicher Name war Ursinus. Sie wählte er aus, um an ihr vorzugsweise die Fäulnis unserer damaligen Zustände, den verbrecherischen Egoismus, das Abhandengekommensein jedes natürlichen Gefühls, zu demonstrieren. Zu gleicher Zeit war sie ihm ein Mikrokosmus aller Untat, die sich damals, weit über die kleinen Berliner Verhältnisse hinaus, in der wirklichen Welt überhaupt vollzog. „Es ist ein Konnex da," so heißt es in dem Roman, „den wir nur nicht sehen, zwischen den Werken der großen Geschichte und den Taten der kleinen Menschen. Das Ungeheuerliche des revolutionären Weltbrandes spiegelt sich wieder im Inn der Individuen; der krankhafte Drang — dort erzeugte er Welteroberer, hier, in dieser schwachen Weiberbrust, nur den Kitzel zu scheußlicher Tat." Der Roman ist zu sehr erheblichem Teile die Behandlung eines kriminalistisch-psychologischen Problems und der Versuch, dieses Problem zu lösen. Es gelingt; aber unter Dransetzung von mehr Fleiß und Mühe, als der Gegenstand verdient, wenigstens innerhalb eines Kunstgebildes. Der Kriminalist, wie schon angedeutet, verliebt sich hier in seinen „interessanten Fall" in einer Weise, die ihn über den Unterschied zwischen einem pikanten Prozeß und einem fesselnden Roman oder Drama hinwegsehen läßt.

In der Tat, er überschreitet die Schönheitslinie und verstimmt uns geradezu durch ein Übermaß von psycho=

logischer Teilnahme, das er dem moralisch Häßlichen zuwendet. Nicht die Schilderung dieser Dinge an und für sich ist zu beanstanden, im Gegenteil, der Gedanke war richtig, an einer einzigen Nachtschattenblüte den ganzen Giftgehalt jenes Schutt- und Kehrichthaufens von anno 5 und 6 zeigen zu wollen, aber versah es im Maß.

All dieser Beanstandungen unerachtet, ist dem Urteile Gutzkows, wenn nicht aus vollem Herzen zuzustimmen, so doch auch nicht geradezu zu widersprechen, der diesen Roman als Wilibald Alexis besten bezeichnete. „In diesem ausgezeichneten Gemälde", so etwa heißt es, „fehlen die weglosen Längen märkischer Schilderungen, die Theaterreminiszenzen in Situationen und Charakteren, die langen Konversationen nicht mithandelnder Personen. Hier haben wir historisch erwiesene Persönlichkeiten wie im Porträtstil gehalten." Dies alles ist richtig. Es ist nicht der wohltuendste und säuberlich-poetischste Roman, den Wilibald Alexis geschrieben hat, aber es ist der lebenswahrste, fesselndste und bedeutendste. Einzelnes, wie die Figur Bovillards, steht unübertroffen da. Man wird in allem, was Durchdringung seelischer Vorgänge angeht, vielfach an Otto Ludwig, in der Form der Sentenzen an Larochefoucauld erinnert. Ein Pessimismus, der die Eigentümlichkeit hat, daß er an die Zukunft glaubt.

„Isegrimm" ist eine Fortsetzung des vorigen Romans und steht in einem ähnlichen Verhältnis zu ihm, wie der „Wärwolf" zu den „Hosen des Herrn v. Bredow". Einzelne Figuren werden aus dem einen in den andern mit hinübergenommen. Wenn uns „Ruhe ist die erste Bürgerpflicht" bis Jena führte, so zeigt uns „Isegrimm" die unmittelbar darauf folgenden Jahre der Knechtschaft. Nur die letzten Kapitel, wo die Hochzeiten geschlossen werden, geleiten uns bis 1815 und die Schlußseiten sogar bis über das Jahr 48 hinaus. Es scheint seitens des Publikums eine leise Klage darüber geäußert worden zu sein, daß Wilibald Alexis seinem Bilde des Niederganges, des Zusammensturzes nicht ein Bild der Erhebung unmittelbar habe folgen lassen, wenigstens antwortet er in einer Vorrede auf solche Beklagung das Folgende: „Der historische Maler läßt nicht auf die Knechtschaft in Ägypten die Eroberung Palästinas folgen; seine nächste Aufgabe ist die Wanderung durch die Wüste." Dies ist sehr fein und sehr berechtigt. Wilibald Alexis historischer Sinn sträubte sich gegen einen solchen Sprung. Im übrigen verdient es hervorgehoben zu werden, daß der ganze Stoff von Anno fünf bis fünfzehn auf eine Trilogie berechnet war und daß dem „Isegrimm" ein „Großbeeren" folgen sollte. Dieser Roman blieb leider unvollendet. Auch schon in „Isegrimm" ging des Dichters Tendenz dahin, zu zeigen, daß der dem Hofe fernstehende Landadel, der Bürger der kleinen Städte und vor allem der Bauer kerngesund geblieben waren. Diese Aufgabe ist glänzend gelöst worden und bildet den schönsten Schmuck des Buches.

Die Geschichte selbst ist die folgende. Der „Isegrimm" des Romans ist Herr von Quarbitz auf Flitz, ein Edelmann von echtem Schrot und Korn, schroff, reizbar, vorurteilsvoll und voll ätzender Lauge, wo ihn dies oder das mit oder ohne Grund verdrießt und verletzt; aber bei aller Schroffheit erweist er sich als weich, dazu patriarchalisch und hilfsbereit, tapfer und hochherzig und mehr noch durchdrungen von seiner Pflicht als von seinem Recht. Ein wirklicher Adeliger, der den Schwerpunkt des Lebens, ganz speziell aber den seines Standes, in die Gesinnung legt. Edel fühlen, das ist es.

Isegrimm, wie ich ihn der Kürze halber nennen will, hat drei Töchter: Karoline, Wilhelmine, Malchen. Die älteste ist sein Stolz, die jüngste das Kind seines Herzens; die mittlere, Wilhelmine, steht ihm insoweit ferner, als er in ihrer wirtschaftlich-praktischen Richtung, zugleich in ihrer äußersten Kühle gegen das Sechzehn-Ahnen-Dogma einen innerlichen Abfall erblickt. „Sie gehört nicht zu uns." Die Lebensschicksale dieser drei jungen Damen, die eine erhebliche Anzahl von Kapiteln füllen, gestalten sich nun sehr eigentümlich. Karoline, der „Stolz des Hauses", heiratet nach vorangegangener Entführung den französischen Obersten d'Espignac, einen ehemaligen Konditorgarçon und späteren Kunstreiter von Lyon; Malchen, der Liebling, das Kind des Herzens, vermählt sich mit dem Predigtamtskandidaten Mauritz; endlich Wilhelmine, die nie angestanden hat, ihre Gleichgültigkeit gegen Stammbäume an den Tag zu legen, wird eine wirklich vornehme Dame und führt den Reichsgrafen von Waltron-Alledese, dessen Familie vor gerade tausend Jahren mit Karl dem Großen ins Sachsenland kam, glücklich heim. Die Schelmerei bei Wilibald Alexis ist hier unverkennbar; er will das Gewichtlegen auf das „reine Blut" persiflieren und zugleich an diesen Familienvorkommnissen zeigen, wie unsere Berechnungen meistenteils zuschanden werden, wie wir in einem Falle da ernten, wo wir nicht gesäet haben und im andern unsere menschliche Eitelkeit gerade an unserer verwundbarsten Stelle büßen müssen...

All dies ist interessant; aber so fesselnd es ist, so beruht doch die wirkliche Bedeutung des Buches, wie schon hervorgehoben, nicht auf diesen Familienvorgängen, und wenn doch, so doch nur insoweit, als diese mitwirken, die Idee zu veranschaulichen, die den Grundgedanken dieser Erzählung bildet: die „Gesellschaft" taugte nichts, aber das Volk war gesund. Deshalb sind die dem dörfischen und kleinstädtischen Leben entnommenen Charaktere und

Schilderungen die eigentlichste Zierde des Buches, in ganzen Abschnitten sein eigentlichster Inhalt. Ich verweise nur auf Gestalten wie Knecht Lamprecht und den Schulzen von Werbelitz. Überhaupt, der Charakter des gemeinen Mannes, soweit die Mark in Betracht kommt, ist nie treffender und trotz aller Schwächen dieser Rasse nie entzückender geschildert worden, als in diesen Romanen von Wilibald Alexis.

Ich habe noch der landschaftlichen Schilderungen und einzelner Episoden zu erwähnen, die gerade diesen letzten Roman, den „Isegrimm", auszeichnen. Zu den letzteren rechne ich den fragmentarischen Bericht über die Erschießung des Bürgermeisters Schulze von Nauwalk zu Beginn des zweiten Teiles und die Szene in der Wirtsstube zu Querbelitz im dritten Teil, wo ein und derselbe Hergang (die schwere Verwundung, vielleicht die Tötung eines Franzosen) von vier oder fünf verschiedenen Bauersleuten verschieden erzählt wird, ein vollkommenes Meisterstück, dabei in seiner Wiederholung nicht etwa langweilig, sondern immer spannender und beweglicher werdend.

Es mag mir gestattet sein, hierbei noch etwas eingehender zu verweilen. Der Leser, auch der gebildete, liest über solche Dinge hin und prüft sie nur darauf, ob sie ihn ansprechen oder nicht. Er hat darin von seinem Standpunkte aus auch ganz recht. Einen weitaus gesteigerten Genuß, aber einen Genuß, von dem es schwer ist, einem Uneingeweihten einen Begriff beizubringen, hat derjenige, der jeden einzelnen Pinselstrich verfolgen und Zeile um Zeile erkennen kann, wodurch sich diese Art der Stoffbehandlung von jeder andern unterscheidet. Dafür sind die beiden von mir näher bezeichneten Episoden wahre Musterbeispiele. Nehmen wir die Erschießung des Bürgermeisters. Ein gewöhnlicher Erzähler hätte die Sache selbst bramatisch vorgeführt. Hier, in der Darstellung, die Wilibald Alexis ihr gibt, liegt sie schon um ein halbes Jahr zurück. Wir sehen ein Blachfeld vor der Stadt; ein Schweinetreiber (wenig poetisch, aber hier von einer furchtbaren Wirkung) kommt des Weges; seine Schweine, die nach Nahrung umher suchen, halten an einer Stelle und wühlen Erde auf. Ein Bürger kommt aus der Stadt. In rauher Sprache entspinnt sich ein Gespräch zwischen beiden Männern. Der Bürger gibt in ein paar Strichen ein Bild des Mannes, der hier schuldlos fiel, zugleich ein Bild der Stadt, die damals für sein Leben bat. Die französischen Behörden, der Landadel, auch Isegrimm, werden geschildert, und ehe wir anderthalb Seiten gelesen, sehen wir uns mitten in das Ereignis hineingestellt. Wir sind mit dabei; es ist uns, als müßten wir mit niederknieen und um Aufschub bitten oder hinausgehen, um einen Märtyrer sterben zu sehen und uns fürs Leben hart zu machen. In wunderbarem Wechsel erfassen Schmerz, Erhebung, Sterbefreudigkeit unser Herz; unsere Tränen fließen dem Andenken eines Helden oder auch der Trauer darüber, uns nicht gleich fest und groß und schlicht zu empfinden, und wenn endlich der Bürger geht und der Schweinetreiber den Boden küßt, wo jener Tapfere fiel, und dabei in die Worte ausbricht: „Allmächtiger oben, der du dein Licht so lange uns verbirgst, wird er, der hier eingescharrt wurde, eine lange Reihe anfangen, oder ist es dein Wille, daß er — der letzte war", so möchte man mit niederstürzen und diesem Beispiel hingebendster Vaterlandsliebe folgen.

Auch noch ein Wort über die Landschaftschilderungen in diesem Roman. Wilibald Alexis leistet hier sein Höchstes, indem er das, was der Landschaftschilderung überhaupt erst Wert und Recht verleiht, in einem Grade erreicht, zu dem wenig andere Romane, seien es seine eigenen oder fremde, eine Analogie bieten. Eine Sonne auf= oder untergehen, ein Mühlwasser über das Wehr fallen, einen Baum rauschen zu lassen, ist die billigste literarische Be= schäftigung, die gedacht werden kann. In jedes kleinen Mädchens Schulaufsatz kann man dergleichen finden; es gehört zu den Künsten, die jeder übt, und die deshalb längst aufgehört haben, als Kunst zu gelten; es wird bei der Lektüre von jeder regelrechten Leserin einfach über= schlagen und in neunundneunzig Fällen von hundert mit völligem Recht, denn es hält den Gang der Erzählung nur auf. Es ist noch langweiliger wie eine Zimmer= beschreibung, bei der man sich wenigstens wünschen kann, das Porträt des Prinzen Heinrich oder die Kuckucksuhr zu besitzen. Die Landschaftsschilderung hat nur noch Wert, wenn sie als künstlerische Folie für einen Stein auftritt, der dadurch doppelt leuchtend wird, wenn sie den Zweck verfolgt, Stimmungen vorzubereiten oder zu steigern. Das Muster auch hierfür ist Shakespeare; das gewaltig Un= erhörte, das geschieht, ist immer von verwandten Er= scheinungen draußen in der Natur begleitet. Wenige haben ihm dies Geheimnis so voll abgelauscht wie Wilibald Alexis, am meisten in diesem Romane. Gleich das erste Kapitel ist eine landschaftliche Ouvertüre zu dem, was kommt. Wir sehen ein märkisches Luch, an dessen einem Rande unser Isegrimm auf Haus Ilitz wohnt. Auf Meilen hin ein Moorgrund, eine Torfniederung; die ganze Ge= schichte der Landschaft hier herum knüpft sich an dieses Stück Sumpf und Sand. Hier, vor tausend Jahren, wurde die große Wendenschlacht geschlagen. Die beiden obeliskenhaften Steine, die „Blutsteine" geheißen, standen schon damals, als der letzte Krole hier unterlag; dann sahen sie (nach der Fehrbelliner Affäre) die Schweden hier umzingelt und ertränkt, und nachhinkend der Geschichte schlug auch das Verbrechen immer seinen Weg über das Tuch ein, und die Blutsteine trugen ihren Namen nicht umsonst. Über dieser Landschaft liegt jetzt ein grau Gewölk; da, wo die Sonne sich durchzukämpfen trachtet, laufen fahle Streifen über das Grau hin; alles öde, leer; nur eine Krähe sitzt auf dem einen Stein. So das Bild, das die ersten Seiten vor uns entrollen. Und alles, was geschieht, es stimmt zu dem Ton, den Wilibald Alexis hier einleitend anschlägt. Das ist Landschaftschilderung...

IV.

Die Reihe der vaterländischen Romane (über den letzten: „Dorothea" gehe ich hinweg) ist hiermit geschlossen, und es erübrigt mir nur noch, ihre Gesamtheit, zugleich aber in Vervollständigung dessen, was ich nacherzählend schon an anderer Stelle gesagt habe, den Mann selbst zu charakterisieren. Ich kann dies am besten, wenn ich, gestützt auf den immer wiederkehrenden, etwas bequemen Satz, daß er „der märkische Walter Scott" gewesen sei, zu einem Vergleiche mit dem Verfasser der Waverley-Novellen schreite.

Zunächst ein Wort über die Persönlichkeiten. Scott war unzweifelhaft die sehr viel reicher beanlagte Natur. Er hat ganz den Stempel des Genies, und zwar nicht in dem einen oder andern, sondern in allem. Immer jung, bis zu dem Momente, wo Unglück und Krankheit ihn niederwarfen, von immer gleicher Kraft und Frische. Ein Sonnenschein war um ihn her. Der ganze Mann leuchtete. Sein eigenes Wort zu gebrauchen: „he did the honors for all Scotland"; er war der eigentlichste Beherrscher seines Landes, weit mehr als Georg IV. mit seinen Brummels und seinem weißgestickten Jabot, und wie es in einem schottischen Sprichwort heißt: „A Kings face shall give grace" („Eines Königs Blick bringt Glück"). so beglückte und begnadete auch Sir Walter, wohin er sah. Sein ganzes Leben war ein unausgesetztes Wohltun; er trug ein Füllhorn, unerschöpflich, weil seine Liebe, seine reiche Begabung und das Glück, das mit den Guten und Heiteren ist, es immer aufs neue füllten. Alles hing an ihm. Die Tiere seines Hauses umdrängten ihn, wenn sie ihn kommen sahen; denn er kam nur, um zu liebkosen, zu streicheln und — zu geben. Seinen Dienern der gütigste Herr, seinen Gästen der gastlichste Wirt, seinen Kindern ein Ideal des Lebens. Arglos, neidlos, loyal und pietätvoll. Sein Herz für Schottland und seine Werke für die Welt, so ist er durch die Zeitlichkeit gegangen, wie ein großer Beglückter, Segen auf allen seinen Spuren.

So Scott. Eine Natur ganz aus dem Vollen. Daneben war Wilibald Alexis nur die kleinere Ausgabe. Er hatte, von Nebensächlichem abgesehen, dieselben Eigenschaften; er war auch gütig, auch gastlich, auch loyal, er hat auch beglückt, ist auch ein Vorbild edlen Lebens gewesen; aber alles trug ein anderes Maß. Der eine bewohnte ein Haus in Arnstadt, der andere ein Schloß am Tweed; der eine erschien in Volksausgaben bei O. Janke, der andere machte mit 700 000 Talern bei Ballantines Bankerott; der eine erhielt den Hohenzollernschen Hausorden, dem andern wurde eine englische Fregatte zur Verfügung gestellt, auf der er, wie ein kranker König, Licht und Genesung suchend, gen Süden fuhr. So war es in allem. Der eine ein Roland bei Ronceval, der andere ein Fähnrich bei St. Privat; beide ehrenvoll, beide ruhmreich auf dem Platze geblieben; aber der eine märchenhaft über das uns alltäglich Umgebende hinauswachsend, der andere — ein Mensch.

Ich wende mich nun nach dieser Parallele zwischen ihren Personen ihren Werken zu. Ihre Ähnlichkeit besteht darin, daß sie beide das Heimatliche, landschaftlich wie geschichtlich, mit Vorliebe pflegten, daß sie beide historischen Sinn und historische Kenntnis besaßen, daß sie beide bis dahin wenig oder gar nicht Bekanntes der Welt erschlossen, daß sie beide romantisch empfanden und beide reinen Herzens waren. Ihre Werke darf jedes Kind lesen. Was Sünde ist, wird als Sünde gezeigt. Sie haben keinen Schlaf und keine Unschuld gestört. Mancher wird über dieses Lob lächeln; es ist aber dennoch ein Lob.

In all diesen Dingen sind sie sich ähnlich, aber nicht gleich. Wer schärfer zusieht, dem müssen sich die größeren und kleineren Abweichungen aufdrängen. Ich will zeigen, worin sie sich in ihrer Landschaftschilderung, in ihrer geschichtlichen Darstellung und in ihrer Romantik voneinander unterscheiden.

Was die Landschaftschilderung angeht, so übertrifft Wilibald Alexis vielleicht sein Vorbild. Jeder ist innerhalb seines Gebietes ein Meister; ich möchte aber das Wilibald Alexische Gebiet als solches höher stellen. Wilibald Alexis ist nämlich Stimmungslandschafter, während Scott mehr realistisch verfährt. Er sieht mehr, aber er empfindet weniger. Der eine lyrisch unbestimmt, der andere plastisch klar. Das Stimmungsreiche ist das Wirkungsvollere, wohlverstanden, wenn es in seiner Vollendung auftritt; das Unbestimmte darf nicht das Produkt der Ohnmacht, es muß das Resultat feinsten Empfindens sein. In diesem Falle wirkt es wie Zauber. Eine schönere Landschaftschilderung, wie die von mir zitierte des Querbelitzer Moors mit den Blutsteinen (zu Beginn von „Isegrimm") gibt es nicht.

Was die geschichtliche Darstellung angeht, so gebe ich der Walter Scottschen den Vorzug, trotzdem sie vielfach einseitiger, flüchtiger und unkorrekter ist. Aber sie ist künstlerisch freier. Er wußte jeden Augenblick, daß er nicht Historiker, sondern eben nur Geschichtenerzähler war. Er kannte keine Tendenz; er wollte nicht über den bloß literarischen Erfolg hinaus, noch dieses oder jenes; er wollte ausschließlich angenehm und belehrend unterhalten, nicht Fragen lösen, nicht Vorbilder aufstellen, nicht warnen, nicht Gerechtigkeit üben. Er nahm alles leichter, machte alles der Phantasie und dem Schönen, nicht dem Verstande und der Korrektheit dienstbar. Die ganze Art seines Schaffens spricht dafür. Eine ganze Anzahl seiner besten Romane hat er in drei, vier Monaten geschrieben. Dabei war seine Tagesarbeit Morgenarbeit und jedesmal getan, wenn für andere der Tag erst anbrach. Er stand über den Dingen. Wilibald Alexis, wenige Ausnahmen abgerechnet (wohin ich in erster Reihe die „Hosen des Herrn von Bredow" zähle), stand immer mitten inne; er hatte den Wust der Arbeit nie ganz abgeschüttelt; die Dinge lasteten noch auf ihm. Daher alle Zeichen des Fleißes und der Treue, oft auch der Reichtum und Zauber des Details, aber über dem Ganzen liegt nicht der Sonnenschein, der die historischen Partien der Scottschen Romane beleuchtet.

Und nun der dritte Vergleichspunkt, ihre Romantik. Scott, wenn man diesen Ausdruck gestatten will, war Altromantiker, Wilibald Alexis Neuromantiker. Jener hielt es mit der schottisch-englischen Ballade, mit dem Volksliede, mit den Romanciers des Mittelalters (unter den neueren war ihm Bürger der liebste); dieser hielt es mit der Romantik, wie sie Tieck und Hoffmann auffaßten und gestalteten. Der „neue Pitaval", als eine Bezugsquelle aus erster Hand, löste dann später die Hoffmannschen Elixiere und Nachtstücke ab. Aber dadurch war nicht viel gebessert. Die Altromantik, nach der Stellung, die ich zu diesen Dingen einnehme, ist ein Ewiges, das sich nahezu mit dem Begriff des Poetischen deckt; die Neuromantik ist ein Zeitliches, das kommt und geht — wir dürfen bereits sagen, das kam und ging. Die eine ist höchstes und frischestes Leben, die andere zeigt ein hektisches Rot, freilich auch gelegentlich den Zauber davon. Die eine ist ein Geist, die andere ein Spuk; die eine ist aus Phantasie und Wahrheit, die andere aus Überspanntheit und Marotte geboren. Die eine, zwischen den Glaubensschwestern wählend, geht mit der heiteren Frömmigkeit, die andere mit der dunkeläugigen Mystik. Eine Gestalt, wie die des „falschen Woldemar", hätte Scott nie geschaffen. Er hätt' es nicht gewollt. Die Billigkeit erheischt hinzuzusetzen: er hätt' es auch nicht gekonnt. Dieser mystischen Vertiefung, dieser Begeisterung für einen Schemen, dieser Kraft des Wortes für etwas Unwirkliches und Rätselvolles wäre er nicht fähig gewesen. Wer in solchen Gestalten die eigentliche Offenbarung eines Dichtergenius erkennt, wird nicht umhin können, hier Wilibald Alexis über Scott zu stellen. Ich stehe anders.

Wer unter meinen Lesern bis hierher gefolgt ist und sich erinnert, daß der eine (Alexis) lyrisch unbestimmt zeichnete, wo der andere (Scott) plastisch war, daß der eine innerhalb der Dinge stand, der andere darüber, und drittens gegenwärtig hat, daß die Romantik des einen im Dämmer, die des anderen im Licht wandelte, der wird nicht erstaunt sein, als eine fernere Verschiedenheit beider ihre große Stilverschiedenheit namhaft gemacht zu hören. Der eine ist leicht und glatt, der andere schwer und knorrig; über die Dialoge des einen geht es hin wie eine Schlittenfahrt über gestampften Schnee, über die des anderen wie eine Staatskarosse durch den märkischen Sand. Langsam mahlt es, bis die Wurzeln kommen und alles zusammen=

fährt. Der Stil ist bei Wilibald Alexis die schwächste Seite, die gefährlichste Klippe für seine Einführung in die Volkskreise. Es ist unmöglich, ihn rasch zu lesen, und unsere Zeit drängt und hastet mehr als irgendeine, die ihr voraufging.

Wie die Stilfrage in einem nahen Zusammenhange mit jenen aufgezählten Unterschieden steht, so auch die Frage nach dem Humor. Der Humor hat das Darüberstehen, das heiter-souveräne Spiel mit den Erscheinungen dieses Lebens, auf die er herabblickt, zur Voraussetzung. Wilibald Alexis hatte den Kleinhumor, aber nicht den großen. Er wandelte in der Ebene, und was zufällig unter ihm lag, dafür hatte er eine humoristische Betrachtung; manches der Art ist ersten Ranges; Scott aber, in sein Tartanplaid gewickelt, ritt über die Grampians seiner Heimat und die Schlösser und die Hütten; die Könige und die Kätner lagen gleichmäßig zu seinen Füßen, und nichts barg das Leben, zu dem er nicht eine heiter-superiore Stellung eingenommen hätte. Die Vorurteile steigerten nur noch den Effekt. Er war der Großhumorist, weil er persönlich groß und frei war. Wo Wilibald Alexis eine ähnliche Position einzunehmen versucht, bleibt er, als Kind seiner Zeit und seines Landes, in der Ironie stecken. Er spöttelt, er persifliert, aber seine Seele bringt es zu keinem olympischen Lachen. Er war eben kein Olympier.

Alles in allem, wir haben uns seiner zu freuen, gewiß. Er war einer der Besten und Treuesten, und er darf unser Stolz sein. Aber die Welt oder auch nur das Weltpartikelchen, das sich Deutschland nennt, wird er, wie bei seinen Lebzeiten so auch nach seinem Tode, sich voll und ganz zu erobern nicht imstande sein. Das liegt nicht an der Mark, nicht an Spree und Havel, nicht an Provinzialismus und Partikularismus, das liegt lediglich an ihm.

Die schottischen Heiden sind nicht interessanter als die märkischen und die Mac Nabs und Mac Krabs erheblich uninteressanter als die Sparrs und die Schulenburgs, — dennoch eroberten sich jene die Welt. Das tat Scott. Wer Beispiele aus der Heimat verlangt, der nehme Berthold Auerbach oder Fritz Reuter; sie bewegen sich in noch engerem Kreise als Wilibald Alexis und haben sich nichtsdestoweniger alle deutschen Landesteile, ja, die deutschen Herzen bis nach Neuyork und Chicago hin unterworfen. Wilibald Alexis in seiner Gesamterscheinung: in seiner Mischung von Realismus und Romantizismus, im Detail seiner Forschung, in der Schwierigkeit seiner Untersuchungen, in der Endlosigkeit seiner Dialoge (geistvoll wie sie sind), konnte nicht populär werden und wird es nicht werden. Die Stilschwerfälligkeit — die einzelne zur „Charakterknorrigkeit" erheben möchten — spricht endlich das entscheidende Wort und erhebt seine Nichtvolkstümlichkeit zu einer Art Gewißheit.

Aber so gewiß es ist, daß er die Menge der Leser nie ansprechen wird, so gewiß ist es auch, daß die kleinen Wilibald Alexis=Gemeinden noch auf lange hin fortleben werden, und innerhalb dieser der Gottseidank nie aussterbende „Enthusiast", der herbst= und winterlang, während der Sturm den Schnee bis unter die Fenster fegt, sich in seinen märkischen Klassiker vertiefen und bei Gestalten wie Götz von Bredow, Hake von Stülpe, Bovillard und Isegrimm dankbarst des Schöpfers dieser Gestalten gedenken wird.

Goethe-Eindrücke.

Hermann und Dorothea.

Dieses epische Gedicht ist sehr schön: einfach, tief, wahr, das Herz bewegend und erhebend. Dennoch — abgesehen von den schaudervollen Hexametern, die sich mitunter kaum lesen lassen — habe ich gegen das letzte Drittel mancherlei Ausstellungen zu machen. Dorothea ist ein wenig zu hoch gegriffen — an manchen Stellen sehr zu hoch — und erinnert mehr oder minder an die Schillerschen Figuren im Tell. Man wird das Gefühl nicht los: so kann wohl Goethe sprechen, aber nicht Dorothea. Was er sie sagen läßt, sind zwar lebensweisheitliche Betrachtungen, die nicht geradezu außerhalb der Sphäre Dorotheas liegen, aber Form und Vortrag, Dauer und Konsequenz der Rede bedeuten in bezug auf die Wirkung, die sie üben, fast mehr als der Inhalt, und während langer Passagen ging mir der in künstlerischen Dingen entscheidende Glaube an die Wirklichkeit der vor mir stehenden Person verloren. So spricht kein pfälzisches Mädchen. Im Homer — weil die Möglichkeit der Kontrolle fehlt — lassen wir uns dergleichen gefallen. (Es fragt sich übrigens noch, ob in der Odyssee eine weibliche Gestalt niederen Standes vorkommt, die so spricht.) Zuletzt ist zwischen aller wirklichen Weisheit nur eine große Verwandtschaft, und ein frommer Schäfer wird mit

Büchsel oder einem strammen, klugen, lutherischen Konsistorialrat vielerlei gemein haben, die **Form** wird aber immer den Unterschied machen, und diesen Unterschied finde ich hier nicht recht gewahrt. Ich stelle beispielsweise den Charakter der Jenny Deans (in Scotts „Herz von Midlothian") viel höher. Er hat den doppelten Zauber poetischer Herzenstiefe und vollkommenster **Achtheit** im Ausdruck. Jenny Deans kann so gesprochen haben, wie ihr Dichter sie sprechen läßt, Dorothea nicht. Am meisten tritt dieser Mangel am Schluß hervor, wo Dorothea die politischen Ideen und das Vermächtnis ihres ersten Verlobten mitteilt. Ähnliches gilt von Hermann inbezug auf den politischen Schlußpassus, den ihm Goethe in den Mund legt. So kann der Sohn des Wirtes „Zum goldnen Löwen" nie gesprochen haben. Das ist ganz Arnold von Melchthal. Anno 97, als das Gedicht erschien, war dies alles **politisch** gerechtfertigt, **künstlerisch** nimmermehr.

Der hohe Wert der Dichtung liegt, wie so vieles bei Goethe, nach der Charakterseite hin. Das Gesunde, das Schönmenschliche, das ihn befähigt, dem Kleinen liebevoll gerecht zu werden, — das ist es, was in diesem Idyll so groß, so herrlich, so herzgewinnend wirkt; aber nach der Seite der Kunst hin ist es nicht übermäßig imponierend. Die Verse sind nicht schön, wenigstens nicht korrekt, die Komposition ergab sich aus dem Stoffe, den er vorfand, ohne besondere Schwierigkeit. Noch ein anderes, freilich geringeres Bedenken stieß mir auf, dem ich seitdem auch in anderen Goetheschen Schilderungen begegnet bin. Er läßt seine Personen Dinge sagen, die wohl vor das Ohr des Publikums, aber nicht vor das Ohr derjenigen Person gehören, an die die Worte direkt gerichtet werden. So beschreibt der Alte in „Herrmann und Dorothea" seiner Frau einen Schlafrock oder dergleichen mit einer Genauigkeit, die auf den Leser, aber nicht auf die Frau, an die er sich direkt wendet, berechnet ist. Diese kennt den Schlafrock und braucht keine detaillierte Beschreibung von ihm. Dies ist offenbar ein Fehler. Zuerst wurde ich in irgendeinem Aufsatze Walter Scotts auf diesen bei fast allen Schriftstellern vorkommenden Verstoß aufmerksam gemacht. Scott hatte (in „Waverley") eine Höhle beschrieben, die, als das Boot vom See aus in die Höhle einlief, nur an einer einzigen Stelle, auf die das einbringende Tageslicht fiel, erleuchtet war. Trotzdem beschrieb er, während er sich gewissermaßen mit im Boote befand oder vielleicht auch wirklich einen der Bootsleute die betreffenden Wahrnehmungen machen ließ, die dunkle Höhle in all ihren Teilen, also was gesehen werden konnte und was nicht. Ein Freund machte ihn darauf aufmerksam, daß die Wahrhaftigkeit der Situation, die für die Wirkung so wichtig sei, darunter leide. Scott erkannte diese Bemerkung sofort als richtig an und änderte die Stelle im Einklang damit.

Werthers Leiden.

In „Werthers Leiden" ist alles eminent, alles trägt den Stempel des Genies. Die Liebesgeschichte, wie groß und bedeutend sie immer dastehen mag, ist doch durchaus nicht das Erstaunlichste an diesem Werke. Erstaunlich ist die Art, wie er aus seinem eigenen Erlebnis und aus der beinahe zufällig an ihn gelangenden Nachricht von dem Tode des jungen Jerusalem diese Erzählung so ungezwungen zu etwas Einheitlichem gestaltet, daß, kennte man nicht die Entstehungsgeschichte, niemand ein solches Zusammenweben aus ganz verschiedenen Teilen ahnen würde. Die eben=

so leichte wie sichere Hand, die sich hierin zu erkennen gibt, bekundet so recht eigentlich den Genius. Von gleicher Bedeutung und auf den ersten Blick noch überraschender, ist die weisheitsvolle, Leben und Menschenherz durchdringende Reife, die sich in diesem Jugendwerk eines Dreiundzwanzigjährigen zu erkennen gibt. Er hat alles wie durch Intuition und sagt über die großen und kleinen Geheimnisse der Menschennatur die sublimsten Dinge. Und alles spielend. Nicht mühevoll gedrechselt kommt es heraus, in einfachsten und natürlichsten Worten wird das Tiefste gesagt.

Die Bedenken treffen immer nur Bagatellen und sind nicht der Rede wert. Nur nach der Diskretionsseite hin erscheint mir die Arbeit eine schwere Versündigung, die dadurch nicht aufhört, das zu sein, was sie ist, daß dem Verfasser in Jahresfrist hunderttausend Herzen begeistert entgegenschlugen. Ein Genie soll auch in diesen Dingen nicht mit der Alltagselle gemessen werden, ganz abgesehen davon, daß alle Schriftstellerei mehr oder minder von Indiskretionen lebt. Aber dies ist zu viel. Der Dichter ist durch Monate hin Freund und Genosse eines liebenswürdigen jungen Paares; er tut endlich das beste, was er tun kann, und verläßt das Haus, in dem seine leidenschaftliche Liebe zur jungen Herrin nur Pein und Verlegenheit stiften kann. Gut. Monate vergehen. Er korrespondiert; alles scheint beruhigt; — da plötzlich tritt ein Buch in die Welt, das jeder als eine Erzählung der jüngsten Herzenserlebnisse des Dichters deuten muß, und das nicht mehr und nicht weniger ausspricht als: 1. ich liebte die junge Frau; 2. sie liebte mich wieder; 3. der Ehemann war ein braver, aber langweiliger Peter, weil zu unbedeutend für solche Frau; ich wäre besser am Platze gewesen. (Wer argwöhnisch ist, kann auch noch mehr herauslesen). So darf man nicht verfahren. Auch das größte Genie hat kein Recht, derartige bittere Verlegenheiten zu schaffen und den Ruf einer liebenswürdigen Frau mehr oder minder zu schädigen. Tut es ein Freund, so ist es doppelt verwerflich. Die Empfindlichkeiten des Kestnerschen Paares waren nur allzu gerechtfertigt.

Wilhelm Meisters Lehrjahre.

Die Grundempfindung bei der Lektüre dieses Romans war Bewunderung, Staunen, begleitet von einem wahren Elendsgefühl über die eigene Mediokrität. Welche spruch- und sentenzenreiche Weisheit, welche Vornehmheit, welche tiefe Erkenntnis der menschlichen Natur, welche Wehmut darüber und doch zugleich welche Liebe zu ihr! Dazu — ohne daß ich die Komposition in allen Stücken loben möchte — welche genial geübte Kunst! Die Frauengestalten in fast noch reicherer Fülle als bei Shakespeare! Daß sie seiner nuanciert sind, versteht sich von selbst: dafür sind es eben Roman- und nicht dramatische Figuren.

Was ich am meisten bewundere, ist ein — wenigstens für mein Gefühl vorhandenes — Sichgehen- und treibenlassen. Ich habe durchaus nicht den Eindruck, daß Goethe bei Beginn des Romans wußte, wie und wo er landen, ob er es auf vier, sechs oder acht Bücher bringen würde. Er fing eben an und wußte, ohne das Ende bestimmt zu kennen, daß er es zu einem guten Ende bringen werde. Er ist ganz wie ein Märchenerzähler. Wie eine alte Großmutter ihren Enkel auf den Schoß nimmt und vom kranken Königssohn oder vom „lahmen Willi" zu erzählen anfängt, den eine Hexe gelähmt hatte, und den eine Fee wieder gehen, zugleich auch die Königstochter im Wettlauf gewinnen lehrte, — wie solche Alte ihre Erzählung anfängt, ohne die geringste Sorge darüber, worauf es hinauslaufen, ob es klappen und passen oder mit allerhand Widersprüchen schließen wird, so hat auch Goethe angefangen, nur mit dem Unterschied, daß er eben Goethe und nicht eine beliebige alte Großmutter war. Er macht, was er will, folgt voll berechtigten Vertrauens zu seiner Natur deren Eingebungen, quält sich nicht von Seite zu Seite mit Fragen logischer Entwicklung, sagt heute dies und morgen jenes, nimmt die Puppen, wie sie ihm zwischen die Finger kommen, und weiß dennoch jeden Augenblick, wie die Partie steht, und wie er es anzufangen hat, das Verwirrte zu entwirren und das entfernt oder völlig beziehungslos voneinander Stehende zu einem gemeinschaftlichen Zwecke zu verbinden. Er läßt seine Herde weithin grasen, auf Berg und Tal: ein Ruf, ein Pfiff, und er hat sie wieder zusammen. Er gestattet die äußerste Freiheit der Bewegung und büßt doch nie die Herrschaft über diejenigen ein, denen er diese freie Bewegung gönnt. Die Kunst des Anknüpfens, des Inbeziehungbringens, des Brückenschlagens ist außerordentlich groß — und wodurch so groß? Durch die Kunst der Erfindung und den Reichtum der Mittel, über die der Dichter von Natur und Bildung wegen die freieste und schärfste Verfügung hat.

Und er weiß, daß er sie hat. Und daß er das weiß, das gibt ihm jene Sorglosigkeit, jene heitere Ruhe, die alles Hasplige, Strebrige von ihm fern hält, das gibt ihm den Mut, unbekümmert um das Urteil derer, von denen er im Innersten fühlt, daß sie unter ihm stehen, alles zu sagen, was er zu sagen sich aufgefordert fühlt.

Aber so bewundernswert das Ganze, vor allem die Kraft, die Persönlichkeit ist, die es schuf, so gewiß es ist, daß ich im Anblick dieser wunderbaren Schönheit Tränen des Entzückens vergossen, höchste Freude und tiefsten Schmerz im selben Moment empfunden habe, so gewiß ist es mir doch auch, daß dies große, herrliche Werk im einzelnen vielfach anfechtbar, daß es in ganzen Partien schwach und langweilig und keineswegs in all und jedem Betracht mustergültig ist. Der Baum, der diese Blätter und Früchte trägt, ist in seinem Wurzel- und Faserwerk, im Umlauf seiner Säfte kerngesund; aber einzelne Äste sind dürr, und manche der Früchte, denen bei ihrer Entwicklung dies oder jenes versagt wurde, sind steinig oder herbe oder von insipidem Geschmack.

So wundervoll die Weiberwelt ist, so wenig Begeisterung wecken die Männer. Wilhelm selbst flößt nur ein mäßiges Interesse ein. Das möchte noch angehen; denn die Helden des Romans haben das Vorrecht, unsere Teilnahme nur halb in Anspruch zu nehmen; einige meinen sogar, es müsse so sein, und sie haben am Ende recht. Aber nun kommt die Schar der anderen. Am besten gezeichnet ist vielleicht der „Graf" (ohne Namen), in dessen Schloß die Schauspieler sich wochenlang bewegen und der schließlich ein zweiter Zinzendorf wird. Es ist keine Hauptfigur, aber die Zeichnung ist vorzüglich; alles scharf beobachtet und ebenso wiedergegeben. Sehr gut ist auch Serlo, demnächst Laertes; beide wecken indessen kein tieferes Interesse. Trefflich hingegen ist Lothario: die Szene, worin er den Freunden seine Begegnung mit der früheren Geliebten schildert, ist etwas so Schönes und Liebenswürdiges, als man nur irgendwo lesen kann; zu gleicher Zeit, ganz abgesehen von dem Reiz der kleinen Schilderung an und für sich, charakterisiert diese Schilderung den Lothario vom Wirbel bis zur Zehe. Aber nun bin ich mit dem Aufzählen ansprechender Gestalten auch fertig. Werner, der Jugend- und Geschäftsfreund Wilhelms, ist langweilig, der Baron — im Schlosse des Grafen — mindestens nicht interessant. Dasselbe gilt von Jarno, dem Abbé, dem Doktor. Jarno nimmt Anläufe; es kommt aber nicht recht was dabei heraus. Friedrich ist ein ungezogener Junge von höchst fragwürdigem humoristischem Gehalt; der Harfenspieler hält sich, mit Hilfe seiner Lieder, gerade über Wasser. Man streiche die Lieder, so sinkt er klanglos auf den Grund.

Im ganzen genommen, wirken mir alle die männlichen Gestalten nicht plastisch genug; ich kann sie mir nicht deutlich vorstellen; sie haben etwas schemenhaftes, sind Begriffe, die Rock und Hose tragen. Das Interesse leidet darunter. Gewiß hätte Goethe die realistischen Details, die eine Gestalt beleben und ihr Rundung geben, auch herbeischaffen können; er hat es nicht gewollt und wird seine guten Gründe dafür gehabt haben. Ich bekenne aber doch, daß mir Gestalten, von denen ich glaube, die Knöpfe des Rockes und die Venen der Hand zählen zu können, lieber sind als diese, Richtungen und Prinzipien vertretenden Schatten. Wie vorteilhaft stechen die Frauengestalten davon ab, und man fragt sich füglich, warum der Dichter den Männern nicht mit gleicher künstlerischer Liebe begegnet ist. Was dem einen recht, ist dem anderen billig. Lydia tritt nur flüchtig auf, aber wie lebensvoll ist sie gezeichnet; sinnlich wie Philine und doch wiederum so grundverschieden von ihr! Auch Aurelie ist wundervoll und unter den realistisch gehaltenen Figuren, neben Philine, die glänzendste. Mignon und der Harfner bilden eine Gruppe für sich, die romantische. Aber auch hier welcher Unterschied! An Mignon alles Zauber, Liebe, Wahrheit von Anfang bis zu Ende, an diesem ein gut Teil Marotte, Wirrsal und beinahe Komik.

Was die geschilderten Hergänge und deren Tendenz, also die eigentliche Erzählung (so weit es möglich ist, diese von den Personen zu trennen) angeht, so scheint mir das die schwächste Seite des Werkes. Die Menschen und ihre Herzensbeziehungen sind interessant, mal mehr, mal weniger, zum Teil tief ergreifend, aber der Grundstoff: das Theaterleben und das Freimaurerwesen ist eigentlich langweilig. Das ganze erste Buch, soweit es die Schilderungen von Wilhelms Puppentheater usw. enthält, zählt zu dem Langweiligsten, was man lesen kann; wenn nicht Goethes Namen darüber stände, würde kein Mensch drei Seiten davon aushalten. Dann wird es im zweiten Buch sehr reizend, bis es weiterhin bei dem Hamlet-Essai wieder Schiffbruch leidet. So fein dies alles ist, so will es doch heutzutage kein Mensch mehr in einem Romane lesen. Für das Freimaurerwesen in der zweiten Hälfte des Romans hab ich nun ganz und gar kein Organ; es berührt mich halb ridikül, halb langweilig. Der "Turm", der "Saal der Vergangenheit" — ich kann da nicht mit. Unter Goethes Händen wird zuletzt freilich alles zu Gold; er darf schließlich machen, was er will, aber es gibt Goldsorten, die einem, trotzdem sie Gold sind, doch nicht recht gefallen wollen. Daß wir, auch dem Stoff und der Tendenz nach, ein solches zeitbildliches, die zweite Hälfte des vorigen Jahrhunderts vorzüglich charakterisierendes Werk haben, ist gewiß ein Glück; aber es ist gewiß noch mehr ein Glück, daß wir solche Zeit los sind, und daß wir, wenn auch mit schwächeren Kräften, jetzt andere Stoffe bearbeiten.

Italienische Reise.

Wer das Buch in die Hand nimmt, um über italienisches Volk und Leben, namentlich aber über italienische

Kunst Aufschlüsse zu erhalten, wird es enttäuscht fortlegen. Nach dieser Seite hin ist wenig daraus zu lernen; beschrieben — ein paar glänzende Ausnahmen abgerechnet — wird so gut wie nichts. Goethe läßt sich im allgemeinen weder darauf ein, eine Landschaft, ein Bild, eine Architektur zu schildern, noch auch kritisiert er diese Dinge. Von Dogenpalast, Markuskirche, Vatikan, Sankt Peter, Pantheon und hundert anderen Berühmtheiten erfahren wir weder, wie sie aussehn, noch auch — über ganz allgemeines hinaus — wie sie auf ihn gewirkt haben. Am wenigsten gibt er ein Urteil ab; er erklärt eigens, daß ihm dies verhaßt sei, und daß alles öde Geschwätz darüber ihm verschiedene Personen und Gesellschaften verleidet habe. Im großen und ganzen wird er, wie immer, auch hierin recht gehabt haben; doch, glaube ich, geht er entweder zu weit oder noch nicht weit genug. Er führt dies nämlich auch seinerseits nicht konsequent durch. Er nimmt zu den Banten Palladios eine Stellung, ist von Tintoretto entzückter, als mir nötig scheint, bricht für die „Transfiguration" gegen einzelne Tadler eine Lanze und enthusiasmiert sich für das Kolosseum, auch für manches andere noch. So Stellung nehmend hier und dort, dann und wann, vermißt man es in den vielen, vielen Fällen, wo er es nicht tut. Noch einmal: wer zu erfahren hofft, wie die reiche Welt italienischer Kunst im Detail auf Goethe gewirkt hat, der wird seine Erwartungen nicht erfüllt finden. Am wenigsten wird er sich in der Lage sehn, mit Hilfe Goethescher Autoritätsaussprüche eine bequeme Kunstkonversation führen und bei jedem beliebigen Bild oder Meister ausrufen zu können: „auch Goethe sagt schon usw." Dergleichen fehlt nicht absolut, aber doch bis zu einem hohen Grade, so daß es der Masse des Stoffes gegenüber kaum in Betracht kommt.

Das Buch ist aber doch von unschätzbarem Wert, nicht zur Kenntnis Italiens, aber zur Kenntnis Goethes. Alles, was darin gesagt wird, hat erst in zweiter Reihe Bedeutung in bezug auf die Dinge, in erster Reihe ist es bedeutungsvoll in bezug auf die Person. Die Richtigkeit des Gesagten mag sehr oft anfechtbar sein, aber es wird immer wertvoll durch das Licht, das es auf den Sprecher wirft. Man lernt ihn hier auf das beste kennen in allen seinen reichen Tugenden und Vorzügen. Der hundertfältig wiederkehrende Ausdruck innigsten Glückes darüber, daß es ihm vergönnt sei, dies Land zu schauen, hat etwas Rührendes und Beschämendes.

Man kommt sich tadelnswert vor, daß man mit seinem eigenen kleinen Enthusiasmus weit hinter dem großen Enthusiasmus eines Goethe zurückbleibt. Er, der geistige Heros der Nation, warf sich demutsvoll vor dieser Welt der Schönheit nieder, und man selbst kann es kaum zu einer Kniebeugung bringen. Diese tiefe Bescheidenheit, der beständige Lerntrieb dessen, der, während alle Welt ihn schon für einen Meister hielt, hier sich ganz als Schüler empfand und, Tag um Tag das Bekenntnis seiner Unzulänglichkeit ablegend, sich nur durch die Hoffnung gehalten fühlte: „es wird doch vielleicht noch werden" — dies sind die rein auf die Person Goethes weisenden Züge, die das Buch so schön, so lehrreich und erbaulich machen.

Einzelne Schilderungen und einigermaßen ausführlich gehaltene Erlebnisse sind eingeflochten. So z. B. sein kleines Erlebnis in Malcesine, wo man ihn als Spion verhaften wollte, und später in Assisi; seine Schilderung des neapolitanischen Volkslebens, sein Diner bei der heiteren „Principessa", sein Abschiedsabend von Neapel, wo er von einem hohen Schloßfenster aus den Blick auf den Vesuv und die niederfließende Lava richtete — alle diese Partien sind sehr schön. Das schönste ist seine ausführliche Beschreibung des römischen Karnevals. Dazu gesellt sich der kleine Roman, den er mit der „schönen Mailänderin" in Castel Gandolfo anspinnt, und manches ähnliche. Hauptinhalt bleibt aber doch immer: „wie glücklich bin ich; ich sah heute das, ich tat heute das; ich mache Fortschritte; ich komme dem Wesen der Kunst immer näher; ich spüre dem und dem nach (z. B. der Urpflanze), und ich hoffe es zu finden." Ganz kurze Mitteilungen derart, monatelang von Brief zu Brief wiederkehrend, füllen die Seiten. Man kann nicht sagen, daß es an und in sich interessant oder lehrreich wäre; es wird es erst dadurch, daß es eben Goethe ist, den wir hier in schönen Selbstbekenntnissen an der Arbeit mit sich selbst erblicken.

Es ist ein herrliches Buch für den, der Italien kennt und Goethe liebt. Wer freilich dieser beiden Vorzüge entbehrt, dem ist die Lektüre nicht allzusehr anzuraten.

Herman Grimms „Goethe."

Seitens des Professors Grimm wurden an der Berliner Universität im Wintersemester 1874 auf 1875 wie in dem darauffolgenden Sommer Vorlesungen über Goethe gehalten, fünfundzwanzig an der Zahl. Diese Vorlesungen, ausgearbeitet und unter Benutzung neuedierter Hilfsmittel erweitert, bilden den Inhalt seines zweibändigen, bei W. Hertz erschienenen Goethe-Buches. Was es von anderen ihm vorausgegangenen Goethe-Büchern unterscheidet, ist dies, daß an die Stelle eines mehr oder minder mühsamen Pflückens ein einfaches Schütteln am

Baum getreten zu sein scheint. Es hat dann später, ehe die Fruchtschalen auf den Tisch gesetzt wurden, an Auswahl und sauberer Appretierung nicht gefehlt; aber was von Anfang an da war, blieb: Fülle und Überblick und infolge dieses Überblickes die Möglichkeit unängstlicher Dispositionen. Auf dies Beiwort legen wir den Hauptakzent. Mit seltenen Ausnahmen begleiten uns beim Niederschreiben eines Buches auch die Studien zu diesem Buche. Wir gehen kapitelweise vor, ein Verfahren, das wie von selber zu prompter Erledigung des einzelnen führt. Keine Rester, alles wird aufgearbeitet. Aus der Not eine Tugend machend, bringen wir alles gehörigen Ortes unter und freuen uns schließlich, etwas Ordnungsmäßiges zustande gebracht zu haben. Wir nennen das „gute Disposition", während es doch nur die Aktion der Unfreiheit ist. Grimm ist anders verfahren. Den Stoff vollständig beherrschend, über den Staub seiner Front- und Reservetruppen gleichmäßig im klaren, sah er sich der Benötigung des „Einkapitelns" überhoben. Was über Friederike von Sesenheim oder Frau von Stein, über „Götz" oder „Werther", über den Charakter dieser oder jener Epoche gesagt wird, ist nie darauf aus, den Gegenstand ein für allemal abzutun, sondern läßt dies und jenes unerörtert, um an anderem Orte darauf zurückzukommen oder auch nicht zurückzukommen; denn auch ein solches Verzichten im einzelnen muß gestattet sein, wenigstens in unseren Augen. Alle in spanische Stiefel Eingeschnürten, alle in Doktrin und Systemwirtschaft Steckengebliebenen werden für diesen Vorzug freilich keine Würdigung haben, weil ihnen die gerade Linie das Ideal und die bequeme Gliederung die Hauptsache ist. Es sind dies die Leute des Erstens, Zweitens, Drittens. Derlei Krücken hat Herman Grimm weit von sich geworfen.

Bei Hochzeitsfeiern pflegt der Geistliche, vielleicht ein Fremder, aufgefordert zu werden, das Brautpaar leben zu lassen; es wird ihm dann ein Zettel zugesteckt, der, die nötigen Daten enthaltend, nun zu einem längeren oder kürzeren, jedenfalls die allgemeine Zustimmung findenden Anstandstrinkspruch führt. Damit scheint das entscheidende Wort gesprochen. Aber eine halbe Stunde später erhebt sich un vieux de la famille, ein Fünfziger, ein Pate der Braut; er hat ihr das kleine Kreuz geschenkt, das sie auch heute trägt, er hat ihr, nach den Masern, die erste Bonbon=tüte gebracht und sie und ihre Brüder, solange es noch Buben gab, alljährlich auf den Weihnachtsmarkt geführt. Er weiß alles im Hause; er hat jedem bis auf das Herz gesehen. Er erinnert sich der Braut, wie sie noch im Tauf=kissen lag, er zitiert eine Anekdote von dem Großvater selig her, der schon damals sagte, „wie es kommen werde", und erzählt dann von einer Fahrt nach Pichelsberg oder Saatwinkel, wo der Kahn umschlug und die junge Braut, die da jetzt im blühenden Kranze sitzt, nur wie durch ein Wunder gerettet wurde. Er schachtelt ein, er macht Parenthesen, aber alles atmet Fülle des Lebens, Empfindung, Wahrheit, und als schließlich das Lebehoch ausgebracht und verklungen ist, ist doch nur eine Stimme am Tisch, daß Pate R. oder B. den Vogel abgeschossen habe. Er hätte auch in der „Dreiteilung" sprechen können, indessen er verzichtete darauf; seine Mittel erlaubten es ihm.

Hier haben wir, wie den charakteristischen Zug, so auch den Reiz des Grimmschen Goethe=Buches. Es bewegt sich frei. Aber diese freie Bewegung schließt eine bestimmte Kunstform nicht aus, ja, sie führt diese zum Teil herbei. Diese Form wie sie sich von Kapitel zu Kapitel gibt, ist die des „Essais". Herman Grimm hat dieselbe Form schon früher mit Vorliebe gewählt.

Goethe-Eindrücke.

Das Wesen des Essais besteht darin, in knappster Form, zugleich unter Geltendmachung allgemeiner Gesichtspunkte, eine Gestalt oder eine Frage nicht losgelöst von ihrer Umgebung, sondern im Zusammenhange mit dieser zu betrachten, mit anderen Worten bei Behandlung des Teiles zugleich einen Blick auf das Ganze zu werfen. Wer die Essais Macaulays über Lord Clive und Warren Hastings gelesen hat, kennt nicht nur biographisch das Leben dieser Männer, sondern auch allgemein historisch die Geschichte von Britisch-Indien während eines halben Jahrhunderts. Ähnlich hier. Im Mittelpunkt jedes einzelnen Abschnittes steht die Gestalt Goethes vor einem Stadt-, einem Landschafts- oder einem Zeitbilde, am liebsten, wie bei großen historischen Kompositionen, von einer Korona mitwirkender Zeitgenossen umrahmt. Und diese Mittelpunktstellung verbleibt ihm von Kapitel zu Kapitel, während er sich freilich auf jener anderen Linie, die aus der Front in die Tiefe führt, in einer steten Bewegung erweist. Ja, er tritt gelegentlich in den Hintergrund. Aber auch als Hintergrundsfigur beherrscht er noch das Vorliegende, wie die Gestalt Luthers auf dem Reformationsbilde Kaulbachs.

Der Essai, wie er die Gabe erheischt, die Einzelheiten im Zusammenhange mit dem Ganzen zu erblicken, erheischt vor allem auch Esprit und Stil. Es braucht nicht erst hervorgehoben zu werden, in wie hohem Maße Herman Grimm über beides verfügt. Mit ebensoviel Vorliebe wie Geschick bedient er sich des Bildes, des Vergleiches. Er wird nach dieser Seite hin unter allen deutschen Stilisten vielleicht nur von Schopenhauer übertroffen, der, wieviel oder wie wenig er als Philosoph bedeuten mag, als glänzender Essayist etwa denselben hohen Rang bei uns einnimmt, wie Macaulay in England.

Auch von den Schwächen, die sich gern da einzustellen pflegen, wo dem Esprit und Stil eine freudige Mitherrschaft eingeräumt wird, die sich dann leicht zur Oberherrschaft gestaltet, auch von diesen Schwächen ist das Grimmsche Goethe-Buch vielleicht nicht ganz frei geblieben. Alle Kraft hat einen natürlichen Hang zum Wagnis; keine Kraft aber wagt lieber als der Esprit. Das Bestrittene gilt, weil es bestritten wird. Reynolds bestritt das Recht eines exklusiven Blau im Bilde; daraufhin malte Gainsborough seinen berühmten „blue boy", einen reizenden englischen Knaben, an dem mit Ausnahme von Gesicht und Halskragen, alles blau ist: Seidenwamms, Beinkleid, Strümpfe, Schuhschleifen. Hier wurde das fast unmöglich Scheinende möglich gemacht: Virtuosität und Esprit siegten. Aber sie siegten nicht immer. Blondin über den Niagara hält sich so lange, bis er fällt. Auch H. Grimm bebt vor einem gelegentlichen Saltomortale nicht zurück, wenn er es nicht vorzieht, doppelgängerisch, von den Endpunkten zweier entgegengesetzter Ansichten aus, vorzugehen und nach höflicher Begrüßung mit sich selbst, ohne Frontveränderung zu den Turmspitzen hüben und drüben zurückzukehren. Ein Verfahren, das zwar den Sprung, aber nicht die Beängstigung des Zuschauers vermeidet. Im einzelnen können dadurch leise Störungen verursacht werden, im ganzen sind es jene Fleckchen, die nach Art der Schönheitspfläschen den Reiz nur erhöhen. Wer sich auf Finessen der Farbenwirkung versteht, wird sie kaum missen wollen.

Roman-Reflexe.

Josef Viktor von Scheffel.
„Ekkehard."

„Ekkehard" zählt zu den besten Büchern, die ich gelesen. Man empfängt einen ganz reinen Eindruck. Die Himmelsluft, in der Kunst und Schönheit zu Hause sind, weht durch das Ganze. Eine befreundete Dame schrieb mir darüber: „An diesem reizenden, aber auch zugleich äußerst geschmacklosen Buche konnte nur die Gedankenlosigkeit unserer Zeit ernsthaft Gefallen finden. Alles Beschreibende und Lokale ist entzückend, alles Historische unwahr, unmöglich." Ich halte dieses Urteil nur in seinem Lobe für richtig, in seinem Tadel keineswegs.

„Geschmacklos", wenn ich meinen Geschmack befrage, ist das Buch sicherlich nicht. Es ist im Gegenteil geschmackvoll, nur daß diese Bezeichnung nicht ausreicht für alle seine Tugenden. Es ist fein, kenntnisreich, gerecht, humoristisch, eine Poetenarbeit durch und durch. Es berührt einen doppelt wohltuend, einmal von Natur, dann von Kunst wegen. Aus einer dichterisch liebenswürdigen Natur heraus geboren, ist es in der Art seiner künstlerischen Gestalt nahezu vollendet. Es erinnert an Walter Scotts allerbeste Arbeiten. An Kunst und Studium ist Scheffel ihm überlegen, an seinem Humor ihm ebenbürtig, ebenso an Schilderungskraft und Lokalpatriotismus. Was Scott voraus hat, ist die schöpferische Fülle; eine

Erzählung, wie Scheffel sie einmal geschrieben, schrieb Scott in seiner glänzendsten Zeit in drei Monaten. Aber als Einzelleistung kann „Ekkehard" neben dem „Waverley" bestehen.

„Alles Historische ist unwahr und unmöglich", so das eben angeführte Urteil. Der Beweis dafür dürfte sehr schwer anzutreten sein. Daß das Buch ein Resultat der liebevollsten und ernstesten Studien ist, darüber kann nicht gut ein Zweifel sein. Der Text beweist es, noch mehr die Anmerkungen, die selber wieder ein kleines Buch füllen würden. Die Studien allein machen es freilich nicht, ein historischer Blick und ein rückwärts gewandtes prophetisches Ahnungsvermögen müssen hinzukommen. Aber diesen Blick und dies Ahnungsvermögen haben echte Poeten fast immer. Wenn mit Recht gesagt worden ist, der große Historiker müsse immer auch Poet sein, so ist es eben so wahr, daß jeder echte Poet ein Verständnis für das Historische mitbringt. Wem sich das Leben erschließt, dem erschließen sich auch die Zeiten. Denn zu allen Zeiten wurde gelebt. Hier steckt, glaube ich, die eigentlichste Bedeutung dieses Buches. Diese Gestalten aus dem 10. Jahrhundert sind auch Menschen, Menschen von Fleisch und Bein, ausgerüstet mit denselben Zügen, gut und schlecht wie wir selber. Die Unterschiede liegen im „Kostüm", in der Welt der äußerlichen Dinge, nicht im Innerlichen. Man liebte und haßte, hoffte und bangte, gerade so wie heut. Wer die Menschen in einsamen Tälern, auf Alpen und an Stranddünen aufmerksam beobachtet hat, wird nicht sehr in die Irre gehen, wenn er sagt: so waren die Leute vor tausend Jahren auch.

Unwahr also nicht und unmöglich gewiß nicht. Wenn man die Mönche von St. Gallen nicht gerade die Piffpaffpuff-Arie singen oder Havannazigarren rauchen läßt, so ist es sehr mißlich, von „Unmöglichkeiten" zu sprechen. Wer würde glauben, daß Kaiser Wilhelm, der nach 500 Jahren wie ein Barbarossa sagenhaft fortleben wird, von Bismarck beim Ausflicken und mit-Tinte-bestreichen seiner alten Reithosen betroffen wurde! Unmöglich ist nach dieser Seite hin nichts, wenn es aus etwas Menschlich-Innerlichem heraus geschieht, unmöglich ist nahezu nichts, was innerhalb der Gefühlswelt liegt, unmöglich ist nur das, was man mit der Geschichtstabelle in der Hand als unmöglich beweisen kann. Ein Abt konnte sich zu jeder Zeit betrinken, aber er konnte nicht vor Goethes Geburt den Faust-Monolog deklamieren; ein Bischof konnte zu jeder Zeit eine Konkubine haben, aber er konnte nicht zur Zeit der Kreuzzüge seine Taschenuhr repetieren lassen und die Strecke zwischen Alexandrien und Kairo per Eisenbahn zurücklegen. Solche Fehler in Ekkehard nachzuweisen, dürfte schwer halten; alles andere aber, wenn es heißt: „es widerspricht dem Geist der damaligen Zeit", bleibt mißlich. Die einander fernstliegenden Zeiten sehen sich oft sehr ähnlich; in Australien soll es streckenweise ebenso aussehen wie in der Mark oder in Pommern.

Man kann freilich einen Bredow oder Lüderitz nicht zu Kurfürst Friedrich dem Eisernen sagen lassen: „Sire, geben Sie Gedankenfreiheit", und man kann einem Nürnberger Patriziersohn zur Zeit Kaiser Maximilians nicht die Worte in den Mund legen: „Kinder können in der Wahl ihrer Eltern nicht vorsichtig genug sein"; aber es sollte doch wirklich auch schwer halten, im „Ekkehard" Stellen oder Redewendungen zu finden, die etwa auf dieser Stufe stehen.

An einigen Stellen romantisiert Scheffel mehr, als mir wünschenswert erscheint. Ich rechne dahin besonders alles, was sich auf die lieblichen Gestalten von

Audifax und Hadumoth bezieht. So hübsch dies ist, so berührt es doch ganz und gar wie eine romantische Dichtung, die in einem Buche stört, das seiner Aufgabe wie auch dem tatsächlich Gebotenen nach im wesentlichen wie ein Zeit= und Geschichtsbild wirkt. Es fällt aus dem Ton und schädigt den Glauben an die Zuverlässigkeit der übrigen Erzählung. Übrigens scheint es, daß Hesekiel und Auerbach den „Ekkehard" bei ihren Arbeiten benutzt haben, jener in dem Romane „Unterm Eisenzahn", dieser in „Auf der Höhe". Bruder und Schwester auf ihren Fahrten im Briselan=Walde sind ganz Audifax und Hadumoth; Gräfin Irma, die sich „auf der Höhe" läutert und Tagebuch schreibt, ist ganz das weibliche Pendant zum Ekkehard, der verstoßen, totgeglaubt, auf der Alpe einen Sommer ver= träumt und das Walthari=Lied dichtet.

Gustav Freytag.
„Die Ahnen," I—III.

Die „Ahnen" reihen sich nicht in schon Vorhandenes ein und sperren uns dadurch den bequemsten und sichersten Weg für die Beurteilung von Kunstwerken, den des Ver= gleichs. Die Ähnlichkeit mit dem Scheffelschen „Ekkehard" ist zugleich eine Grundverschiedenheit. Wir müssen also lediglich von Prinzip wegen die Frage zu lösen suchen, dabei zu unserem Troste der Überzeugung lebend, das alles, was im nachstehenden als Forderung formuliert wird, kein äußerlich angenommenes Gesetz, sondern aus der unmittelbaren Empfindung heraus geboren und recht eigentlich ein Kind des Herzens ist.

Was soll ein Roman? Er soll uns, unter Ver= meidung alles Übertriebenen und Häßlichen, eine Geschichte erzählen, an die wir glauben. Er soll zu unserer Phantasie und unserem Herzen sprechen, Anregung geben ohne aufzuregen; er soll uns eine Welt der Fiktion auf Augenblicke als eine Welt der Wirklichkeit erscheinen, soll uns weinen und lachen, hoffen und fürchten, am Schluß aber empfinden lassen, teils unter lieben und angenehmen, teils unter charaktervollen und interessanten Menschen gelebt zu haben, deren Umgang uns schöne Stunden bereitete, uns förderte, klärte und belehrte.

Das etwa soll ein Roman. Erfüllen die „Ahnen" diese Aufgabe? Die Billigkeit erheischt in erster Linie das Zugeständnis ja. Bedenken, starke Bedenken selbst, wie wir ihnen weiterhin Ausdruck geben werden, können dies „Ja" allerdings sehr erheblich modifizieren, aber nicht aufheben. So gewiß es Zweck des Nachstehenden ist, den Todeskeim nachzuweisen, an der dieser Freytagsche Roman notwendig sterben muß, so gewiß ist es doch auch, daß er, trotz allem was gegen die Zulässigkeit der Aufgabe — wenn ihr keine andere Lösung zuteil wird — gesagt werden darf, dennoch zu den bedeutenden Erscheinungen zählt. „Es irrt der Mensch so lang er strebt." Das Hervorheben des Irrtums hebt den Respekt vor dem Streben nicht auf.

Wir bewegen uns in diesem Roman in der reinen Luft wirklicher Kunst; alles Niedrige schweigt, und die unsere Literatur beherrschende krankhafte Sehnsucht nach immer neu gewürzten Schnittchen aus Evas Apfel, sie fehlt hier durchaus. Wir durchleben freundliche und lehrreiche Stunden mit Kaisern und Königen, mit Rittern und Reisigen, mit Äbten und Mönchen und nehmen abwechselnd größeren oder geringeren Anteil an ihren Schicksalen, zugleich auch an den Abenteuern jener tapferen Helden und schönen Frauen, die den Mittelpunkt jeder einzelnen Geschichte bilden. Wir beklagen Ingo, wenn er heimatlos von Hofe zu Hofe zieht, und stehen bewegt, wenn das Feuer, das seine Feinde herangetragen haben, über die Idisburg zusammenschlägt; wir bangen, die Flucht Ingrams aus dem Sorbendorfe durch irgendeinen Zwischenfall gestört zu sehen, und vernehmen, als ertöne sie uns selber, die Christenglocke, unter deren Klängen er nun zwiefach siegt, erst über den Ratiz, dann über sein Herz. Wir freuen uns Immos und seines Zwiegesprächs mit den Zwillingsmönchen Sintram und Bertram, freuen uns mehr noch seiner Rettung aus Kerker und Gefahr, teilen den Schmerz des Heimgekehrten, die Brüder feindlich, das Herz der Mutter erkaltet zu finden, und stehen ihm treu zur Seite, wenn er, verklagt auf Klosterraub und Friedensbruch, von König Heinrichs Lippen den Spruch über Tod und Leben erwartet. Endlich — wir turnieren mit Ivo, als wären wir Partei und vom Marschalk Henner selber für die Fahrt geworben, fröhlich im Lande Thüringen umher, ziehen erwartungsvoll mit auf die Wartburg, mit ins „schöne Land Italia", mit zum heiligen Grab, zürnen den Templern und Johannitern, die die große Sache der Christenheit in kleinen Interessen ersticken und begraben, sehen entzückten Auges am Hofe des Libanon-Scheiks den Schleier von der Pracht- und Wunderwelt des Orients leise gelüftet und schütteln auf den letzten Seiten des Buches unserem Helden im Geiste die Hand, wenn er seiner Herzensdame, der Grafenwitwe Hedwig, sich entreißt, um die treue Magd Friderun zu retten. Eine Fülle des Schönen zieht in hundert Bildern nicht nur bunt und gefällig, oft auch erhebend und erschütternd an uns vorüber; wir lachen und weinen, wir hoffen und fürchten und scheiden endlich aus diesem reichen Gestaltenkreise, nicht ohne vielen eine dankbare, einzelnen eine ungetrübte, durch nichts beeinträchtigte, herzliche Erinnerung zu bewahren.

Dennoch will uns der Gedanke, dem wir schon im vorstehenden kurzen Ausdruck gegeben haben, nicht verlassen: daß es keine allzu glückliche Stunde war, in der Freytag den Plan faßte, diese „Ahnen" zu schreiben und ihnen ein Vollmaß von Kraft und Arbeit zuzuwenden, das auf einem anderen Gebiete (so meinen wir) segensreicher zu verwenden gewesen wäre. Denn der Umstand, daß eine große Beanlagung sich schließlich auf jedem Gebiete mehr oder weniger bewährt, drückt die Frage nach dem Gebiete selbst noch nicht zu einer leicht zu nehmenden herab. Der superiore Geist, der in diesem Augenblicke die Geschicke unseres Vaterlandes lenkt, würde, wenn er gewollt hätte, kraft der Universalität, die ihm eigen ist, unzweifelhaft auch etwa als Numismatiker geglänzt haben; aber wir dürfen doch froh sein, ihm statt dessen auf dem Gebiete staatenbildender Politik zu begegnen. Einfach deshalb, weil er im Münzkabinett sehr leicht, im Kabinett seines Königs sehr schwer zu ersetzen gewesen wäre. Ähnlich mit Freytag, betreffs dessen nur noch hinzuzufügen wäre, daß er — jener alles bezwingenden Universalität entbehrend — alle Gaben, die sein Talent ausmachen, für seinen Ahnenroman nur sehr teilweise verwerten konnte, alles das aber, was zur Lösung dieser Aufgabe ganz besonders erforderlich war, nur ziemlich spärlich aufzuweisen hat.

Dies führt uns nach allem, was wir vorstehend über die Aufgabe des Romans gesagt haben, zu der zweiten weitergehenden Frage: **Was soll der moderne Roman?** Welche Stoffe hat er zu wählen? Ist sein Stoffgebiet unbegrenzt? Und wenn nicht, innerhalb welchen räumlich und zeitlich gezogenen Grenzen hat er am ehesten Aussicht sich zu bewähren und die Herzen seiner Leser zu befriedigen?

Für uns persönlich ist diese Fragenreihe entschieden.

Der Roman soll ein Bild der Zeit sein, der wir selber angehören, mindestens die Widerspiegelung eines Lebens, an dessen Grenze wir selbst noch standen, oder von dem uns unsere Eltern noch erzählten. Sehr charakteristisch ist es, daß selbst Walter Scott nicht mit Ivanhoe (1196), sondern mit Waverley (1745) begann, dem er eigens noch den zweiten Titel „Vor sechzig Jahren" hinzufügte. Warum griff er nicht gleich anfangs weiter in die Geschichte seines Landes zurück? Weil er die sehr richtige Empfindung hatte, daß zwei Menschenalter etwa die Grenze seien, über die hinauszugehen, als Regel wenigstens, nicht empfohlen werden könne. Seine besten Erzählungen liegen innerhalb des 18. Jahrhunderts oder an dessen Eingang. Der Erfolg ließ ihn später die Grenzpfähle weiter rückwärts stecken, aber nur wenige Male, wie in „Kenilworth" und „Quentin Durward", erreichte er die frühere Höhe.

Noch einmal also: der moderne Roman soll ein Zeitbild sein, ein Bild *seiner* Zeit. Alles Epochemachende, namentlich alles Dauernde, was die Erzählungsliteratur der letzten 150 Jahre hervorgebracht hat, entspricht im wesentlichen dieser Forderung. Die großen englischen Humoristen des 18. und 19. Jahrhunderts schilderten **ihre** Zeit; der französische Roman, trotz des älteren Dumas, ist ein Sitten- und Gesellschaftsroman; Jean Paul, Goethe, ja Freytag selbst (in „Soll und Haben") haben aus **ihrer** Welt und **ihrer** Zeit heraus geschrieben.

So die Regel. Aber, wie schon angedeutet, die Regel erleidet Ausnahmen. Wir zählen dahin den **dramatischen Roman**. Er unterliegt denselben Gesetzen, denen das Drama unterliegt, denn in anderer Form will er dasselbe. Er will keine Bilder geben, weder Bilder unserer eigenen noch irgendeiner anderen Zeit, und legt das Interesse nicht in das bunte und unterhaltliche Treiben mannigfacher, sondern in die großen Impulse weniger Gestalten. An die Stelle der äußeren Hergänge der durch Zeit und Ort bedingten Sondererscheinungen tritt die Leidenschaft, die von Anbeginn der Zeiten immer dieselbe war. Haß-, Ehrgeiz- und Eifersuchtstragödien sind das Eigentum aller Jahrhunderte, und wer darauf aus ist (auch im Roman), uns nicht der Zeiten Beiwerk, sondern den erschütternden Konflikt zu geben, der unausbleiblich ist, wo sich die wüste Begehrlichkeit eines allmächtigen Despoten und das unbeugsame Rechtsgefühl eines sittenstrengen Vaters gegenübertreten, der hat es frei, sich seinen Odoardo am Hofe des Tarquinius oder seinen Brutus am Hofe des Prinzen von Guastalla zu suchen. Die Frage nach dem Wo und Wann geht unter in dem allgemein Menschlichen des Was.

Der romantische Roman, dem alten Epos verwandt, hat gleicherweise das Recht der Einkehr in alle Jahrhunderte. Ob er Ernstes oder Heiteres behandelt, im einen wie im anderen Falle durchklingt es ihn märchen- und legendenhaft, und dem realen Leben abgewandt, wird es für ihn zu etwas Gleichgültigen, in welcher vor- oder nachchristlichen Zeit er seine Zauber walten, seine Wunder und Aventüren sich vollziehen läßt. Wenn es beim dramatischen Roman das Ewige der Leidenschaftswelt ist, was der Zeitenfrage spotten darf, so ist es beim romantischen Roman das Ewige der Phantasiewelt, die wie ein Traumbild über der wirklichen schwebt und deren Gesetzen nicht unterworfen ist. Was zu jeder Zeit geschah, darf in jeder geschehen.

Auch der historische Roman ist an die Scottschen „Sixty years ago" nicht unter allen Umständen gebunden und darf die Historie rückwärts durchmessen, so weit sie reicht. Aber er wird es nur in ganz besonderen Fällen dürfen; — die Mehrzahl der geschichtlichen Romane ist einfach ein Greuel. Er wird es dürfen, wenn sein Verfasser als ein nachgeborener Sohn vorausgegangener Jahrhunderte anzusehen ist. Diese Fälle sind häufiger, als man denkt. Es gibt ihrer, die, während sie das Kleid unserer Tage tragen, in Wahrheit die Zeitgenossen Sickingens oder Huttens sind und der Sprache des Hans Sachs oder der Landsknechtlieder sich näher verwandt fühlen, als einem Singakademievortrag oder dem Schillerschen „Kampf mit dem Drachen". Namentlich aus dem 16. Jahrhundert haben wir nicht wenige unter uns, die nun eine beständige Sehnsucht, ein Heimweh nach ihrer Welt und nach ihrer Epoche haben. Dies Heimweh nimmt alsbald die Form eines begeisterten Studiums, eines Forschens und Suchens an, um ihrer verlangenden Seele von dem Versäumten und dem Verlorenen wenigstens das Mögliche zu erobern. Sie wandeln unter' den Lauben mittelalterlicher Städte und erquicken sich an den Sprüchen, die an den Querbalken hoher Giebelhäuser stehen, sie sammeln Spottlieder und Volksballaden, Pamphlete und fliegende Blätter, lesen Urkunden und Pergamente und bringen es schließlich dahin, in einer untergegangenen oder nur noch in schwachen Resten bewahrten Welt besser zu Hause zu sein als in derjenigen, die sie äußerlich umgibt. Solche rückwärts gewandten Naturen haben natürlich, so es sie dazu brängt, ein unbestreitbares Recht, auch aus ihrem Jahrhundert heraus Romane zu schreiben, Romane, die nun in gewissem Sinne aufhören, eine Ausnahme von der Regel zu sein, indem sie faktisch Zeitläufe schildern, die für uns zwar untergegangen oder nur noch in schwachen Resten, für den verschlagenen Sohn eines vorausgegangenen Jahrhunderts aber recht eigentlich die Gegenwart seines Geistes sind.

So haben wir denn Ausnahmen konstatiert, und zwar den **dramatischen**, den **romantischen** und inner=

halb gewisser scharf innezuhaltender Grenzen auch den historischen Roman. Die Freytagschen Ahnen gehören aber keiner dieser drei Ausnahmegruppen an und begnügen sich damit, mal dramatisch, mal romantisch, mal historisch, auch manches andere noch zu sein. Die Gefahren, die in der Produzierung einer derartigen Mischgattung liegen, wären vielleicht in keinem Falle ganz, aber dennoch immerhin zu erheblichem Teile zu überwinden gewesen, wenn dies alles, stilvoll oder nicht, aus einer genialen Natur heraus *frei* erwachsen wäre. Aber dies ist ganz entschieden nicht der Fall. Entsprossen ist hier nichts. Drei Bände Mosaik, von geschickter, aber kühler Hand zusammengestellt. Nirgend ein Gemußtes, überall ein Gewolltes. Der Verstand entwarf den Plan, und ein seltener, durch Umsicht und Geschmack unterstützter Sammelfleiß schaffte die Quadern, oft auch die schon fertigen Ornamente herbei. Wo sie hergenommen wurden, ist nicht schwer zu erkennen, eine Jahrtausende alte Literatur ist immer eine Art Kolosseum, das als Steinbruch genutzt werden kann. Heldensage und Nibelungenlied, sorbische und nordische Volksgesänge, der ganze Lieder- und Romanzenschatz, in dem die lyrischen Meister unserer eignen Epoche nicht nur den Volksliedton zu treffen, sondern ihn künstlerisch zu vollenden wußten — all dies ist, neben einem überreichen, kunstvoll behandelten geschichtlichen und kulturgeschichtlichen Material, als Stimmung und Farbe gebendes, als poetisches Element herangezogen und verwertet worden. Anlehnungen überall; ein Buch der Reminiszenzen, in gewissem Sinne ein Werk der Renaissance, in dem alles, was jemals war und wirkte, aus einem eklektischen Geiste heraus wieder geboren wird. Die Beispiele hierfür zu geben, müssen wir uns versagen. Wer übereinstimmend mit uns empfunden hat, kann sie entbehren, wer anders empfand, für den ist auch durch Zitate der Beweis nicht zu erbringen. Denn die hier geübte Tapisseriekunst, in der die Fäden und Fädchen zwar noch vorhanden, aber über- und durcheinander geschoben, dennoch schwer erkennbar sind, ist außerordentlich groß.

Vielleicht ist überhaupt niemals mit größerer, an Zauberei mahnender Kunstfertigkeit gearbeitet, nie eine größere „Magie" geübt worden. Und mit diesem absichtlich gewählten, nach zwei Seiten hin zielenden Wort glauben wir den allerwundesten Punkt des Romans getroffen zu haben. Seine Gestalten nämlich, wenige ausgenommen, sind von vornherein, wie alles nicht auf eigenem Grund und Boden Gewachsene, schattenhaft; Freytag aber, nach Art eines Zauber-Professors, gefällt sich darin, diese Schatten leben zu lassen. Wollend oder nicht, er spielt mit uns, er macht uns etwas vor. Wie nicht zu leugnen ist, mit zeitweilig großem Glück und Erfolg. Verführe er noch aufmerksamer dabei oder wäre die konsequente Durchführung eines solchen Spiels überhaupt möglich, so würden wir, innerhalb und trotz desselben, immer noch ein Kunstvollendetes in Händen haben und es getrost ihm überlassen können, wegen des Komödienscherzes, den er mit uns getrieben, sich vor einer höheren Instanz zu verantworten. Ob das Leben schließlich ein Traum ist oder nicht, ist gleichgültig, solange wir in dem Glauben an die Realität des Daseins stehen. Aber Freytag hält es nicht für möglich, uns bei diesem Glauben zu erhalten und reißt uns aus der Fiktion. Er hält es nicht für nötig, weil er, wie schon angedeutet, die Fiktion nicht durchführen kann. Denn „alle Schuld rächt sich auf Erden", auch die, Schemen oder doch mindestens Halbschemen für Menschen ausgegeben zu haben.

Dies gilt ganz besonders von den weiblichen Personen, auch von den besten, wie Edith, Hildegard, Friderun, die uns seitenlang anmuten und das Herz bewegen, als vernähmen wir die echten Klänge Goethe-Shakespearescher Frauengestalten und die dann wieder Abhandlungen sprechen, wie sie nie ein Mädchen gesprochen hat und mutmaßlich (die Gouvernanten abgerechnet) auch nie sprechen wird. Diese Fälle treten nicht nur vereinzelt auf, sie begleiten das Buch von Anfang bis zu Ende und man darf ohne Übertreibung sagen, daß jedes glänzende weiße Blatt darin auch sein schwarzes hat. Wir aber, einmal herausgerissen aus dem Himmel, den Herzenseinfalt und Echtheit der Empfindung um uns her schufen, und statt ihrer einer Sprache der Geschraubtheit und Unnatur gegenübergestellt, sehen uns von dem Augenblick an nur noch von Gebilden umgeben, die Leben heucheln. Als ein Triumph Freytags mag es gelten, daß er dies Gefühl immer aufs neue zu bannen und uns nicht nur mit immer neuem Glauben an seine Gestalten, sondern auch vielfach mit neuer Bewunderung vor ihnen zu erfüllen vermag; aber es ist eine kalte, im ganzen wenig erquickliche Bewunderung, weil der Zweifel nebenhergeht, ja schließlich sogar die Gewißheit nahender Enttäuschung. Jenes Befremdliche und Tadelnswerte, das so viele Kritiker in der Form und Sprache des Freytagschen Romans, also in etwas Äußerlichem, haben suchen wollen, liegt lediglich in etwas tief Innerlichem. Die Empfindung der hierbei vorzugsweise in Frage kommenden Stellen ist falsch, nicht das Wort; das Wort wird es erst da, wo die falsche Empfindung vorausgegangen ist. Im übrigen ist gerade die Form die glänzende Seite des Romans; in allem, was Aufbau angeht, unbedingt, in der Sprache fast nicht minder. Gewisse Sonderbarkeiten, die hier und dort vielleicht hätten fehlen können, sind nur aus dem Gesichtspunkte anzusehn, daß eine Ausdrucksweise sollte geschaffen werden, die eben nicht die unsre ist.

Dieſer Zweck iſt, im ganzen genommen, vorzüglich erreicht worden. Der Gedanke an hiſtoriſche Korrektheit, oder auch nur an Konſequenz ſeiner ſelbſt, lag dem Verfaſſer fern. Und mit Recht.

Wir rekapitulieren: dieſer Romanzyklus, ſo weit er uns bis jetzt vorliegt, iſt ebenſo bewunderns= wie ver= urteilenswert. Zu Beiſpiel und Nachahmung aufgeſtellt, wäre er eine Kalamität. Nach der Seite des Studiums und der Kompoſition, der Landſchafts= und Situations= ſchilderung, inſonderheit auch der Charakteriſtik hiſto= riſcher Figuren hin iſt er erſten Ranges; der eigentliche Erzählungsſtoff intereſſiert, teils durch ſich ſelbſt, teils durch die Art, wie er gegeben wird. Aber überall da, wo es gilt, über das bloß Typiſche oder über die geſchicht= liche Überlieferung oder über die geſchickte Nachbildung hinaus ſelbſtändige, lebenswahre Figuren zu geſtalten, ſcheitert der Dichter, weil er kein Dichter iſt. Unaus= gerüſtet mit jener echten, in Herz und Empfindung wurzeln= den Phantaſie, fehlen ihm da, wo der geliehene Faden reißt oder nicht ausreicht, die Inſtinkte, um das Richtige zu treffen, und ſo kommt es, daß wir in ſeine beſten Ge= ſtalten, nachdem wir eine Strecke lang teilnahms= oder ſelbſt begeiſterungsvoll mit ihnen gewandert ſind, plötzlich ihren eigenſten Widerpart, den modernen Reflexionsmenſchen, hineinwachſen ſehen. Damit iſt ihnen aber das Leben ab= geſchnitten. Sie fallen um und ſind tot. Im nächſten Kapitel ſtehen ſie freilich wieder auf, aber nur, um nach abermals kurzem Daſein ſich abermals ſelbſtmörderiſch zu betten. Die Waffe, mit der ſie dies vollziehen, iſt ihre eigene Zunge; ſie ſterben immer wieder an der Unzuläſſig= keit deſſen, was ſie ſagen, ſo daß wir ſeitenlang das Ge= fühl haben, nur noch unter Revenants zu ſtehen. Jede Dichtung, um auch dies noch einmal zu ſagen, iſt freilich ein Welt des schönen Scheins, die schließlich schwindet, aber solange wir unter den lieb gewordenen Gestalten weilen, dürfen wir aus dieser Scheinwelt nicht herausgerissen werden. Daß dies beständig geschieht, ist das Verdrießliche und Verwerfliche. Das Herz und das ästhetische Gesetz lehnen sich gleichzeitig dagegen auf. Nicht an ihrer Farbenblaßheit, nicht an ihrem Leben aus zweiter Hand, wohl aber an der nie ganz ausbleibenden Zwiespältigkeit ihrer Reden und dadurch ihrer Natur erlahmt im letzten das Interesse, das wir so vielen dieser Gestalten immer aufs neue entgegen tragen. Selbst denen gegenüber, denen wir es bewahren, wissen wir nicht, ob wir es dürfen, weil wir ihres wirklichen Daseins nie recht sicher sind. Freytag, statt in dem Leben seiner Geschöpfe aufzugehn und *ihre* Sprache zu sprechen, läßt sie die *seinige* sprechen. Nicht immer, aber vielfach; jedenfalls zu oft.

„Die besten poetischen Schöpfungen — so schreibt Geibel in einem Blatt, das mir zufällig ins Haus geflogen kommt — entstehen da, wo sich ein Stoff in ähnlicher Weise des Dichters bemächtigt, wie ein anmutiges weibliches Wesen der Seele des Liebenden. Er erscheint ihm plötzlich im geheimnisvollen Glanze, versetzt ihn in Unruhe, nimmt seine Gedanken unwiderstehlich gefangen und erfüllt ihn, wie Zug um Zug deutlicher hervortritt, mit sehnsüchtigem Wohlbehagen. Einem Werke, das ohne solche Stimmung aus bloßer Reflexion, gleichsam aus einer Vernunftehe mit der Muse geboren ist, wird immer die rechte Lebendigkeit fehlen." Mit diesem Zitat, das ganz unsere eigene Stellung zu dieser Frage, speziell auch zu dem Freytagschen Romane ausspricht, wollen wir schließen.

Gottfried Keller.
Die Leute von Seldwyla.

Alle diese Erzählungen — allenfalls mit Ausnahme von einer — sind reizend zu lesen. Sie bewegen uns das Herz, wir begleiten sie unter Weinen und Lachen, überall sprechen Liebe, Sorgfalt und ein durchaus originaler Dichtergeist zu uns. Nichts komischer als solchen Arbeiten gegenüber von dem Verfall deutscher Dichtung, von der Oberflächlichkeit moderner Produktion sprechen zu hören! Das Umgekehrte ist richtig; nie ist sauberer, sorglicher, liebevoller gearbeitet worden. Dabei nichts von Schablone. Jede einzelne Erzählung ist wieder ein Ding für sich. Alles hat freilich eine Familienähnlichkeit, weil es derselben eigenartigen Natur entsprossen ist; nichtsdestoweniger sind sie untereinander nicht zu verwechseln. Sie hatten alle Zeit zu reisen, entstanden nicht hastig miteinander, sondern langsam nacheinander; so hat jede ein Gesicht für sich.

Es sind Sachen durchaus ersten Ranges, wahre Schätze unsrer Erzählungsliteratur, aber nach der formalen Seite hin sind einige stark angreifbar. Einige der besten und am meisten bewunderten sind stillos, und dies bis zu einem so hohen Grade, daß für denjenigen, der überhaupt ein Ohr für solche Dinge hat, die Wirkung darunter leidet. Dies gilt namentlich von „Romeo und Julia auf dem Dorfe" und einigermaßen auch von „Dietegen". Ich komme auf beide zurück.

Gottfried Keller, und dies erklärt alles, ist au fond ein Märchenerzähler. Was nach dieser Seite hin liegt, ist mustergültig, wenigstens in den meisten Fällen. Er erzählt nicht aus einem bestimmten Jahrhundert, kaum aus einem bestimmten Lande, gewiß nicht aus ständisch gegliederten und deshalb sprachlich verschiedenen Ver=

hältnissen ~~heraus~~, sondern hat für seine Darstellung eine im wesentlichen ~~sich~~ gleichbleibende Märchen= sprache, an der alte und neue ~~Zeit~~, Vornehm und Gering gleichmäßig partizipieren. Historie, Kultur= ~~und~~ Sitten= geschichte kümmern ihn nicht; er ordnet alles einem poetischen Einfall, der auf ihn selber wirkte und von dem er sich deshalb auch Wirkung auf andere verspricht, unter und legt sich nicht die Frage vor, ob all das, an gegebenem Ort und zu gegebener Zeit, überhaupt möglich war. Die meisten Leser, unbefangen wie Kinder, weil sie mit ihrem historischen Wissen auf einem Kinderstandpunkt stehen, gehen leicht darüber hin, bemerken es nicht oder bestreiten wohl gar die Berechtigung dieser Ausstellung; wer aber die begangenen Fehler als solche erkennt, zuckt mitunter zusammen und wird unwirsch, weil ihn die Unwahrheit der mit einer gewissen Prätension auftretenden Situationen verdrießt. Dies ist z. B. gleich anfangs in der sonst so reizenden Erzählung „Dietegen" der Fall. Keine Mutter wird einen nach richterlichem Spruch verurteilten und gehängten Knaben, der zufällig wieder ins Leben zurück= kehrt, als Spielgefährten für ihr einzig Töchterlein ins Haus nehmen. Das kann nur im Märchen vorkommen. Die ganze Geschichte ist aber kein Märchen, will auch keines sein, sondern gibt sich als eine lebendige, farben= reiche Erzählung mittelalterlicher Sitten und Zustände. Alles wirkt historisch und doch wird in Kardinalpunkten gerade gegen die Historie verstoßen.

Etwas anders, aber doch auch wieder verwandt, liegen die Dinge in „Romeo und Julia auf dem Dorfe". Hier wird historisch nicht geprudelt, aber der Effekt dieser wundervollen Erzählung doch dadurch beeinträchtigt, daß die erste Hälfte ganz in Realismus, die zweite Hälfte ganz in Romantizismus steckt; die erste Hälfte ist eine das echteste Volksleben bis ins kleinste hinein wiedergebende Novelle, die zweite Hälfte ist, wenn nicht ein Märchen, so doch durchaus märchenhaft. Und warum? Weil dieser Märchenton leichter zu treffen ist als der der Wirklichkeit. Wer nicht ganz mit und unter dem Volke gelebt hat, hat diesen Ton auch nicht, er muß ihn sich also aus diesen und jenen Reminiszenzen aufbauen. Dies mit zwei alten störrigen Bauern zu tun, glückt einem Talent wie dem Kellerschen, den wirklichen Ton eines 16 jährigen Dorfmädchens und eines 20 jährigen Bauernburschen zu treffen, ist aber fast unmöglich, und so muß der Märchenton aushelfen. So sprechen sie denn nicht wie „Vrenchen und Saly", sondern wie „Brüderchen und Schwesterchen", wogegen nichts zu sagen wäre, wenn die ganze Geschichte dem entspräche; aber das allmähliche Hineingeraten aus mit realistischem Pinsel gemalter Wirklichkeit in romantische Sentimentalität, aus Adrian von Ostade in Düsseldorferei, ist nicht gut zu heißen. Die Zartheit, das Wegfallen alles Harten und Störenden, wodurch die zweite Hälfte dieser Erzählung sich auszeichnet, ist schließlich doch nur das Resultat einer nicht vollkommen ausreichenden Kraft. Keller hat hier aus der Not eine Tugend gemacht.

Man darf also füglich sagen: je mehr nach dem bewußten Wollen Gottfried Kellers, also nicht bloß von ohngefähr, seine Erzählungen Märchen sind, desto besser sind sie auch. Denn dies ist sein eigentlichstes Gebiet. „Die drei gerechten Kammacher", „Kleider machen Leute", „Der Schmied seines Glückes" sind ausgezeichnet, besonders die beiden letzteren. „Pankraz der Schmoller", trotz glänzenden Anfangs, ist ziemlich schwach. Innerhalb der eigentlichen, konsequent und stilvoll durchgeführten Erzählung hat er es nur einmal ganz getroffen und dadurch gezeigt, daß er es wenigstens kann. Dies ist „Das verlorene Lachen." Es ist außerordentlich schön. Ein paar Stellen sind angreifbar, aus diesem oder jenem Grunde; aber sie tangieren nicht das Ganze und könnten, als bloße Bagatellen, herauskorrigiert werden.

Gottfried Keller erinnert durchaus an die Erzähler der romantischen Schule, am meisten vielleicht an Arnim. Im ganzen ist er diesem und auch manchem andern überlegen; alles ist wahrer und tiefer gefaßt, lesbarer, interessanter; die uns kalt lassende Marotte fehlt zumeist. Aber nach der Seite des Kunstwerklichen hin stehen die guten Sachen der Romantiker doch höher. Sie sind mehr aus einem Guß; ein Ton durchklingt sie. Sie geben sich nicht anders oder besser als sie sind; sie führen uns sofort in eine romantische Welt ein, wenn sie auch im einzelnen vollkommen realistisch schildern. Dies steigert die romantische Wirkung, hebt sie nicht auf. Eine auf den ersten 50 Seiten realistische Geschichte darf aber auf den letzten 50 nicht romantisch sein. Dadurch kommt ein Bruch in das Ganze, der stört und verwirrt.

Neue Züricher Novellen.
(Hadlaub. — Der Narr auf Manegg. — Der Landvogt von Greifensee.)

Diese Novellen waren in der „Deutschen Rundschau" abgedruckt. Ich habe sie vor einem halben Jahre gelesen und kann nur noch den Gesamteindruck wiedergeben. Es sind vorzügliche Arbeiten, fleißig, sorglich, liebevoll, echte Poetenarbeit und voller Kunst, auch dem Kleinen und Kleinsten Leben und Interesse zu leihen; aber das Interesse, das wir nehmen, sollte doch vielleicht größer sein. Dies finde selbst ich, der ich alles Sensationelle hasse und eine Vorliebe für das Genrehafte und die Stiftersche Kleinmalerei habe.

Das Talent ist dasselbe wie früher, aber der Griff war nicht so glücklich. Es ist nirgends langweilig, dazu ist es zu gut, aber doch ist es zu lang, teils auch von einer solchen Schwierigkeit der Aufgabe, daß kein Gott vollkommen glücklich damit zu Rande gekommen sein würde. Das zeigt sich namentlich bei dem „Landvogt von Greifensee". Der Landvogt, eine reizende Figur (aber doch ein wenig schattenhaft) war fünfmal auf Freiers Füßen, auch schon fünfmal verlobt, und kam doch zu keiner Frau. Die Novelle erzählt nun erst seine fünf Liebesgeschichten und dann, wie er schließlich als Mann mittlerer Jahre seine fünf Liebsten, die nun meist längst verheiratet sind, zu sich auf's Schloß ladt. Jede der Frauengestalten wird vorzüglich charakterisiert und jede einzelne Liebesgeschichte ist allerliebst, dennoch ermüdet man zuletzt und fühlt das bekannte Mühlrad im Kopf. So gut die Gestalten auseinander gehalten sind, quirlen sie einem zuletzt doch wirr durcheinander, und man ist schließlich froh, daß das grausame Spiel ein Ende hat. Ich begreife, daß die Aufgabe für ein so großes erzählerisches Talent wie das Kellersche etwas verlockendes hatte, dennoch war es, glaub ich, kein allzu glücklicher Moment, in dem er sich diese Aufgabe stellte. Nur seine aparte Begabung und sein aparter Fleiß bewahrten ihn vor dem Scheitern.

Im ganzen hab ich doch den Eindruck, als sei er in jene „zweite Epoche" getreten, wo die „Kunst" für das aufkommen muß, was an eigentlichem „Borax" bereits verloren gegangen ist. In kleinen Städten, wo die geistige Zufuhr geringer ist, tritt dieser Zustand des Erschöpftseins eher ein als dort, wo die Schriftsteller viel sehen und erleben. —

Otto Brahms „Gottfried Keller."

„Keller" — heißt es in Brahms Essai über den schweizerischen Dichter — „hält den Weg, den die Dichtung der Zukunft wird beschreiten müssen, wenn sie nicht einseitig entweder auf das spezifisch Poetische oder aber auf das spezifisch Moderne verzichten will. Die Kaprize der Romantik kennt auch er, aber als ästhetisches Motiv, nicht als Prinzip. Er hat Phantasie, nicht die Phantastik hat ihn, wie einst Callot-Hoffman. Er liebt das Seltsame, das Absonderliche und das Willkürliche, aber er kennt Maß in der Willkür; er hat die Kaprize in künstlerische Zucht genommen, sie ist nicht seine Herrin wie bei Brentano, sondern seine Helferin."

Über die hier angeregte Frage, welchen Weg die Dichtung der Zukunft werde beschreiten müssen, geh ich hin. Nur das: ohne mich absolut gegen die mindestens als wünschenswert proklamierte Mischung von Realem und Phantastischem erklären zu wollen, neig' ich mich doch vorwiegend und in erster Reihe der Ansicht zu, daß beide, Realistik und Phantastik, weise und klug tun werden, auf Verschmelzung zu verzichten. Aber gleichviel, es liegen Feststellungen oder auch nur Vermutungen darüber nicht innerhalb unserer Aufgabe. Was dagegen unmittelbar hierher gehört, ist die Beantwortung der Frage: läßt sich wirklich von einem tiefergehenden prinzipiellen Unterschiede zwischen Gottfried Keller und den Romantikern sprechen? Oder mit anderen Worten: ist in bezug auf Arnim, Tieck und Eichendorff zu behaupten, daß sie versäumt hätten, ihre Phantasie bzw. sich selbst in Zucht zu nehmen? Ich meine: nein. Wenn ich nichtsdestoweniger Keller höher stelle, so stelle ich ihn höher als Künstler. Das will sagen, er arbeitet besser, akkurater, in dem Sinne wie die

Franzosen in der Regel besser, akkurater arbeiten als die Deutschen. Alles in seiner Schreibweise gibt sich absolut sauber und „zweifelsohne", der Künstler in ihm ruht nicht eher, als bis er durch Kritik und eisernen Fleiß genau das erreicht hat, was er erreichen wollte. Kein Rest bleibt. Aber an dies freudige Zugeständnis seiner großen und unbedingten Künstlerschaft knüpft sich doch sofort andererseits die Frage: ist das, wozu seine mit vielen Besonderheiten ausgestattete Künstlerindividualität ihn drängt, ist seine dichterische Tendenz (die ganz etwas anderes bedeutet als die politische) das richtige? Der Herr Verfasser wird auf dieselbe Frage bejahend antworten; ich meinerseits antworte mit ja und nein. Keller, wenn er's trifft, trifft es besser als andere. Zugegeben. Seine Schüsse gehen aber auch häufig total vorbei, viel häufiger als seine leidenschaftlichen Verehrer wahr haben wollen. Und warum vorbei? Weil ihm, all seiner Gaben, all seines Humors und Künstlertums unerachtet, eines fehlt: Stil.

Was ist nun Stil? Über diese Frage haben wir uns freilich zuvörderst schlüssig zu machen. Versteht man unter „Stil" die sogenannte charakteristische Schreibweise, deren Anerkenntnis in dem Buffonschen „le style c'est l'homme" gipfelt, so hat Keller nicht nur Stil, sondern auch mehr davon als irgendwer. Aber diese Bedeutung von „Stil" ist antiquiert, und an ihre Stelle ist etwa die folgende, mir richtiger erscheinende Definition getreten: „Ein Werk ist um so stilvoller, je objektiver es ist, d. h. je mehr nur der Gegenstand selbst spricht, je freier es ist von zufälligen oder wohl gar der darzustellenden Idee widersprechenden Eigenheiten und Angewöhnungen des Künstlers." Ist dies richtig (und ich halt es für richtig), so läßt sich bei Keller eher von Stilabwesenheit, als von Stil sprechen. Er gibt eben all und jedem einen ganz bestimmten, allerpersönlichsten

Ton, der mal paßt und mal nicht paßt, je nachdem. Paßt er, so werden, ich wiederhol' es, allergrößte Wirkungen geboren, paßt er aber nicht, so haben wir Dissonanzen, die sich gelegentlich bis zu schreienden steigern. Er kennt kein suum cuique, verstößt vielmehr beständig gegen den Satz: „Gebet dem Kaiser, was des Kaisers, und Gott, was Gottes ist." Erbarmungslos überliefert er die ganze Gotteswelt seinem Keller-Ton.

Dieser Fehler — denn ein solcher ist es, und nur von „Eigenart" sprechen, wäre Beschönigung — tritt einem in allen Kellerschen Arbeiten entgegen, am meisten aber in seinen vielgefeierten und in der Tat entzückenden „Sieben Legenden", entzückend, wenn man vom Stil abzusehen vermag oder zu den noch Glücklicheren gehört, die, weil sie selber keinen haben, auch keinen vermissen. Alle diese Legenden fallen in ihrem humoristisch-spöttischen und zugleich stark liberalisierenden Keller-Ton völlig aus dem Legendenton heraus und verstimmen mich, aller Kunst des Vortrags unerachtet, durch etwas ihnen eigenes Perverses, Widerspruchsvolles und „Schiefgewickeltes." An diesem Berolinismus dürfen Keller-Schwärmer am wenigsten Anstoß nehmen, denn ihres Lieblings Schreibart ist reich an Wendungen der Art oder auch an gewagteren. Keller selbst ist sich übrigens des Antilegendenhaften in seinen sieben Legenden oder, was dasselbe sagen will, einer inneren Umgestaltung des ihm Überlieferten völlig bewußt gewesen und schreibt deshalb, seine Handlungsweise rechtfertigend, in einem kurzen Vorwort im wesentlichen das folgende. „Wie der Maler durch ein fragmentarisches Wolkenbild, eine Gebirgslinie, durch das radierte Blättchen eines verschollenen Meisters zur Ausfüllung eines Rahmens gereizt wird, so verspürte der Verfasser die Lust zu einer Reproduktion alter Legenden, jener abgebrochen schwebenden

Gebilde, wobei ihnen freilich zuweilen das Antlitz nach einer anderen Himmelsgegend hingewendet wurde, als nach welcher sie in der überkommenen Gestalt schauen." So Keller. Richtiger wäre vielleicht die Bemerkung gewesen, „daß er ihnen, wie eben so vielen Tauben, den Kopf umgedreht habe." Denn sie sind tot.

Ein Musterbeispiel für dieses Totsein gibt uns die Legende von der heiligen Eugenia. Nach der alten Überlieferung begab sich Eugenia von Alexandrien her, wo sie gemeinschaftlich mit zwei Knaben, die beide Hyacinthus hießen, erzogen worden war, nach Rom und erlitt dort bei der unter Kaiser Valerianus stattfindenden Christenverfolgung als Glaubensheldin den Märtyrertod. Dies das Überlieferte, das mir nirgends zum Spott herauszufordern scheint. In Kellers Legende aber erhält die Geschichte folgenden Abschluß: „Eugeniens Gewalt über Aquilinus, ihren Gemahl, war so groß, daß sie auch die beiden Hyacinthen aus Alexandrien mit nach Rom nehmen konnte, allwo dieselben ebenfalls die Märtyrerkrone gewannen. Erst neulich sind in einem Sarkophage der Katakomben ihre Leiber vereinigt gefunden worden, gleich zwei Lämmchen in einer Bratpfanne, und es hat sie Papst Pius einer französischen Stadt geschenkt, in welcher die Preußen ihre Heiligen verbrannt haben. Ihre Fürsprache soll namentlich für träge Schülerinnen gut sein, die in ihren Studien zurückgeblieben sind."

Ich bin für das, was hierin komisch ist, keineswegs unempfindlich und finde beispielsweise die „zwei Lämmchen in einer Bratpfanne" witzig und anschaulich. Aber die Legende, solange sie sich Legende nennt, verträgt diesen Ton nicht; sie hat vielmehr ihren besonderen Stil, und diesen vermiß ich hier. Das heilig Naive der Legende sollte vielleicht überhaupt gegen solche Behandlungsweise geseit sein; wenn aber nicht, wogegen ich schließlich nichts habe, so gebietet sich wenigstens ein Flaggenwechsel. Was wir hier haben, ist einfach der Korsar unterm Sternenbanner. Und das mißfällt mir.

Alles bis hierher Gesagte richtete sich in erster Reihe gegen Keller selbst. Anders verhält es sich mit dem, was ich noch zu sagen habe, mit den Bedenken gegen die kritische Methode, die diesem Brahmschen Essai zugrunde liegt. Und wie charakterisiere ich nun diese Methode? Vielleicht am besten durch ein Bild. Ich entsinne mich einer um Jahre zurückliegenden Einladung, in der es am Schlusse hieß: der große Kottbuser Baumkuchen sei glücklich arriviert, und ich sei nunmehr geladen, da man ja wisse, welche Passion ich dafür hätte. Und richtig, da stand er in seiner ganzen Pracht und Herrlichkeit und wurde auch, als seine Tranchierstunde gekommen war, von der Mitte der Tafel her bis vor den Platz der Wirtin gerückt, die sich ohne Zögern und mit einer gewissen Feierlichkeit an die Bewältigung der Außenwerke machte. Sie brach erst die geschweiften halben Lyras ab, die sich strebepfeilerartig an den großen Dom anlehnten, entfernte gleich danach die braunen knusprigen Eichenblätter und nahm endlich, während schon zwei reich gefüllte Teller nach rechts und links ihre Runde machten, den roten Dragé-Engel herunter, der mit einer Fahne in der Hand auf einer Weltkugel stand. All das leider, ohne daß der ersehnte Moment des eigentlichen „Anschnittes" gekommen wäre. Ja, die Wahrheit zu gestehen, dieser ersehnte Moment kam überhaupt nicht, und trotzdem ich auf dem Heimwege einige Semperkontente behaupten hörte, daß „das Braune das Beste sei," zehrte mir doch eine Verstimmung am Herzen. Ich war auf Baumkuchen eingeladen und hatte keinen gekriegt. Die Wirtin, gleichviel ob aus Sparsamkeit oder

Laune, war in meiner Schuld geblieben und nicht bis an ihre pflichtmäßige Tagesaufgabe vorgedrungen.

An diese Baumkucheneinladung ohne den richtigen und wirklichen Baumkuchen erinnert mich die jetzt durch Philologeneinfluß in Mode gekommene kritische Methode, der auch Brahm huldigt. Ein großer Apparat wird in Bewegung gesetzt, um mit profunder Gelehrsamkeit festzustellen, wie weit der und der, also im vorliegenden Falle Gottfried Keller, durch Jean Paul oder Goethe, durch die Romantiker oder die schwäbische Schule beeinflußt worden sei. Dazu dann gewissenhafte Zählungen einzelner Wörter und Wendungen, Vergleiche der Haupt= und selbst der Nebenfiguren untereinander, Übereinstimmungen und Gegensätze, subjektiv und objektiv — alles nach Analogie statistischer Tabellen, in denen unter Schemabenutzung über die Schulpflichtigkeit der Kinder oder über die Migräne der Frau berichtet werden muß. Das und ähnliches repräsentiert eine Methode, die, so mein' ich, immer nur ausnahmsweise und immer nur bei den Allergrößten, in betreff deren alles bedeutsam ist, angewandt werden darf. Dante, Shakespeare, Goethe, — die Bedeutung dieser Persönlichkeiten ist so groß, daß auch die minutiösesten Untersuchungen ihr Interesse haben. Aber so liegen die Dinge bei Keller nicht. Er ist ein ausgezeichneter Schriftsteller, noch mehr ein bedeutender Künstler, und so liegt es mir denn fern, ihm seine wohlverdienten Ehren in irgend etwas schmälern zu wollen; aber so hervorragend er ist, so hat er doch nirgends, um ein Wort A. W. Schlegels zu gebrauchen, „den Vorhang von einer neuen Welt fortgezogen". Alles, was er bringt, war nach Form und Inhalt schon vorher da: das Zyklische, das Realistische, das märchenhaft Romantische, selbst die Verquickung beider. Er produziert einen vorzüglichen Wein, und die Sorgfalt, erst in der Be=

ackerung, dann in der Behandlung, erhebt sein Gewächs bis zur Höhe berühmtester Jahrgänge, aber der Berg selbst war längst vorher da, und die Rebenart auch.

An einen Schriftsteller derart mit der Brahmschen Methode heranzutreten, halt' ich nicht für richtig. Die ganz natürliche Folge davon ist, daß ungeheuer viel gesagt wird, was, so gut und geistreich es ist, durchaus nicht gesagt zu werden brauchte, und daß umgekehrt das ungesagt bleibt (wenn nicht immer, so doch vielfach), auf das es einzig und allein ankommt. Da hab ich, um an einem Beispiele zu zeigen, was ich meine, jüngst eine Kritik über Rudolf Lindau gelesen und zwar über seine Novelle „Gordon Baldwyn". „Rudolf Lindau", so hieß es darin, „vertritt in dieser in Paris spielenden Novelle die Meinung, daß es zahlreiche Situationen gibt, in denen man nur durch sich selbst und nicht durch den schwerfälligen Apparat eines Rechtskörpers gerichtet werden kann. Ein Mordverdacht liegt vor, wo statt einer Mordabsicht nur ein unglücklicher Zufall gewaltet hat, und Gordon Baldwyn entdeckt einem in Hakodai oder Yokohama lebenden, so streng wie frei fühlenden Freunde, was geschehen. Er wird von eben diesem mit derselben Bestimmtheit freigesprochen, mit der er sich selber längst vorher vor seinem eigenen Gewissen freigesprochen hat, während doch ein Durchschnittsgerichtshof oder gar eine beliebige Gruppe von Geschworenen, ihn, einen Schuldlosen, unzweifelhaft schuldig befunden haben würde." So etwa die Kritik. Ich bin danach imstande, mir ein deutliches Bild von dem Inhalte der Novelle, von ihrer Tendenz sowohl wie von Personen und Szenerie darin zu machen, und alles, was noch fehlt, aus der Phantasie heraus hinzu zu gestalten. Ich glaube, so muß es sein.

Brahm aber verfährt anders. Nehmen wir beispiels=

weise, was er über die „Leute von Seldwyla" sagt. Wir erfahren, daß hier zum ersten Male die Subjektivität des Dichters überwunden erscheint, und daß er nichtsdestoweniger der alte Romantiker geblieben, der „wie Tieck und Eichendorff schildert". Dann folgen einige Zeilen über „Die drei gerechten Kammacher" und „Spiegel des Kätzchen", woran sich endlich die Namen der noch verbleibenden Geschichten reihen, die das gemeinschaftlich haben, „daß sie eine Läuterung darstellen, eine Läuterung vom Schmollen, vom Ziersamen, von der Gefallsucht, von Kannegießerei usw." Wenn vielleicht hier und dort noch ein paar weitere Worte gesagt worden sind, so finden sie sich, und auch das ist eine Besonderheit dieser kritischen Methode, durch das Buch hin zerstreut. Von der berühmtesten Novelle: „Romeo und Julia auf dem Dorfe" hören wir im wesentlichen, und trotzdem eine längere Stelle daraus zitiert wird, doch nur das eine, daß sie hinter keinem Werke der Erzählungskunst aus unserer klassischen Epoche zurückbleibe. Mit allem einverstanden. Aber es trifft nicht den Punkt, auf den es im letzten Moment ankommt, und die mit Recht so berühmt gewordene Geschichte geht weder in ihrem besonderen Wert, noch in ihrer besonderen Schönheit hell und klar wie ein Stern vor unserem Auge auf.

An einer Stelle hat Brahm eine Ausnahme gemacht und den vierbändigen Roman „Der grüne Heinrich" auf etwa 20 Seiten beschrieben und charakterisiert. Da war er auf der rechten Spur. Aber freilich ist er hier nach der entgegengesetzten Seite hin zu weit gegangen und hat das nun wirklich aus dem Vollen herausgeschnittene Baumkuchenstück mit so viel Konserven und Konfitüren belegt, daß es etwas anderes, sagen wir eine komplizierte Wiener Torte geworden ist. Alles einzelne gut und schmackhaft, aber zu vielerlei, dabei sich beständig untereinander befehdend. Und dies ist das Bedenklichste. So zieht Brahm um nur ein Beispiel zu geben, eine sehr gut durchgeführte Parallele zwischen dem „Grünen Heinrich" einerseits und „Werther", „Wilhelm Meister" und „Dichtung und Wahrheit" andererseits, als deren Endresultat er mit Recht eine große Übereinstimmung proklamiert. „Aber," so fährt er unmittelbar darauf fort, „nachdem ich eine so vielfache Übereinstimmung des ‚Grünen Heinrich' mit den Goetheschen Dichtungen hervorgehoben habe, scheint es nötig, auch auf einen wesentlichen Unterschied aufmerksam zu machen. Die Helden der Goetheschen Romane: ‚Werther' und ‚Wilhelm Meister', sind Typen, der ‚Grüne Heinrich' ist keiner. Oder er ist es doch nur insofern, als die moderne psychologische Dichtung überhaupt noch imstande ist, allgemeingültige Typen aufzustellen." Dieser letzte gesperrt gedruckte Satz erscheint mir charakteristisch für die hier in Betracht kommende Schreib- und Behandlungsweise. Brahm erklärt erst eine große Verwandtschaft, gleich darauf einen großen Unterschied, und nachdem er diesen Unterschied ausgesprochen hat, schränkt er ihn wieder ein. Und das alles nicht bloß von ungefähr. O nein, es soll so sein. Er hat den Apfel aufgespießt in der Hand und betrachtet ihn. „Überzeugen Sie sich, er ist gelb und scharfkantig und ich halte ihn durchaus für eine Calville, trotzdem ich nicht in Abrede stelle, daß dieses Rot auf einen Rostocker und diese Pocke sogar auf einen Borsdorfer deutet, zum mindesten auf einen Bollapfel." In dieser Weise wird beständig amendiert, abwechselnd eingeengt und erweitert, so daß ein an und für sich schöner Hang nach Gerechtigkeit und Vollständigkeit weder den Herrn Verfasser noch den Leser zur Ruhe kommen läßt.

Ich habe im vorstehenden Meinungsverschiedenheiten und selbst einzelne Bedenken geäußert, wo doch andererseits so viel Grund zur Zustimmung vorlag. Hoffentlich bedarf dies keiner Entschuldigung, auch in den Augen des Herrn Verfassers nicht. Meiner Besprechung hätt' ich nicht diese Länge gegeben, wenn es sich um eine Durchschnitts- und Alltagserscheinung auf dem Gebiete der Kritik gehandelt hätte. Gerade von Alltäglichkeit keine Spur. Kenntnisreich und liebevoll ist alles aus einem wirklich kritischen Berufe herausgeschrieben; wenn ich nichtsdestoweniger in bezug auf zwei Punkte von Wichtigkeit einen Dissens äußerte, so hab ich damit nur Dinge zur Sprache bringen wollen, die benn doch auch einmal gesagt werden mußten, und die darauf hinausliefen, daß Gottfried Keller den zu Grenzübergriffen geneigten Pflug, mit dem er seinen Märchenacker bestellt, nicht immer gewissenhaft genug, Otto Brahm aber seine kritische Wage zu gewissenhaft in Händen hält, so gewissenhaft erregt, daß das miterregte Zünglein der Wage in einem beständigen Schwanken darüber bleibt, auf welche bestimmte Zahl hin es deuten soll.

Friedrich Spielhagen.

„Problematische Naturen." „Durch Nacht zum Licht."

Beide Romane gehören durchaus zusammen, dieselben Personen treten in beiden auf. Einige behandeln „Durch Nacht zum Licht" als bloßes Anhängsel, das der Verfasser besser fortgelassen hätte. Dies ist Torheit. Es ist einfach die zweite Hälfte eines auf sechs Bände angelegten Romans. Läßt man „Durch Nacht zum Licht" fort, so wird die Geschichte in ihrer Mitte abgebrochen; jede Entwicklung fehlt, ebenso jede künstlerische Abrundung. Ich kann auch nicht finden, daß „Durch Nacht zum Licht" schwächer sei. Einzelnes ist angreifbarer, häßlicher, störender, aber dies wird einerseits durch ebensoviele Vorzüge aufgewogen, andererseits spricht sich in dem Wagnis dieser höchst angreifbaren Stellen die Kühnheit eines nicht gewöhnlichen Talentes aus.

Der angreifbarste Punkt des Buches — ich fasse alle sechs Bände immer als eine Einheit — liegt in seiner Intention. Es wird zugegeben werden müssen, daß es nicht nur Typen, sondern ganze Schichten der Gesellschaft im wesentlichen richtig widerspiegelt; aber es gibt zu viel Schatten und zu wenig Licht. Das Mischungsverhältnis ist nicht richtig. Es tauchen nur sehr wenig Figuren auf, die uns erfreuen können; alles andere ist eitel, zerfahren, liederlich, scheinheilig, frech oder auch aus der Reihe derer genommen, die uns sympathisch berühren sollen — unklar, unwahr, phrasenhaft, verrückt. Mit der Überschrift „Problematische Naturen" wird dieser Schaden nicht zugedeckt. Ja, nach dieser Seite hin ist der Roman als mißlungen zu bezeichnen. Wenn er uns für seine „Problematischen Naturen", wie es doch unzweifelhaft der Fall ist, interessieren wollte, so mußte er in einer Welt liebenswürdiger Gestalten, zwei auch liebenswürdige, aber zugleich „problematische" Figuren hineinstellen und uns zeigen, wie diese Personen, gehütet und gewarnt, gewarnt auch durch die beständig laut werdende Stimme ihrer eigenen besseren Natur, doch dem „Problematischen", das nun mal in ihnen steckt, unterliegen. Dann hätte nicht nur das Ganze einen schönen, künstlerischen Eindruck gemacht, auch die „Problematischen Naturen" selbst würden bis zuletzt ein Gegenstand unserer Teilnahme geblieben sein. Dieser Fall tritt aber hier nicht ein. Wir sind herzlich froh, daß sie endlich tot sind, und daß die Welt frei ist von höchst unerquicklichen Figuren, die beständig an unser Interesse appellieren und es durchaus nicht wachrufen können.

Zu diesem Hauptfehler des Buches, der es mit sich bringt, daß es beim großen Publikum keine rechte Liebe gefunden hat, gesellt sich der zweite kleinere, daß die Kunst des Fabulierens mit einer an Rücksichtslosigkeit grenzenden Virtuosität betrieben wird. Der Dichter erschrickt vor nichts, und auf jeder dritten Seite führt er das Märchen vom „Tischlein-deck-dich" auf. Er braucht eine Figur oder eine Situation, und schon im nächsten Moment ist sie da. So geschickt er dabei verfährt, so wird einem doch gelegentlich das Äußerste zugemutet, und nur der schon berauschte, seit acht Tagen unter dem Intoxikationseinfluß der Erzählung stehende, halb willenlos, zum Teil auch müde gewordene Leser kann ohne Widerstreben folgen. Auch darin versieht es der Verfasser, daß er seine Personen alles sagen läßt, was er gerade auf der Seele hat, ohne sich mit der Frage zu behelligen, ob es zu den Personen paßt oder nicht.

Dies sind die Fehler des Romans, der im übrigen das literarische Ansehen durchaus rechtfertigt, zu dem er Spielhagen verholfen hat. Die Komposition, wiewohl sehr kompliziert, ist überall klar; alles entwickelt sich vorzüglich, und selbst das, was anfänglich Episode scheint, wird überaus geschickt in den Gesamtgang der Handlung mit hineingezogen. Nichts ist überflüssig; jede Person, jede Situation dient dem Ganzen. Ich kenne keinen Roman, auch die besten englischen nicht ausgeschlossen, in dem die Kunst des Aufbaus größer wäre. Und zu bewundern wie das Ganze ist vielfach auch das einzelne. Ganze Kapitel sind tadellos, und namentlich das Halbhumoristische aus dem

Kleinleben, das heitere, mehr oder minder satirisch gehaltene „Genre", glückt ihm vorzüglich.

Er schildert nicht blind drauf los, sondern alles hat klar und gegenständlich vor seinem Auge gestanden, so daß seine Lokal- und Naturbeschreibungen, seine Situationsschilderungen nichts zu wünschen übrig lassen. Die Begegnung mit der alten Frau Clausen auf der Moorheide, die ersten Begegnungen mit Melitta, Oldenburgs Haus auf Cona, das literarische Kränzchen in Grünewald, das Souper Timms und Oswalds im Grünewalder Ratskeller, die Flucht Oswalds und Emilie von Breesens über das Eis hin, — das sind Szenen, die nicht lebendiger und anschaulicher gegeben werden können.

Dem Schilderungstalent entspricht das Talent für den Dialog. Die Personen sprechen vielfach zu lang und am unrechten Ort, ganz abgesehen davon, daß sie, wie schon hervorgehoben, Sachen sagen, die sie nicht sagen sollten; dieser Fehler unerachtet muß aber doch, speziell auch nach dieser Seite hin, eine große Begabung zugegeben werden. Im ganzen genommen hat Spielhagen immer einen natürlichen Gesprächsstoff für seine Gestalten zur Hand, einen Stoff, den er aus der Erzählung selber nimmt, aus dem, was sich schon ereignete, oder aus dem, was sich noch ereignen wird.

Ich kann mich nicht entsinnen, ein Buch gelesen zu haben, das mich so unruhig gemacht, in meinem Urteil so hin und her geworfen hätte. Ich kämpfe auch in diesem Augenblick noch zwischen allerlebhaftester Anerkennung und Verwerfung. Und aus diesem Zwiespalt werde ich schwerlich herauskommen. Die erzählerische Kraft ist groß, aber diese Kraft geht doch nicht die richtigen Wege. Es ist beständig etwas da, was einen ärgert und verstimmt oder gar begoutiert. Es fehlt Schönheit, Poesie, Frieden und

Versöhnung; es ist kein unschuldiger Ball in einem guten Hause, und es ist auch kein quicker Bauerntanz in einem pommerschen oder märkischen Kruge; es ist mehr oder weniger Orpheum. Die Gestalten, die sich drin tummeln, sind im ganzen richtig gezeichnet: einzelne, weil ihr Unglück größer ist als ihre Schuld, wecken Mitleid; aber zu einem eigentlich herzlichen Verhältnis bringt man es nicht. Man scheidet beunruhigt, nicht bewegt.

Paul Lindau.
„Der Zug nach dem Westen."

Es fehlt uns noch ein großer Berliner Roman, der die Gesamtheit unseres Lebens schildert, etwa wie Thackeray in dem besten seiner Romane „Vanity fair" in einer alle Klassen umfassenden Weise das Londoner Leben geschildert hat. Wir stecken noch zu sehr in der Einzelbetrachtung. Glasbrenner eröffnete den Reigen, aber er blieb im Handwerkertum stecken. Dann kam Stinde mit seinen Schilderungen des Berliner Kleinlebens. Er hat seine Aufgabe am glänzendsten gelöst, beinah vollkommen.

Eine andere Schicht der Gesellschaft, Berlin W. oder noch richtiger das Finanz- und Geheimrats-Berlin einschließlich der Kommerzienräte und derer, die es werden wollen, hat bei Frenzel, Kretzer, Mauthner, Lindau eine Abspiegelung erfahren. Es fehlt all diesen Schilderungen etwas. Was? Was fehlt diesem Realismus? Worin fehlen sie? Die Frage läßt sich nur beantworten, wenn man erst festgestellt hat, was ein Roman sein soll. Es heißt immer: „ja, das ist nicht möglich, das kommt nicht vor." Und darauf hin verwirft man die Dinge. Das ist nicht richtig. Daran liegt es nicht. Es kommt alles vor, und auf dem Gebiete der Begehrlichkeiten, besonders auch der sinnlichen, ist alles möglich. Unsere Zeitungsnotizen und Prozesse zeigen das Äußerste, mindestens so viel, als in den verwegensten Romanen vorkommt. Also daran liegt es nicht. Es kommt vor, es kommt alles vor. Aber das ist nicht Aufgabe des Romans, Dinge zu schildern, die vorkommen oder wenigstens jeden Tag vorkommen können. Aufgabe des modernen Romans scheint mir die zu sein, ein Leben, eine Gesellschaft, einen Kreis von Menschen zu schildern, der ein unverzerrtes Wiederspiel des Lebens ist, das wir führen. Das wird der beste Roman sein, dessen Gestalten sich in die Gestalten des wirklichen Lebens einreihen, so daß wir in Erinnerung an eine bestimmte Lebensepoche nicht mehr genau wissen, ob es gelebte oder gelesene Figuren waren, ähnlich wie manche Träume sich unserer mit gleicher Gewalt bemächtigen, wie die Wirklichkeit.

Also noch einmal: darauf kommt es an, daß wir in den Stunden, die wir einem Buche widmen, das Gefühl haben, unser wirkliches Leben fortzusetzen, und daß zwischen dem erlebten und erdichteten Leben kein Unterschied ist, als der jener Intensität, Klarheit, Übersichtlichkeit und Abrundung und infolge davon jener Gefühlsintensität, die die verklärende Aufgabe der Kunst ist.

Hieran gemessen, sind die Arbeiten von Frenzel, Kretzer und Mauthner anfechtbar. Alles darin Geschilderte ist möglich, selbst die Ungeheuerlichkeiten Max Kretzers habe ich nicht den Mut als schlechtweg unmöglich zu bezeichnen. Aber auf die Frage: sind diese Schilderungen des Lebens ein Bild des Lebens von Berlin W., ein Bild unserer Bankiers-, Geheimrats- und Kunstkreise? muß ich mit einem allerentschiedensten „Nein" antworten. Ich kenne dies Leben seit 40 Jahren, kenne es auch in der Neu=

gestaltung, die das Jahr 70 und die Gründerepoche ihm gegeben hat, und finde, daß dies Leben ein anderes als das hier geschilderte ist. Es fehlt das Versöhnliche darin, das Milde, das Heitere, das Natürliche.

Dieser Wirklichkeit des Lebens kommt Lindau näher, vielleicht ganz nahe, es fehlt das Outrierte, Haarsträubende, Abstoßende; aber sein Roman hat einen anderen Fehler: er wirkt (Lindau wird lachen und die Welt mit ihm) unmodern, relativ unmodern, trotz eines starken in Modernität arbeitenden Apparates, der uns vorgesetzt wird. Er befleißigt sich einer Wohlanständigkeit, eines Maßhaltens, aus dem aber schließlich nicht die Natur, sondern nur die Nüchternheit geboren wird. Der Roman hat etwas Schemenhaftes, und statt der Menschen ziehen Mannequins in Theatergarderobe oder Maskeradenleute an uns vorüber. Sie tun nach Fleisch und Blut (man könnte sagen, sogar ganz gehörig), aber sie haben nicht Fleisch und Blut. Wenigstens nicht genug. Es sind alte Figuren, alte Bühnenkommerzienräte usw. Lindau, als er sein Buch schrieb, ist mehr von Theateranschauungen als von Lebensanschauungen beherrscht gewesen. Sonderbar, daß ein dem Leben Abgewandter und beinahe Abgestorbener ihm das vorhalten muß, aber es ist so. Lindau hat nicht seine Kenntnis des Lebens (von der er vor dem Schreiber dieses ein gut Teil voraus hat), sondern seine Kenntnis der Bühne hervorgezogen, und dies ist schuld, daß der ganze Roman, wenige Stellen abgerechnet, blaß und unlebendig wirkt. Ich entsinne mich eines Tages, den ich bei Lindau in großer Gesellschaft zubrachte. Bayard Taylor (eben zum amerikanischen Gesandten ernannt) war da, mit ihm Auerbach, Lasker, Professor Jhering und viele andere noch. Ja, das war Leben, Eigenart, Spezialität. Solche Tage hat gerade Lindau zu hunderten in Szene gesetzt, zu seiner und vielleicht mehr noch zu seiner Gäste Freude, aber an diesem reichen und teuer erworbenen Material (denn er ist das Gegenteil von einem Knauser) ist er vorübergegangen, hat seinen Schatz vergraben und sich Dutzendgestalten, nicht von der Lebens=, sondern von der Schaubühne, heruntergelangt. Es gibt kaum eine Gestalt in dem Roman, zu der man in eine Herzensbeziehung träte.

Iwan Turgenjew.
„Neuland."

Der Held der Geschichte ist ein junger Student und Poet, Neshdanoff mit Namen, der unter die russischen Radikalen geraten ist und eine Welt der Freiheit, der Bildung, des Glückes herstellen will. Unbemittelt tritt er als Hauslehrer in eine aristokratische russische Familie ein, wo er die Bekanntschaft einer geistesverwandten jungen Dame, einer Anverwandten des Hauses macht. Diese ist viel energischer als er, will alle Verhältnisse brechen und bringt beständig auf „Aktion". Sie fliehen, um sich zu verheiraten und dann als Freiheitsapostel gemeinschaftlich von Dorf zu Dorf zu ziehen. Die russischen Bauern denken aber anders darüber: ein Freund und Genosse Neshdanoffs wird bei Gelegenheit einer Freiheitspredigt halb totgeschlagen, und er selber rettet sich nur dadurch, daß er Unmassen von Schnaps mit den Bauern trinkt. Dies ekelt ihn an; er merkt, daß es mit der ganzen Freiheitsapostelei sehr mißlich steht, ganz besonders aber, daß er persönlich kein Freiheitsapostel ist. Er paßt nicht zu diesem Metier. Zugleich findet er, daß die tapferer geartete Dame, die er zu lieben glaubte, weder ihn recht eigentlich liebt, noch er sie. Sie schleppen sich anständig langweilig nebeneinander her. Er fühlt, daß er überflüssig ist, und erschießt sich. Die junge, tapsere Dame heiratet nach wenigen Tagen einen anderen, der mehr Mann ist und das Staatsreformieren besser versteht. Damit schließt im wesentlichen die Geschichte, die sehr vorzüglich ist und an der man doch keine rechte Freude hat. Woran liegt das?

An zweierlei. Erstens will man erkennen, was der Verfasser denn eigentlich für Ideale hat, wofür er schwärmt, was ihm Herzenssache ist. Er schwärmt aber für nichts. Die Altrussen sind ihm lächerlich, die Neurussen sind ihm verächtlich, die Adligen geißelt er als hohl, hochmütig, phrasenhaft, die Bauern als verschnapste Imbéciles. So wird nirgends ein rechtes Behagen geweckt. Man bewundert die Treue der Bilder, aber sie lassen so kalt, wie der Dichter kalt war, der sie schuf.

Der zweite Punkt berührt den Helden Neshbanoff. Dieser ist etwas eitel, fahrig-poetenhaft, aber im wesentlichen doch ein guter, geschickter und anständiger Kerl. Er ist vorwiegend von feiner und nobler Empfindung. Jeder, der nun diesen Helden durch das halbe Buch hin begleitet und ihn entweder lieb gewonnen oder ihm doch wenigstens Teilnahme entgegengetragen hat, wird den Wunsch hegen, ihn auf irgend eine Weise glücklich werden zu sehen. Es gibt dazu viele Wege. Er kann dies Glück in seiner Liebe, er kann es auch in seinen Idealen finden, indem er diese entweder in ihren ersten Anfängen sich verwirklichen sieht oder indem er hoffnungsvoll-verklärt für sie stirbt. Es gibt aber noch andere Wege zum Glück. Die Bauern haben ihm den Schnaps halb eingezwungen, das ganze Treiben ekelt ihn an. Was ist natürlicher, als daß er es aufgibt! Eine nur leidlich gesunde Natur hätte sich rekolligiert, hätte sich ein Eisen=

bahnbillet zurück nach Petersburg genommen und hätte ein neues, besseres Leben angefangen. Ging es in Petersburg nicht, so blieb ihm England, Amerika. Statt dessen verfällt er in einen Katzenjammer, stellt sich poetisch unter einen Apfelbaum und schießt sich tot.

Das macht einen trübseligen Eindruck. Wenn das Sich-tot-schießen einen Effekt machen soll, so muß etwas vorhergegangen sein, das diesen Ausgang rechtfertigt oder fordert, fehlt es aber an Ereignissen, die ein Recht haben, mir die Pistole in die Hand zu drücken, so muß ich sie auch nicht aus Katzenjammer in die Hand nehmen. Sind alle diese Dinge so kümmerlich, so ridikül wie Turgenjew sie darstellt, so sind sie Stoff für einen komischen Roman, und es verdrießt uns, einen guten und lieben Menschen, der all diese Dummheiten, den Schnaps und seine eigene Freiheitsapostelschaft ernsthaft nimmt, hingeopfert zu sehen. Hingeopfert durch sich selbst. Er mußte die Kraft haben, sich aus den Banden der Phrase zu befreien, dann hätten wir uns seiner und des Buches erfreut; so legen wir es mit dem Gefühl aus der Hand: wie traurig, wie unbefriedigend! Es fehlt alles Versöhnliche, kaum eine Zukunftsperspektive.

In der ersten Hälfte, wo die glänzende und doch so knappe Darstellungsweise Turgenjews noch als solche genossen werden kann, hat mich das Buch sehr interessiert; man hat hier eben den Meister; von da ab aber, wo Farbe bekannt, wo Gesinnung, Lebensanschauung und eigentlichstes Dichtertum gezeigt werden sollen, läßt es einen im Stich. Das Interesse erlischt, und man ist schließlich froh, daß es ein Ende hat.

Alexander Kielland.

„Arbeiter."

Die Verlagshandlung begleitet das Erscheinen dieses Romans mit folgenden Sätzen: „Man darf wohl ohne Übertreibung behaupten, daß die ‚soziale Frage' in keinem belletristischen Produkte der letzten Jahre mit gleicher Kühnheit und Kraft der Komposition wie der Charakteristik zum Gegenstande der künstlerischen Darstellung gemacht worden ist. Kiellands noch so junger aber schon gefestigter Ruf wird durch diesen Roman eine starke, neue Stütze erhalten ... Man darf kühnlich behaupten, daß dieser Roman verdientes Aufsehen machen wird." Einer vorausgehenden Notiz entnahm ich ferner, daß der Roman in der norwegischen Heimat des Herrn Verfassers innerhalb weniger Wochen mehrere Auflagen erlebt hat.

Nach diesem allem erwartet man etwas Besonderes, aber es bleibt beim Erwarten. Es ist ein gut geschriebener Durchschnittsroman, vielleicht auch von Interesse für Norwegen und seine Hauptstadt, aber ohne jede Bedeutung für Deutschland oder wohl gar für die Weltliteratur. Es ist ein ganz unoriginales Buch, und das Wenige darin, was als original gelten kann, ist sehr anfechtbar. In all diesem soll kein Tadel liegen. Ein Dahlmannscher Ausspruch lautet: „Niemand ist verpflichtet, ein großer Mann zu sein." Ich möchte auf diese Vorausbemerkung nichts weiter als den um mehrere Fuß zu hoch gestellten Mann wieder auf das ihm zukommende Niveau stellen.

Alexander Kielland hat seinen Turgenjew und seinen Auerbach, insonderheit aber seinen Spielhagen und seinen Zola mit Verständnis und Liebe gelesen, und was er uns in diesem seinem sozialen Romane bietet, ist in Tendenz und Behandlungsweise der Schreibweise der beiden letztgenannten nahe verwandt. Nur bleibt er allem Talent und aller ungeheuren Routine unerachtet hinter seinen Vorbildern zurück.

Es ist beklagt und für ein Zeichen unserer Dekadenz erklärt worden, daß sich der Feuilletonismus in jeden Literaturzweig eingedrängt habe; Zola ist noch einen Schritt weitergegangen und hat das Reportertum zum Literaturbeherrscher gemacht. Und eine gute Strecke Weges gehe ich dabei mit ihm. Ich erkenne in dem Heranziehen des exakten Berichtes einen ungeheuren Literaturfortschritt, der uns auf einen Schlag aus dem öden Geschwätz zurückliegender Jahrzehnte befreit hat, wo von mittleren und mitunter auch von guten Schriftstellern beständig „aus der Tiefe des sittlichen Bewußtseins heraus" Dinge geschrieben wurden, die sie nie gesehen hatten. Von dieser unwahren Weise, die sich nur die wenigen erlauben durften, die so geartet waren, daß sie eine erträumte Welt an die Stelle der wirklichen setzen konnten, hat uns das Reportertum in der Literatur auf einen Schlag befreit, aber all dies bedeutet nur erst den Schritt zum Besseren. Will dieser erste Schritt auch schon das Ziel sein, soll die Berichterstattung die Krönung des Gebäudes statt das Fundament sein oder wenn es hochkommt seine Rustica, so hört alle Kunst auf, und der Polizeibericht wird der Weisheit letzter Schluß. Wenn Zola den berühmten Gang in die Pariser Käsekeller oder in die Bildergalerie oder zum Wettrennen nach Longchamps oder Compiègne macht, so sind das Meisterstücke der Berichterstattung, an die sich hundert ähnliche Schilderungen anreihen, aber ihre Zusammenstellung macht noch kein Kunstwerk. Auch selbst ein geschickter Aufbau dieser Dinge rettet noch nicht, diese Rettung kommt erst, wenn eine schöne Seele das Ganze belebt. Fehlt diese, so fehlt das Beste. Es ist dann ein wüst zusammengeworfenes, glänzendes Reich, das ebenso rasch auseinanderfällt und stirbt.

Wie steht nun Alexander Kielland zu dem allem? Er hat das Reportertum, aber statt der Komposition hat er die Kompositionsschablone, und von der schönen Seele hat er nichts. Der Geist, der über dem Wissen schwebt, ist ein trübseliger und ein unreiner, ein solcher, der vor allem mal untertauchen müßte, um reiner aus dem Bade hervorzugehen. Allerdings müßt er dazu andere Wasser wählen als seine eigenen. Das Buch macht einen unerquicklichen und im einzelnen einen häßlichen Eindruck. Ist das Aufgabe der Kunst? Ich glaube nicht, daß der Pessimismus überhaupt eine besondere Berechtigung hat. Aber ich habe schließlich nichts dagegen, daß er sich dem einzelnen als Lebenserfahrung und Lebensweisheit aufdrängt, nur das bestreite ich, daß diese Trostlosigkeitsapostel irgend ein Recht haben, sich im sonnigen Reiche der Kunst hören zu lassen.

Kielland ist ein glänzender Beobachter, und die Welt der Erscheinungen ist seine Welt. Er sieht sehr scharf und hat eine leichte, glückliche Hand, das Gesehene mit derselben Schärfe wiederzugeben. In dem ganzen Buche tritt einem diese Gabe entgegen, am glänzendsten in dem 13. Kapitel, das anfängt: „Am 1. Juli wurde der Ministerialbote Andreas Moh mit Jungfer Christine Vatnemo in der Dreifaltigkeitskirche getraut", und in dem dann die Hochzeit dieses Paares in den glänzenden Räumen des Ministerhotels geschildert wird. Ich finde, daß diese Schilderung nicht zu übertreffen ist, und daß die Schilderung des großen Gründersoupers in Spielhagens „Sturmflut" und die Schilderung des Gansessens in Zolas „L'Assommoir" zwar auf einer gleichen aber auf keiner höheren Stufe der Schilderungskraft stehen.

In dieser Schilderungskraft liegt Kiellands eigentliches

Talent, eine Kraft, die sich bei Personen von nur einigem Geist und einiger Phantasie niemals auf das bloß sinnlich Wahrgenommene zu beschränken, sondern auch auf das bloß in der Phantasie gesehene und auf innerliche Vorgänge, eigene wie fremde, auszudehnen pflegt. Und so auch bei Kielland. In dem 12. Kapitel, in dem er das Herüberkommen des Frühlings von Ägypten nach Mitteleuropa und zuletzt bis hinauf nach Norwegen schildert, ist eine solche Darstellung des in der Phantasie Geschauten, und eine große Anzahl seiner scharfen Bemerkungen, in denen er seelische Regungen schildert, zeigt, daß er wie Leben und Landschaft so auch das Aufkeimen der inneren Regungen scharf beobachtet hat. Es werden im einzelnen eine Menge treffender Dinge gesagt, die nach psychologischer Durchdringung schmecken. Aber weiter kommt er nicht. Hiermit ist alles erschöpft, was zu seinem Ruhme gesagt werden kann. Was noch gesagt werden muß, ist nicht zu seinem Ruhme.

Er hat etwas von einem Psychologen, aber durchaus nicht von einem Charakteristiker. Warum nicht? Weil er nur das einzelne sieht, nicht die Totalität. So werden die Dinge bloß nebeneinandergestellt, oft sehr widerspruchsvoll, und das einheitliche oder Einheit schaffende Band fehlt. Es bleibt bei den Teilen. So kommt es, daß das, was Charaktere sein sollen, entweder nur Typen sind oder unwahre Gestalten.

Und wie ist nun die Seele, die in diesem Leibe lebt, die Tendenz, die Stimmung? Es läßt sich nichts Gutes davon sagen, auch dann nicht mal, wenn ich den Standpunkt des Herrn Verfassers als berechtigt gelten lassen wollte. „Man darf wohl ohne Übertreibung behaupten, daß die soziale Frage in keinem belletristischen Produkte des letzten Jahres mit gleicher Kühnheit usw. zum Gegen=

stande der künstlerischen Darstellung gemacht worden ist." So meint die Verlagshandlung. Ich weiß nicht, ob sie recht hat. Wenn sie recht hat, dann tant pis. Mir tun dann alle belletristischen Produkte der letzten Jahre, die sich mit der „sozialen Frage" beschäftigen, herzlich leid. Was ist denn nun hier die „soziale Frage"? Der Herr Verfasser schildert uns ein Ministerium, wahrscheinlich ein norwegisches Ministerium des Innern. Wir lernen den Minister, den Ministerialrat, den Ministerialboten (Hauptperson) und zwei, drei Ministerialsekretäre kennen, von denen der eine zugleich ein ministerielles Blatt regiert, worin beständig von der volksbeglückenden „ministeriellen Arbeit" gesprochen wird. Deshalb heißt denn auch der Roman ironisch „Arbeiter". Gegenüber diesen falschen Arbeitern steht ein wirklicher Arbeiter, ein norwegischer Bauer, Njädl mit Namen. Aber was sehen wir von der Arbeit dieses wirklichen Arbeiters? Nichts. Er ist einfach dumm, querköpfig und rechthaberisch. In einer Eingabe an das Ministerium fordert er, daß ihm „wegen eines zu ziehenden Grabens" sein Recht werde (beiläufig ein höchst zweifelhaftes Recht), und das ganze Verbrechen, das nun verübt wird, besteht darin, daß der Ministerialbote Moh, ein schlechter Kerl, diese Eingabe ins „Chaos" wirft, d. h. einen großen Generalpapierkorb, der den Namen „Chaos" führt, und nebenher auch noch darin reüssiert, dem armen Njädl sein Geld abzunehmen.

In dem ganzen norwegischen Ministerium steckt also nur ein Verbrecher: der Ministerialbote. Solche Kerle kommen bekanntlich überall vor. Der Schuldigste ist Njädl in seiner grenzenlosen Dummheit; daß Dumme betrogen worden, kommt gleichfalls überall in der Welt vor. Woher sollen wir da unsere Entrüstung oder unseren Glauben an die tiefe Reformbedürftigkeit nehmen? Ich erinnere mich, daß unser Polizeipräsident, ich glaube, es war der vortreffliche, durch wirkliche Herzensgüte ausgezeichnete Herr v. Zedlitz, unter die Anklage gestellt wurde, Futtergelder, die für fünf oder zehn Schutzmannspferde angesetzt werden, für einen anderen Polizeidienstzweig ausgegeben zu haben. Ein Vierteljahr lang wurde darüber in allen Zeitungen ein ungeheurer Lärm gemacht. Ein Russe aber, den ich damals kennen lernte, sagte zu mir: „Hören Sie, ich habe immer eine große Meinung von preußischer Verwaltung gehabt, aber jetzt erscheint sie mir geradezu sublim, sonst wär' es ganz unmöglich, daß um 300 nur an unrechter, unvorschriftsmäßiger Stelle ausgegebener Taler ein solcher Mordskandal gemacht werden könnte." Genau so steh' ich zu dieser norwegischen „sozialen Frage". Wenn die norwegischen Ministerialarbeiter weiter keine Schuld auf ihr Haupt geladen haben als die, daß ein Papierkorb existiert, der „Chaos" heißt, und daß ein betrügerischer Ministerialbote von Zimmer zu Zimmer schleicht, so steht es nicht schlimm um dieses Nordland, und so weit eine Tendenz hier mitspricht, heißt es: tant de bruit...

Indessen hierüber möchte sich streiten oder wenigstens hingehen lassen; viel schlimmer ist, daß man der ganzen Sache nicht froh wird, und daß dem Buche jeder Sonnenschein fehlt. Ich finde kein besonderes Schuldmaß in den Personen, die uns vorgeführt werden, aber alle werden auf ihre Kleinheit, ihre Schwäche, ihre Ruppigkeit, ihre Lächerlichkeit hin angesehen. Auch nicht eine Figur macht davon eine Ausnahme. Man wird nicht gerührt, nicht erhoben, nicht erfreut, nicht angestachelt zu schönem Wetteifer oder aufgefordert, ein gleich Gutes und Schönes zu sehen, die Trostlosigkeit und die Mesquinerie erklären sich in Permanenz.

Cui bono? Wem wird damit geholfen? Glaubt

der Verfasser, durch solchen Spott reformieren zu können, durch einen Spott, der nicht besondere Ausschreitungen der menschlichen Natur, sondern ganz einfach die menschliche Natur selber trifft? So waren die Menschen immer, so sind sie und werden sie sein. Die Kunst hat die Aufgabe, über diese Dinge hinzusehen, oder — wenn sie dargestellt werden sollen, was durchaus meinen eigenen Neigungen entspricht — sie humoristisch zu verklären, oder sie wenigstens grotesk-interessant zu gestalten, wie das Dickens so wundervoll verstand.

Die bloße Routine, die novellistische Gewandtheit aber, die doch schließlich — ein paar glückliche Einfälle abgerechnet — die große Heerstraße zieht und nirgends eine höhere Legitimation nachweist, sollte sich gefälligere Aufgaben stellen. Nur das große Genie, das mehr kann als an das hundertste lesbare Buch ein hunderterstes anreihen, hat ein Recht, die Dinge nach seinem Penchant einzurichten, und wenn es will, auch zu Gericht zu sitzen. Aber dann doch anders!

Rudolf Lindau.
Ein Besuch.

Am 25. Januar 1883 war kleine Gesellschaft bei Paul Lindau, Von der Heydtstraße 1, der an diesem Abende sein neues Stück "Mariannes Mutter" vorlas. Nach der Vorlesung saß ich mit Rudolf Lindau an einem aparten Tisch, und das Gespräch glitt von der Produktion seines Bruders Paul auf seine eigene Produktion hinüber. Ich sprach mit ihm über mehrere seiner Novellen und seine in Westermanns Monatsheften veröffentlichten Reiseschilderungen. Aus meinen Fragen ersah er, daß ich gut Bescheid wußte, was jedem Schriftsteller am wohlsten tut. Lob ist billig, und das Vergnügen fängt erst an, wenn man wahrnimmt, daß der andere mit Aufmerksamkeit und Interesse gelesen hat. Am längsten drehte sich mein Gespräch um seine Novelle "Gordon Baldwyn".

"Ich fasse die Novelle so auf, daß ich annehme, Sie haben die Hinfälligkeit und unter Umständen die Überflüssigkeit menschlicher Gerechtigkeit, ja die Gefährlichkeit menschlicher Gerechtigkeitsinstitutionen zeigen wollen. Unter Umständen gibt es keinen anderen zuständigen Gerichtshof als das eigene Herz. Die Sachen können kompliziert liegen, daß ein Gerichtshof notwendig schuldig sprechen muß, und sich diesem ‚schuldig' zu entziehen, wenn man ganz bestimmt weiß, ‚ich bin schuldig', ist nicht bloß Recht, sondern Pflicht. Gordon Baldwyn entzieht sich dem Pariser Geschworenengericht, trotzdem er die Tat getan, und läßt sein Herz und einen an dem Geschehenen zunächst beteiligten Freund entscheiden. Der Freund bedeutet ihm die Ratifikation, die Gegenzeichnung seines eigenen Urteils. Als ihn dieser Freund freigesprochen hat, ist er auch innerlich frei. Man kann sich zu diesem Verfahren stellen, wie man will, eine **subjektive Berechtigung** hat es. Die Welt, wenn sie mir meine Schuld (Schuld in **ihrem** Sinne) nachwirft, braucht mein Urteil nicht zu akzeptieren und kann mich hängen. Aber mein Urteil, auch in seinem Recht, wird dadurch nicht umgestoßen. Ich werde bloß gehängt. Für einen wirklichen Gentleman oder richtiger für eine wirklich edle Natur entscheidet in allen Fragen das Ich. Das Gesetz ist etwas Äußerliches, Dürftiges, Totes. Die ‚Gesellschaft‘ ist in jedem Augenblick in der Lage, dies Urteil rektifizieren und dadurch das Gefährliche darin beseitigen zu können."

In diesem Sinne sprach ich. Er drückte mir die Hand, so freudig bewegt war er, sich in seiner Intention verstanden zu sehen. Wir brachen dann ab und schlossen uns der Gesellschaft wieder an, nachdem ich ihm meinen Besuch versprochen hatte.

Mittwoch, den 21. Februar, meldete ich mich für Freitag den 23. an. So war es zwischen uns verabredet worden. „Er sei zu Hause," schrieb er mir zurück, und um ½8 Uhr war ich bei ihm, Alsenstraße 2, parterre.

Er empfing mich selbst, eine türkische Pfeife mit Meerschaumkopf in der Hand, und geleitete mich in sein Wohn- und Arbeitszimmer. Selten bin ich in einen anheimelnderen Raum getreten. Im Kamin brannte ein Feuer, und bei einer dem Auge wohltuenden Beleuchtung (auf seinem Arbeitstisch eine Schiebelampe mit grüner Glocke) übersah ich die Einrichtung: Schränke, Vasen,

Bilder, Portièren an den Wänden, Fenstern und Türen hin und im inneren Raum Fauteuils, Chaiselongues, Tische, Pulte, Teppiche. Museum und Möbelmagazin und zugleich ein urgemütliches Arbeitszimmer.

„Wo nehmen wir Platz? Am Kamin? Lieben Sie's?"

„Das wohl. Aber ich vertrag' es schlecht."

„Nnn, so setzen wir uns hier."

Das war ein Plätzchen mehr in Nähe der Fenster, wo, dem breiten Fensterpfeiler entsprechend, aber drei Schritte landeinwärts, ein Tisch stand, neben dem Tische zwei Fauteuils rechts und links. Schräg vor mir sein in der rechten Zimmerecke stehender Schreibtisch, schräg vor ihm, mehr der linken Zimmerecke zu, ein großes Stehpult, dessen Wände Regale waren, darin Bücher standen.

In gleicher Weise waren alle Bücher untergebracht, so daß 1200 Bände sozusagen gar nicht gesehen oder doch zur Hälfte versteckt wurden.

„Rauchen Sie?"

„Nein, ich danke."

„Nnu, dann ich doppelt."

Und so nahmen wir Platz. Ein paar Photographien der hübschen Kinder seines Bruders brachte das Gespräch sofort in Fluß. „Finden Sie nicht auch, wie hübsch jetzt die Kinder sind?" Ich stimmte zu, und nun gingen wir den Gründen nach. Zuletzt lachten wir und vereinigten uns dahin: sie wären früher mutmaßlich ebenso hübsch gewesen, aber man hätte sie weniger gut gekleidet und vor allem sich weniger um sie gekümmert. Es fehlten die Augen, sich der Hübschheit der Kinder zu freuen. Zum mindesten gebe es jetzt mehr solcher Augen.

Die Photographien der Kinder standen auf einem Seitentisch, und als wir aufstanden, um ihnen ihren alten Platz wieder anzuweisen, blieb ich stehen, um mir die Bilder und Kunstschätze, die an der einen Längswand hingen oder an ihr aufgestellt waren, näher zu betrachten. Es waren meist japanische Schränke, Bilder, Kästchen, Vasen, alles von sauberster, liebevollster Arbeit. Einzelnes sehr schön, dazwischen chinesische Gerätschaften, französische Bilder und Photographien. Das Japanisch-Chinesische interessierte mich natürlich am meisten, unter diesen wiederum ein in Erz ausgeführter mannshoher Reiher (japanisch) und eine schöne chinesische Metallschale.

„Sind solche Dinge wertvoll, will sagen teuer?"

„Jetzt ja. Damals, vor beinah dreißig Jahren, als ich diese Einkäufe machte, ging es noch. Ich war einer der ersten draußen. Seitdem sind diese Dinge Mode geworden, und mit der Nachfrage stieg der Preis. Der erzene Reiher" (er hob den Rücken wie einen Deckel auf) „war ein Weihbecken in einem Tempel, aus dem er in die Hände eines Händlers in Yokahama kam. Da kauft' ich ihn. Diese Schale hier" (er gab mir eine schwere Bronzeschale von der Form eines Dreimasters oder Kurfürstenkappe in die Hand) „ist chinesisch. Aus Schanghai."

„Wie weit gehen diese Dinge zurück? Sind es Altertümer?"

„Ja. Nur haben beide Länder sehr verschiedene Vorstellungen vom Alter. Will ich in Yokahama etwas Altes kaufen, so bringt mir der Händler eine Vase, die dreißig Jahr alt ist oder fünfzig. Zweihundert Jahre ist dort ein ungeheures Alter. Anders in China. In China sind zweihundert Jahre gar nichts. Diese schwere Bronzeschale z. B., die Sie vorhin in der Hand hielten ist etwa tausend Jahr alt, so alt, daß nur noch einige chinesische Gelehrte die Buchstaben darauf entziffern können."

Wir nahmen unsere Plätze wieder ein.

„Teilen Sie auch die Empfindung, nach der wir den Japanern vor den Chinesen den Vorzug geben?"

„Ja. Die Japaner stehen uns doch nur einen Grad näher und gefallen uns auch äußerlich besser. Äußerlich und in ihren Sitten und Gewohnheiten."

„Es sind zum Teil ganz gut aussehende Leute."

„Sehr. Und Sie würden dies noch mehr empfinden, wenn sie sich nicht durch die europäische Tracht, die sie hier anlegen, entstellten. Sie haben etwas Zierliches, mitunter etwas Nippfigurenhaftes."

„Kann man die, die wir hier haben, als Typen ansehen?"

„Im ganzen ja. Sie vertreten den ganzen Mittelschlag der Gebildeten und Wohlhabenden. Aber freilich, es gibt auch andere Bevölkerungsgruppen und Typen. An der Küste die zahlreiche Klasse der Fischer und Schiffer, abgehärtete Leute, auch kräftig durch ihren Beruf. Vor allem aber die Gruppe der Kämpen, der Athleten, der ‚starken Männer‘. Diese treten in Japan nicht einzeln auf wie unsere Zirkusleute, sondern bilden eine Klasse und einen Typus zugleich. Sie repräsentieren die Ringerkaste, mittelgroße, sehr starke Leute, die vielfach unseren Zirkusringern, Athleten und Akrobaten entsprechen, recht eigentlich aber dazu da sind, um in Trupps von 40—80 Mann eine Leibgarde der Fürstlichkeiten zu bilden . . ."

Auch über die Schiffer und Fischer wurde gesprochen, was alsbald auf Rudern und Segeln im allgemeinen führte und darauf, daß er diesen Sport liebe und sich ihm hingebe, wenn er seinen Sommeraufenthalt auf dieser oder jener Insel nähme, auf Sylt oder Helgoland oder Sark.

„Wo liegt Sark?"

Er lächelte. „Ja, Sark. Das bringt die besten Geographen in Verlegenheit. Sark ist eine Kanalinsel zwischen der Bretagne und Cornwall nicht weit von Guernsey. Dort hab' ich einen wundervollen Sommer von Paris her zugebracht. Die schönste Luft, ganz still, man atmet Leben und Gesundheit mit jedem Zuge. Dort sitzen und träumen ist das höchste Glück. Sonderbarerweise wird es wenig besucht. Niemand kennt es. Dabei billig, wenigstens damals. Ich bezahlte für die Woche eine Guinea, und zwar für alles. Das war von Paris aus. Jetzt liegt mir Helgoland bequemer."

„Kennen Sie dort Heinrich Gaetke, den Inselpatriarchen, den Seemaler?"

„Gewiß. Er ist mein guter Freund. Der schönste Greis, den ich kenne. O, ich muß Ihnen sein Bild zeigen. Sehen Sie hier... Und hier auf der Klippe sitzt er noch mal... Und die große Photographie da neben dem Ölbild ist nach einem seiner besten Bilder angefertigt, das er für den Helgoländer Gouverneur Maxe malte. Dort sah ich es, als ich den Gouverneur besuchte."

„Es scheint schön, aber ich finde mich nicht darin zurecht. Das hier ist ersichtlich Helgoland. Aber hier das gekenterte Boot und das da... Was soll das?"

Er lachte. „Ja, ja. Das ist das rote Tuch. Kennen Sie zufällig meine Novelle ‚Das rote Tuch'?"

„Nein. Aber ich weiß, daß sie zu Ihren besten Arbeiten zählt."

„Nun gut. Also diese ‚beste Novelle' (oder wenigstens eine der besten) ist nach diesem Gaetkeschen Bilde entstanden, und nach diesem ‚roten Tuch', das hier schwimmt, hab' ich ich sie benannt. Gouverneur Maxe wollte das rote Tuch gern weg haben, es mißfiel ihm, es unterbrach den Farbenton, es störe bloß und bedeute nichts. Ich widersprach aber, und das gewann mir des alten Gaetkes Herz. Es schien mir doch, es bedeute was; alles sei so mystisch anregend, auf dem gekenterten Boote stehe ‚Last hope‘, und dies rote Tuch und Sturm ringsum ... Das sei keine gewöhnliche Landschaft, das sei nicht willkürlich und launenhaft, das bedeute was. Der alte Gaetke stand daneben und nickte mir zu. Von dem Tage an waren wir Freunde."

„So hat er also wirklich mit dem roten Tuch etwas sagen wollen? Vielleicht dasselbe, was in Ihrer Novelle steht? Ich werde sie dann lesen ..."

„Tun Sie's. Aber es wird Sie nicht viel weiter bringen. In der Novelle klingt nur manches an. Eigentlich aber war es doch anders. Und Ihnen kann ich es erzählen ... Es sind jetzt sieben Jahr, und Heinrich Gaetke war damals schon ein Sechziger, als eine junge Schauspielerin, keine von den Berühmtheiten, aber eine hübsche, junge Person nach Helgoland kam. Sie machte Gaetkes Bekanntschaft und geriet in eine vollkommene Schwärmerei. Sie wurde seine Schülerin, sie waren immer zusammen, und er teilte zuletzt die Schwärmerei, die man ihm entgegenbrachte. Als sie endlich die Insel verlassen mußte, bat er sich ein Andenken aus, und als sie fragte was, bat er sie um das rote, schottische Tuch, das sie auf ihren Spaziergängen und auf den Meerfahrten mit ihm getragen hatte. Sie gab es ihm, und so schieden sie beide tiefbewegt. Er mußte seiner Empfindung einen Ausdruck geben, und so entstand das Bild. Das Boot ‚Last hope‘ ist im Sturm gescheitert, die Menschen hin, und nur das rote Tuch treibt noch auf der Flut."

„Das ist schön. Daran erkenn' ich meinen alten Gaetke wieder. Wir waren zusammen jung. Das Erotische war immer seine Spezialität; er scheint sich treu geblieben zu sein ... Im Hause meines Oheims, der mit Kunstsachen und Farbenutensilien handelte, nach Art des Heyſchen Geschäfts, war er Anfang der 30er Jahre Lehrling, und beim Farbenreiben, ganz nach alter italienischer Tradition, hat er sich das Farbenmalen angewöhnt. Er wurde ein Schüler von Blechen, von Kruse, dann ging er nach Helgoland, keine 24 Jahre alt, und da hat ihn Gott Eros und die Inselpolizei festgehalten... Sie kennen die Geschichte?"

„Gewiß, gewiß, und Sie waren mit ihm befreundet oder doch bekannt! Mir ein neuer Beleg für meinen alten Satz von der ‚kleinen Welt‘. Die Erde ist ein wahres Gefängnis, so eng, so klein, und es gibt keine Stelle, wohin man fliehen und sich auf seine Nichtgekanntheit verlassen könnte. In Yokahama, in den Diggings, in den Jungles, in den Prärien, in den Quellgebieten des Nils, überall Bekannte und, sobald es nicht stimmt, Aufpasser, freiwillige Sicherheitsbeamte..."

„Ich weiß, dies ist eins Ihrer Dogmen. In Ihrem Buche ‚Die kleine Welt‘ haben Sie den Gedanken in einer Anzahl von Geschichten durchgeführt. Ich hab' es mit großem Interesse gelesen. Bestanden diese Geschichten aus einer bestimmten vorweggefaßten Idee heraus, etwa wie die Zyklusromane Zolas, oder haben sie sich nach und nach und halb zufällig zusammengefunden?"

„Das letztere ist das Richtige. Ich bin kein systematischer Arbeiter, wenigstens nicht in dem Sinne, daß ich einer vorgefaßten Idee zu Liebe zyklisch eine Reihe von Geschichten schreibe. Bei mir entstehen die Dinge spontan und wachsen bis zu einer gewissen Stelle. Dann plötzlich hört ihr natürliches Wachstum auf, dann plötzlich stockt es und will nicht weiter. Tritt das ein, so schieb' ich die Arbeit beiseite. Nur kein Zwang! Solche angefangene Arbeiten hab' ich wohl zwanzig. Ich lasse diese Anfänge jahrelang liegen, jahrelang, dann les' ich sie wieder durch, bei diesem, bei jenem bleibt alles beim alten, aber hier beim siebenten oder neunten strömt es mir plötzlich zu, ein

Blitz fällt mir in die Seele: so muß es sein! Wie war es nur möglich, es nicht gleich zu sehen? Und nun schreib' ich's entweder fertig oder bis an eine neue Zweifelsstelle hin ... Unter meinen Arbeiten sind welche, die zehn Jahre und länger geruht haben.

„Ist mir sehr interessant. Ein solches Stocken kenn' ich nicht, trotzdem ich der langsamste Arbeiter von der Welt bin."

„Nun, da bin ich neugierig. Lassen Sie hören, wie Sie die Dinge zuwege bringen."

„Gott sei's geklagt. Aber diese Langsamkeit resultiert nur aus Stilgefühl, ‚aus Feile'. Das, was ich hingeschrieben habe, genügt mir nicht. Und das Basteln, das nun nötig wird, kostet dreimal mehr Zeit als die erste Niederschrift und zwanzigmal so viel Zeit als der erste Entwurf. Diesen schreib' ich unter genauer Kapiteleinteilung hintereinander weg, und alles von Anfang an an richtiger Stelle. Von dem Augenblicke an, wo mich das starke Gefühl ergreift, ‚dies ist ein Stoff', ist auch alles fertig, und ich überblick' im Nu und mit dem realen Sicherheitsgefühl, daß ich nirgends stocken werde, Anfang, Höhepunkt und Ende. Was dazwischen liegt, ist, wenn ich mich so ausdrücken darf, dunkel und ahnungsvoll ebenfalls da, ahnungsvoll aber mit der Gewißheit, daß mir dies Füllsel keine Schwierigkeiten machen wird ... Und nun schreib' ich zwei Stunden hintereinander weg, und alles steht da. Jedes Kapitel hat seinen bestimmten Inhalt. Und im wesentlichen bleibt es auch so. Aber zu dieser äußeren Raschheit meiner Phantasieschöpferkraft gesellt sich leider eine unendlich schwache Treffkraft für den Ausdruck, ich kann das rechte Wort nicht finden. Und so brauch' ich sechs Monate, um eine Arbeit zu vollenden, die ich im Nu konzipierte und in zwei Stunden entwarf. Das Kind ist da. Aber eh' es stehen und gehen kann, welch weiter, weiter Weg!"

Unter diesem Gespräche setzten wir uns an einem mehr im Hintergrunde in Nähe des Kamins stehenden Tisch, der inzwischen durch einen französischen Diener (seit vierzehn Jahren im Dienste Lindaus) gedeckt worden war. Die Getränkewahl stand zwischen Wein und Tee, und ich entschied mich für letzteren, eine Wahl, die instinktiv das Richtige getroffen hatte. Die fünf Jahre Japan, China, die Lindau „draußen" zugebracht hat, verleugneten sich nicht. Ich Teetrinker von Passion schmecke den flower, das Aroma, heraus, und diese Würdigung nahm ihn kaum weniger für mich ein als die Würdigung seiner Novellen.

An diese machten wir uns jetzt im Detail heran. Ich sprach alles durch, was ich von ihm kannte: Das Glückspendel, William Hooper(?), Die kleine Welt, Im Park von Willins, Hans der Träumer, Souvenir, Gordon Baldwyn, Der Gast, teilte seine Produktion bzw. seine Helden in Gruppen: in die schwermütig oder elegisch angeflogenen Sonderlinge, in die Abenteurer und Tiefmenschen, oder in Schnurren, Kriminal- und innere Rechtsgeschichten, und sagte ihm, daß mir die letzten die liebsten wären und mir am bedeutendsten erschienen. Er schien mir zuzustimmen, wollte aber Bestimmtes hören, und so kam es, daß ich mich über „Gordon Baldwyn" und „Der Gast", zwei Musternovellen, ausführlich verbreitete.

„Der Grundgedanke beider Novellen," so sagte ich, „erscheint mir der, daß das einzige Sittengesetz das Gewissen ist. Unser Gewissen spricht uns frei oder verurteilt uns. In ‚Gordon Baldwyn' spricht es frei, in ‚Der Gast' verurteilt es, und in beiden Fällen — und das ist die sittliche Bedeutung beider Geschichten — hat es recht. Der Leser geht ganz mit und sanktioniert hier wie dort den Gewissens=

spruch. Also das ‚Ich' des Gentleman geht über alles. Gewagt und doch richtig. ‚Man hat im Leben eigentlich nur sich selber', wie Storm einmal sagt. Die Gesellschaft darf sich freilich auf diesen Standpunkt nicht stellen; darf ihn nicht als allemgültig anerkennen."

Lindau gestand mir, daß ich es träfe: ja, das habe er gewollt. Auch an kleinen Bedenken ließ ich es nicht fehlen und hob beispielsweise hervor, daß er gewisse Dinge: Stimmungen, Handlungen, Entschlüsse nicht genugsam vorbereite. Ich gab ihm Beispiele, namentlich aus „Der Gast" und „Hans der Träumer" und setzte hinzu: „das sind Sprünge im Charakter, in denen sich der Leser nicht zurechtfindet; er empfindet solche Sprünge als Fehler und hält sie für unmöglich. Ein Charakter, der zehn Seiten lang so und so gezeichnet ist, kann zehn Seiten weiter nicht Dinge tun, die seiner Vergangenheit und seiner bis dahin gegebenen Charakterschilderung widersprechen."

Er lächelte. ‚Ja, das sagen Sie wohl, aber die Charaktere machen tatsächlich solche Sprünge, und sind es gar Frauencharaktere, so sind solche Sprünge die Regel."

„Zugegeben".

„Nun gut, wenn sie die Regel sind, wenn das Leben beständig diese Sprünge zeigt, so zeig' ich sie auch in meinen Novellen, die nichts sein wollen als Leben. Ich bin eben Realist. Ich stelle die Personen so in meine Geschichte hinein, wie ich sie draußen im Leben finde. Wer das Leben kennt, wird folgen können, muß sich darin zurechtfinden."

„Darin muß ich Ihnen widersprechen. Sehr oft wird es sich so treffen, daß scharf beobachtete Personen, auch in dem Wiedersprechenden ihres Tuus, einfach aus dem Leben in die Kunst übertragen werden können. Dann tant mieux. Das sind die Glücks= und Festtage des

Realisten. Aber er darf es nicht immer und muß ein Gefühl dafür haben, wo's geht und wo nicht. Nehmen Sie Ihre Edith in „Hans der Träumer'! Sie ist zwanzig Seiten lang eine reizende Person sans phrase, fein, gütig, mitleidsvoll, ein Bild richtigen und schönen Fühlens. Plötzlich ist sie oberflächlich, wankelmütig, uuedel, untreu, Salon- und Weltdame und weiter nichts. Es ist mir gar nicht zweifelhaft, daß es Tausende solcher Damen gibt, aber das Leben vermittelt unscheinbar und doch wahrnehmbar in huudert kleinen Zügen zwischen solchen Gegensätzen, und im Falle der Erzähler, der eben nicht alles sagen und schildern kann, sich außerstande sieht, diese kleinen, unscheinbar vermittelnden Überbrückumgen eintreten zu lassen, in diesem Falle muß er momentan, und wenn es in einem Wort oder einer halben Zeile wäre aus seiner rein schöpferischen Rolle heraustreten und auf einen Augenblick auch die Rolle des Erklärers nicht verschmähen. Mit anderen Worten: das Schönste sind Straßen, auf denen man sich nicht verirren kann, Straßen, die keiner Benennung, keiner Links- oder Rechtswarnung bedürfen: kommen aber Wegstellen, wo sich der Wandrer oder Spaziergänger verirren kann, so wird es immer denkbar sein, durch einen prosaischen Wegweiser, durch ein einfaches ‚links' oder ‚rechts' aller Beängstigungen überhoben zu sein. In die poetische Stimmung marschiert er sich rasch wieder hinein, wenn er nur sicher ist, auf rechten Wegen zu sein."

Mit vieler Liebenswürdigkeit ging er auf diese Auseinandersetzung ein.

„Ich glaube, mein Prinzip ist richtig; aber es gibt nichts in der Welt, wo man nicht auch Ausnahmefälle zu konstatieren hätte. Das Prinzip, nach dem ich verfahre, ist das von Turgenjew, mit dem ich vor fünfundzwanzig Jahren und länger über eben diese Dinge oft gesprochen habe. Wenn Sie Turgenjew verehren, wie ich es tue, so werden Sie sich von unserer modernen Novellistik, auch speziell von unserer deutschen, wenig angeheimelt fühlen. Es fehlt ihr an Wahrheit, Objektivität, Realität. Die Menschen tun und sagen beständig Dinge, die sie, wie sie nun mal sind, nie tun und sagen könnten. Empfindet man dies erst stark, so wird einem dies hohle Wesen grenzenlos langweilig."

Er nannte nun Namen.

„Ich kann Ihnen leider nicht widersprechen. Aber Sie lassen Ausnahmen gelten?"

„Ja, nennen Sie welche."

„Beispielsweise Gottfried Keller."

„Ja, Keller und den anderen Züricher, den Meyer, ebenso Storm und Anzengruber laß ich gelten. Vielleicht noch zwei, drei andere. Aber nun bin ich fertig. Anzengruber in seinen ersten Sachen ist vorzüglich; Keller (wiewohl er sich nicht überall mit meinem Prinzip deckt) steht noch höher, was ich um so lieber einräume, als mir der Kultus, der jetzt mit ihm getrieben wird, wenig sympathisch ist. Aber gleichviel, er gehört zu den wenigen, deren Schriften mich berühren, als träte ich in meinen Wald, das ist das schönste Lob, das ich überhaupt spenden kann. Alles ist frisch, duftig, natürlich, die Bäume wachsen in Gottes blauen Himmel hinein, und überall klingt es und singt es. Ach, von wie wenigen Schriftstellern kann man sagen, daß sie so berühren. Storm ist gelegentlich bedeutend und seine drei Novellen: Aquis submersus, Renate, Eekenhof, die hintereinander weg in der Rodenbergschen Rundschau standen, zähle ich zu dem besten, was ich auf dem Gebiete der Novelle kenne. Doch steht nicht alles auf dieser Höhe. Gleich nachdem ich die drei gelesen hatte, ließ ich mich verführen, mir seine gesammelten Werke anzuschaffen; sie finden sich mittlerweile nicht mehr unter meinen Büchern vor. Ich kam nicht weit damit; vieles ist bloß Zuckerwerk, Limonade. Meyers ‚Jürg Jenatsch‘ ist ein vorzügliches Buch, ‚Leubelfingen‘ ist schwach."

Es war unter diesen Gesprächen spät geworden, sehr spät, und ich erhob mich und nahm Abschied. Ein interessanter Abend lag hinter mir, ein kluger und liebenswürdiger Mann hatte sich mir erschlossen, ein Mann von großer Weltkenntnis, ebensosehr was Fläche wie Tiefe angeht. Politische Fragen waren nicht berührt worden. Von Bismarck kein Wort. —

Rudolf Lindau ist zehn Jahre älter als sein Bruder Paul, zu dem er oft in einen Gegensatz gebracht wird: Paul ist der interessante Schwerenöter, Rudolf der feine Mann und Diplomat, Paul der glänzende Journalist, Rudolf der künstlerisch überlegene Journalist. Sieht man schärfer zu, so schwindet dieser Unterschied, und beide Brüder zeigen sich von großer Ähnlichkeit in Anschauung, Lebensauffassung, Kunstprinzipien, Sprechweise, selbst im Organ ... Wie Mecklenburger oder Schlesier, wenn ihnen wohl wird, sofort in ihren Dialekt fallen, so fiel Rudolf Lindau in den angeregtesten Momenten sofort ins Lindausche und war im Klang seiner Stimme von Paul nicht zu unterscheiden. Es bleibt schließlich nur der Unterschied: Rudolf ist weltmännischer, geschulter, reservierter, wenn auch nicht in so hohem Grade wie man gemeinhin annimmt, Paul ist lebhafter, spontaner, rücksichtsloser und witziger. Rudolf ist der Mann der Schilderung, des Erlebnisses, der Betrachtung, des Bildes, Paul des Einfalls, des Impromptus, der Anekdote, der Tagesgeschichte. Beide sind klug, liebenswürdig, unterhaltlich, gütig, hilfsbereit, entgegenkommend, und wenn sie nebenher Egoisten sind, wie man ihnen vorwirft, so kann ich darin keinen Unterscheidungszug von anderen minder interessanten Leuten erkennen.

Die Märker und das Berlinertum.
Ein kulturhistorisches Problem.

I.

Die Märker haben viele Tugenden, wenn auch nicht ganz so viele, wie sie sich einbilden, was durchaus gesagt werden muß, da jeder Märker ziemlich ernsthaft glaubt, daß Gott in ihm und seinesgleichen etwas ganz Besonderes geschaffen habe. So schlimm ist es nun nicht. Die Märker sind gesunden Geistes und unbestechlichen Gefühls, nüchtern, charaktervoll und anstellig, anstellig auch in Kunst, Wissenschaft und Religion, aber sie sind ohne rechte Begeisterungsfähigkeit und vor allem ohne rechte Liebenswürdigkeit. Auch ohne Stammesgenie; — die Schwaben und Rheinländer haben entschieden mehr davon. Und was nun die viel zitierten militärischen Tugenden angeht, so mag ich über diese, die ja zweifellos existieren, nicht immer wieder wie über etwas einzig Dastehendes sprechen. Alle Stämme haben gute Soldaten und auch nicht, je nachdem. Man muß viele alte Militärs kennen gelernt und ihren vertraulichen Mitteilungen gelauscht haben, um mit der Legende von der grenzenlosen Tapferkeit irgendwelches Komplexes von Menschen ein für allemal fertig zu sein. Wär' auch unnatürlich, wenn es anders wäre. Die Märker haben viel Pflichtgefühl und verstehen zu ge=

horchen und zu befehlen, und das ist besser als der „Mut ohne Ende". Das Pflichtgefühl der Märker, ihr Lerntrieb, ihr Ordnungssinn, ihre Sparsamkeit, — das ist ihr Bestes. Und das sind die Eigenschaften, wodurch sie's zu was gebracht haben. Im übrigen sind sie neidisch, schabernackisch und engherzig und haben in hervorragender Weise den ridikülen Zug, alles was sie besitzen oder leisten, für etwas ganz Ungeheures anzusehen. Eine natürliche Folge früherer Ärmlichkeit, wo das Kleinste für wertvoll galt. Es gibt in der Mark bis diesen Tag zahllose Leute, die mit ihren 100 000 Mark ganz aufrichtig glauben, „sie kämen nach Gould oder Vanderbilt". Was aber auch nicht ganz richtig ist, wenigstens nicht im Ausdruck, weil der echte Märker weder Gould noch Vanderbilt kennt, sondern alle Größen, wenn er vergleichen will, aus seiner eigenen Provinz und am liebsten aus seinem Kreise nimmt. Ja, es sind tüchtige, aber eingeengte Leute. Wenn sie einem eine Tasse Kaffee präsentieren, so rechnen sie sich's an, nicht dem, der den Mut hat, diesen Kaffee zu trinken, und gab es gar noch eine geschmierte Semmel dazu, so wird es als ein „Mahl" angesehen, das Anspruch darauf hat, in die Stadt- oder Dorfchronik eingezeichnet zu werden.

Nach dieser Seite hin hat Baron von Seld, der bekannte Temperenzapostel, die Märker am treffendsten geschildert. Dieser war einmal einen Winter lang auf einem sogenannten märkischen „Schloß" zu Besuch, und weil ihm (er hatte viel Zeit) zu Ohren kam, die Krügersfrau wolle nächste Ostern ihren Jungen auf die Stadtschule schicken, so bot er sich an, den Jungen dazu vorzubereiten. Er gab ihm täglich zwei Stunden, von zehn bis zwölf. Das ging so monatelang. Eines Tages kam die Krugwirtin um elf ins Zimmer und brachte Herrn von Seld ein Ei zum Frühstück. Es war so klein, daß er nicht wußte, ob es ein Hühner= oder Taubenei sei; er dankte indes und aß es. Sieben Jahre später, der Junge war schon lange wieder von der Schule herunter, begegnete Baron Seld, und zwar in Berlin in der Leipziger= straße, der Krugwirtin, die nun mit jener naiven Un= geniertheit, die ebenfalls zu den charakteristisch=märkischen Zügen gehört, auf ihn zutrat und ihm ihre Patsche reichte. Fing auch sofort an zu sprechen. Wovon sie aber sprach, das war weder der Junge noch der Unterricht, den Baron Seld dem Jungen aus gutem Herzen gegeben, sondern war das Ei. „Wissen Sie wohl noch, Herr Baron, wie ich Ihnen damals das Ei brachte?"

Die häßlich egoistische Seite des märkischen Wesens, der eitle Glaube, mit dem Kleinsten etwas Großes getan zu haben, ist nie besser geschildert worden.

II.

So sind die Märker in Gutem und Nichtgutem, und ein paar Jahrhunderte zurück waren die Berliner ebenso. Berlin mit seiner von jenseits der Elbe, Weser und Rhein eingewanderten Bevölkerung, in der das Niedersächsische vorherrschte, war noch eine rein märkische Stadt, die sich, natürlich mit Ausnahme des Hofes, von den kleinen und Mittelstädten in Priegnitz, Ruppin und Havelland nur wenig unterschied. Nichts ist beispielsweise überliefert worden, woraus man schließen könnte, daß beim Regierungs= antritt Georg Wilhelms (1620), oder auch später noch, etwas von dem dagewesen wäre, was dem heutigen Berliner eine so bestimmte Physiognomie gibt. Berlin war in der zweiten Hälfte des 17. Jahrhunderts noch durchaus un= berlinisch (schon die Schärfe der damaligen konfessionellen, aller Lachlust und Leichtlebigkeit sehr ungünstigen Kontro= verse sorgte dafür) und war auch noch unberlinisch während des Großen Kurfürsten letzter Regierungsjahre.

Da kamen 1685 die Refugiés ins Land, und zu den 8- oder 10 000 alten Berlinern gesellten sich auf einen Schlag 5000 Franzosen, woraus es sich erklären mag, daß seitens so vieler Beurteiler von dieser großen Einwanderung her (jeder dritte Mensch war ein Franzose) die Wandlung in dem geistigen Leben Berlins gerechnet und ein Uranfang des modernen Berlinertums angenommen wird. Nach dem Maße meiner Kenntnis aber durchaus mit Unrecht.

Die große Bedeutung der französischen Einwanderung von 1685 ist unbestreitbar, und unbestreitbar auch, daß sie sich zum Segen für Stadt und Land gestaltete. Die Refugiés waren Muster von Loyalität, ohne je servil zu werden, und gaben ein gutes Beispiel nach mehr als einer Seite hin. Aber der „richtige Berliner" stammt nicht von ihnen her, kann nicht von ihnen herstammen. Alles, was damals aus Frankreich kam, waren keine parisischen, sondern puritanische Leute, steif, ernsthaft, ehrpußlich, was sie vielfach bis auf diesen Tag geblieben sind. Ihr Haupteinfluß, neben seineren Umgangsformen, für die sie das Vorbild gaben, war ein gewerblicher; sie führten vieles ein, was bis dahin gar nicht da war, und anderes hoben sie durch ihre Geschicklichkeit und ihren Geschmack auf eine höhere Stufe. Die Vornehmeren, deren es auch eine beträchtliche Zahl gab, legitimierten sich auf geistigen Gebieten, und einige, wie Jordan, Erman, Fouqué, Forcade, Ancillon, Lecoq, Lancizolle und Michelet, spielten als Lehrer und Kanzelredner, als Militärs, Juristen und Staatsmänner eine Rolle. Dazu kamen Baumeister und Dichter, wie Gontard und der jüngere Fouqué, ein Enkel des Generals. Aber keiner ist unter ihnen, von dem sich sagen ließe, daß

Die Märker und das Berlinertum. 299

er an Herstellung des spezifisch berlinischen Geistes mitgearbeitet hätte. Ja, die meisten würden dagegen protestieren. Und nach meinen persönlichen Erfahrungen auch mit vollstem Recht.

Seit nahezu 60 Jahren bin ich in der Lage gewesen, „Kolonisten" kennen zu lernen, von jenen frühen Tagen an, wo ich mit jungen Leuten aus den alten Koloniefamilien, mit Jordans, Devarannes, Chartons, Briets, Sarres, erst auf der Schul- und dann auf der Konfirmandenbank saß. Alle waren sehr wohlerzogen und einige sehr gescheit, aber ohne jede Spur von „Berliner Geist", trotzdem wir doch damals (Mitte der 30 er Jahre) bereits in einer Zeit standen, wo dieser Berliner Geist da war und von jenen jungen Leuten, bei gutem Willen und Beanlagung dafür, wenigstens angenommen werden konnte. Sie standen aber der Sache so total fremd gegenüber, daß sie nicht einmal die An- und Aufnahmefähigkeit dafür besaßen.

Und so waren alle Kolonisten und sind es geblieben. Natürlich wird es heutigen Tages auch Ausnahmen geben, wie, kurz zurückliegend, Faucher und St. Paul, aber nicht allzu viele. Man nehme nur die Berliner Kolonie-Geistlichen seit 60 Jahren: Palmié, Théremin (am Dom), Saunier, Souchon, Henry, Barthélemy, Cazalet, Doyé, Tournier, Fournier. Stöcker und Kögel, trotzdem ihre Wiege weitab von Berlin stand, haben mehr Berlinertum als alle die Genannten zusammengenommen. Fournier galt für einen ausgesprochenen Berliner, aber er war's doch nur in dem Sinne, daß er Berliner Leben und Gesellschaft wundervoll kannte. Sonst war er in Haltung und Vortrag ein Genfer Professor: von Berlinertum nichts oder doch nur wenig.

III.

Also die Kolonisten waren es nicht. Aber wenn es die Kolonisten nicht waren, wer war es denn? Und hierauf möcht' ich antworten dürfen: das Berlinische wurde doch schließlich zu großem und jedenfalls zu bestem Teil aus dem spezifisch Märkischen heraus geboren, wenn auch sehr allmählich und auf einem weiten Umwege.

Die frühesten Anfänge gehen bis auf die Zeit unter König Friedrich I. zurück, bis auf die philosophische Königin, die nicht bloß philosophisch, sondern, ihrer märkischen Umgebung vorauseilend, auch sehr witzig[1] war, gehen zurück bis auf das Kolbe-Wartenbergsche Haus, darin namentlich die Frau etwas von einem Kraftgenie hatte. Damals fing es an, um sich dann, unter des ersten Königs Nachfolger, rasch weiter zu entwickeln. Dieser (Friedrich Wilhelm I.) versicherte freilich bei jeder Gelegenheit, "daß er ein gut holländisch Herz habe", was einem Protest gegen das Französische, will sagen gegen das Espritvolle ziemlich gleich kam, aber dafür desto besser zu dem im niederdeutschen Wesen tief begründeten Till Eulenspiegeltum paßte, das alsbald in seinen, unter dem Zeichen der holländischen Tonpfeife stehenden Versammlungen zum Ausdruck kam, also in seinem Tabakskollegium, das nun eine Schule der Schlagfertigkeit und Geistesgegenwart und dadurch zur ersten Grundlage des Berlinertums wurde. So daß die Geburtsstätte dieses Berlinertums eigentlich

---

[1] Noch kurz vor ihrem Tode soll Sophie Charlotte gesagt haben: "Ich sterbe nun also und tue damit alles, was ich für Se. Majestät zu tun imstande bin, indem ich ihn nicht bloß von einem Druck befreie, den er in meiner Gegenwart immer empfand, sondern ihm auch Gelegenheit zu einem "pomphaften Begräbnis" gebe, was für ihn, bei dem Geschmacke, den er nun einmal hat, immer das Wichtigste bleibt."

auch wieder in Potsdam zu suchen ist, in Potsdam, aus dem schließlich alles stammt oder doch das meiste.

Das Tabakskollegium war nach einer bestimmten Seite hin nichts als eine Wiederbelebung des Hofnarrentums einer früheren Epoche, zugleich aber war es etwas durchaus anderes, was in der eigenartigen, alle Klassen der Gesellschaft (das Bürgertum als solches zählte noch nicht mit) umfassenden Zusammensetzung dieses Konviviums lag. Eine Welt Shakespearescher Figuren war darin vertreten, am wenigsten vielleicht der „Narr", gleichviel ob wir den Learschen mit seinen geistreichen Unverständlichkeiten oder den italienischen in „Was ihr wollt" im Auge haben, wogegen sich Falstaff, Polonius und Kent am stärksten vertreten fanden. Es genügt unter vielen, ihnen gleich oder ähnlich Gearteten Personen wie Faßmann, Gundling, Grumbkow, Pannewitz und Leopold von Dessau zu nennen, um zu wissen, wie sich die Rollen ungefähr verteilten. Der Ton, in dem alle diese sprachen, drang auch nach außen und übte da seine Macht; die Hauptsache blieb aber doch der König selbst, der an Originalität und deshalb an Einwirkung auf die Volksseele seiner Umgebung weit überlegen war, was in jedem seiner intimen Gespräche, vor allem aber in seinen großen Regierungsakten, in den von ihm persönlich redigierten Erlassen zum Ausdruck kam. „S. K. Majestät sind in der Jugend auch durch die Schule geloffen und haben das lateinische Sprichwort gelernt: Fiat justitia et pereat mundus. Also wollen Sie hiermit, daß der Katte mit dem Schwerte vom Leben zum Tode gebracht werden solle. Wenn das Kriegsrecht aber dem Katte die Sentenz publicirt, so soll ihm gesagt werden, daß es Sr. K. M. leid thäte, daß es aber besser sei, daß er stürbe, als daß die Justiz aus der Welt käme",— ein Kabinetserlaß ohne gleichen, den ich hier wiedergebe[1], nicht bloß um seines historischen Gehaltes, sondern vorwiegend um seines Ausdrucks willen, als eine merkwürdige Stilprobe voll dämonischen Humors, der, in seiner phrasenlosen Kerngesundheit, für alles, auch für Leben und Sterben, einen freien, darüberstehenden und an das Rechtsgefühl des Verurteilten appellierenden Ausdruck hat. Ich frage jeden, der neben den bedenklichen auch die guten Seiten des Berlinertums kennt, ob er in dem hier gegebenen Zitate nicht etwas Vorbildliches für das findet, was diese guten Seiten ausmacht?

IV.

Die Vertrauten aus dem Tabakskollegium, — sie bildeten, nicht zu geringem Teil, das Armee- und Regierungsmaterial, das Friedrich der Große 1740 vorfand, energische, lebenslustige Herren mit Pontacnasen (man sehe nur ihre Bilder in den Galerien) und einer ganz eigentümlichen Seelenverfassung, von der man vielleicht sagen konnte:

*Klug auf der Hut
Und immer voll Mut.*

Jeder kannte die Gefahr, in der er stand, und ging ihr nach Möglichkeit aus dem Wege; sobald aber Pflicht

---

[1] In diesem Königlichen Erlasse, der bei aller äußersten Strenge doch noch immer einen echt und schön menschlichen Ton anschlägt, tritt uns, neben vielem anderen, ein Etwas in wundervoller Ausgesprochenheit entgegen, auf das ich hier noch eigens hinweisen möchte: der persönliche Stempel, den die Hohenzollern-Könige, fast ausnahmslos, ihren „Ordres" zu geben gewußt haben. Andere Könige haben meist etwas Abstraktes und sind bloße Träger des Königtums an sich. Die Hohenzollern aber sind in erster Reihe allemal Menschen und erst in zweiter Reihe Spezial- und Obermenschen mit Königspflichten. Ihre Persönlichkeit geben sie nicht auf. Deshalb ist denn auch alles voll Leben und Interesse, selbst bei solchen, die nicht allzu populär waren, wie beispielsweise bei Friedrich Wilhelm IV.

und Ehre das Gegenteil forderten, war ihnen eine Widerstandskraft eigen, nach der man heutzutage vergeblich suchen würde. Sie hingen an Vermögen, Stellung und Einfluß und waren doch auch wieder, in richtiger Taxierung alles Irdischen, von der „Wurstigkeit" aller dieser Dinge tief durchdrungen. Etwas Bismarckisches, in Erscheinung, Anschauung und Lebensweise, war ihnen eigen, und das Kanzlerwort: „Sei mäßig in der Arbeit, mäßig im Essen und mitunter auch im Trinken" war recht eigentlich der Bannerspruch, unter dem die damaligen Paladine kämpften und siegten. Es herrschte jene merkwürdige Freiheit, die, nach der Lehre vom Druck und Gegendruck, unter dem Absolutismus am besten zu gedeihen scheint. Ausgesprochene Charaktere, das Individuum in Blüte.

So war, um es zu wiederholen, das Material, das Friedrich der Große vom Vater her übernahm, und das bis zum Siebenjährigen Kriege ziemlich unverändert dasselbe blieb, auch bleiben mußte, weil der Sohn in der einen Hälfte seiner Doppelnatur sehr viel Ähnlichkeit mit dem Vater hatte. Ganz zuletzt erst, als Voltaire nicht mehr bloß persönlicher Gast in Sanssouci, sondern die geistig bestimmende Macht in den Köpfen des märkischen Adels und der zu Hofe gehenden Generäle geworden war, vollzog sich der Umschwung, und dieselben Kreise, die bis 1740 Repräsentanten der ausgelassensten Till Eulenspiegelei, des „bon sens" und der „practical jokes" gewesen waren, dieselben Kreise wurden jetzt Repräsentanten des Witzes, der Pointe, der Antithese. Vor allem des Reparti. Die vornehme Welt, bis dahin im wesentlichen tot für Kunst und Dichtung, war in weniger als einem Menschenalter literarisch geworden, und zwar in einem Grade, wovon sich nur der eine richtige Vorstellung machen kann, der auf unseren alten Edelhöfen über und über verstaubten und wurmzernagten Bibliothekschätzen aus der Friderizianischen Zeit begegnet ist, Büchermassen, um die sich heute niemand mehr kümmert. Aus der Epoche des glücklichsten und gelegentlich auch übermütigsten Humors war man in die der Geistreichigkeit getreten, und alles durfte gewagt werden, wenn das „Reparti" witzig war. „Wie viel hat Er denn eigentlich aus der Hubertsburger Plünderung herausgeschlagen?" fragte der König über die Tafel hin einen seiner alten Generäle. „Das müssen Majestät am besten wissen; wir haben ja geteilt." In ähnlichen Wendungen ging vielfach die Tischunterhaltung, und wer Esprit hatte war schon dadurch gefeit.

Der Ton auf Sanssouci während der zweiten Hälfte der Friderizianischen Regierung war die literarisch verfeinerte Fortsetzung des Tons im Tabakskollegium, und mit Hilfe dieser auf das Pointierte gestellten Sanssouci-Sprache war man, so möcht' ich sagen dürfen, dem „Berlinischen" abermals um einen guten Schritt näher gerückt. Aber freilich, diese pointierte Sanssouci-Sprache war immerhin nur die Sprache bestimmter Gesellschaftsschichten, deren Verbindung mit dem eigentlichen Volke gering war, und wenn sich's um eben diese Zeit auch in dem letzteren bereits witzig zu regen begann, so konnte dies nur, wenn überhaupt, in einem losen Zusammenhange mit dem Hof- und höheren Gesellschaftsleben stehen und mußte noch andere Quellen haben.

Und in der Tat, diese anderen Quellen waren vorhanden und fanden sich vor allem in der Friderizianischen Armee, besonders in den Potsdam-Berlinischen Elitetruppen.

Außer dem, was der „Canton" hergab, fanden sich in der Armee die wunderlichsten Existenzen zusammen; alle Sprachen wurden gesprochen, und das preußische

Werbesystem, das sich über halb Europa hin ausdehnte, stellte nicht bloß verlorene, sondern oft auch, soweit Moral mitsprach, durchaus unanfechtbare und nur leider vom Unglück verfolgte Genies unter die Fahne. Nun standen sie in Reih und Glied, in vielen Stücken bevorzugt, aber doch immer noch einer eisernen Disziplin unterworfen und bildeten jenen merkwürdigen Geist einerseits militärisch-friderizianischen Selbstgefühls, andererseits innerster Auflehnung aus, einer gedanklichen Opposition, die vor nichts und niemandem zurückschreckte. So verging ihr Leben. Alt geworden, traten sie dann in die bürgerliche Gesellschaft zurück, um nun in dieser, so gut es ging, ihr Dasein zu fristen, als Lohndiener und Tafeldecker, als Schreib- und Sprachlehrer, als Teppichflechter und Stiefelputzer. Das waren die Leute, die nach einer ganz bestimmten und zwar im wesentlichen immer Kritik übenden Seite hin die Lehrmeister des Berliner Volkes wurden, die den König heut in den Himmel hoben und morgen das fabelhaft Tollste von ihm aussagten, alles in einer zynisch-rücksichtslosen Sprache, die bei dem Rest höherer Bildung, der vielen unter ihnen verblieben war, oft einer allerwitzigsten Zuspitzung nicht entbehrte. Diese zu Spießbürgern umgemodelten friderizianischen Grenadiere waren es, die den berlinischen Räsonniercharakter und vor allem auch den alsbald von alt und jung begierig angenommenen berlinischen Ausdruck für dies Räsonnement schufen. Ein Umwandlungsprozeß, der bald nach dem Siebenjährigen Kriege seinen Anfang nahm und sich derart rasch entwickelte, daß, als der große König seinen stillen Platz unter der Kanzel der Potsdamer Garnisonkirche bezog, der erste Berliner Schusterjunge bereits geboren war.

V.

So stand es in der Oberschicht bei Hof und Adel, und so stand es unten beim Volk und Kleinbürger. Aber es gab auch eine breite Mittelschicht, und die Frage will beantwortet sein: wie stand es mit dieser? wie stand es mit dem gebildeten Bürgertum?

Nun, in dieser Mittelschicht des gebildeten Bürgertums hatte sich während der letzten Regierungsjahre des großen Königs die Wandlung vielleicht am gründlichsten vollzogen, weil sie hier nicht aus der Berührung mit einzelnen Persönlichkeiten resultierte, sondern fast ausschließlich literarisch vermittelt wurde.

Nun ist es aber zweifellos, daß epochemachende Persönlichkeiten eine große Wirkung auch nach der geistigen Seite hin ausüben, in Ton und Anschauung; aber epochemachende Bücher sind ihnen in diesem Punkte doch meist voraus, besonders was die Nachhaltigkeit der Wirkung angeht. Und ein solches epochemachendes Buch wurde denn auch dem gebildeten bürgerlichen Berlin am Ende der friderizianischen Zeit geboten, und zwar in Lessings „Nathan". Ob dies Buch mit seinem Evangelium der Aufklärung und religiösen Gleichberechtigung ein Segen oder ein Unsegen, ein Fortschritt oder ein Rückschritt war, darauf geh ich hier nicht ein, und zwar um so weniger, als diese Frage zu meinem Zwecke in keiner Beziehung steht. Mir genügt die Tatsache, daß der „Nathan" erschien. Daß dieses Buch in das märkisch-berlinische Volk, damals oder später, eingedrungen sei, wird sich nicht behaupten lassen; desto größer war seine Wirkung auf die gebildete berlinische Mittelklasse, ganz besonders auf bestimmte Kreise in ihr Es war nun mit einem Male das da, was man den berlinisch-jüdischen Geist nennen kann; ja, der Geist war da, daraus das Buch hervorgegangen und den es andererer=

seits nun weiter pflegte. Vielfache Wandlungen (auch Eroberungen, die von ihm ausgingen) standen diesem Geiste noch bevor; trotzdem wird sich sagen lassen, daß der berlinisch=jüdische Geist eben damals, in seinen Anfängen, seine feinste Form und seine höchste gesellschaftliche Geltung hatte. Die 20 Jahre später fallende, speziell auch nach der kulturhistorischen Seite hin ihren hohen Wert besitzende Korrespondenz zwischen Rahel Levin und Alexander von der Marwitz war ein letzter Ausläufer dieser durch Lessings Nathan eingeleiteten Aufklärungs= und religiösen Gleich= berechtigungsepoche, wie sie (die Korrespondenz) anderer= seits ein Vorläufer der nachfolgenden Nivellierungs= epoche war.

Ja, „Nathan" war ein die Richtung des berlinischen Geistes, wenn auch zunächst nur in der Mittelschicht der Bevölkerung bestimmendes Buch, ein Buch, zu dem wir, was Einwirkung angeht, seit jener Zeit nur zwei Seiten= stücke gehabt haben: Strauß' „Leben Jesu" seinem In= halt und Goethes „Faust" sowohl seinem Inhalt wie seiner Form nach. Andere literarische Beeinflussungen liefen nebenher, aber sie lagen doch mehr nach der künst= lerisch=ästhetischen Seite hin, und die Gedanken (im Gegen= satz zu Gefühl und Phantasie) wurden selbst durch Schiller, so gern man aus ihm zitierte, vergleichsweise wenig beein= flußt. Noch geringer war der Einfluß der französischen Revolution. Man war in eigenen Strebungen und Wünschen noch zu weit ab davon und sah in dem großen Drama jenseits des Rheins eben nur ein „Schauspiel", dem man mit wechselnden Empfindungen folgte, zunächst mit Ent= zücken und dann mit Empörung. Man hatte 46 Jahre lang den für alles Sorge tragenden großen König gehabt, und so war denn, mit verschwindenden Ausnahmen, nicht einmal das Bedürfnis nach einem freieren Volksleben vor=

handen. Das geistige Bedürfnis, das da war, beschränkte sich auf Innerlich-räsonnieren-können. Negation, Kritik, Schabernack und — gelegentlich ein Witz.

VI.

So kamen die letzten Jahre des Jahrhunderts, und als Friedrich Wilhelm II. starb, existierte, so wenig politische Freiheit da war oder, wie schon hervorgehoben, auch nur ersehnt wurde, doch bereits viel von dem, was wir heutigen Tages unter „Berlinertum" verstehen. Aber es war noch dreigeteilt, und bei viel Verwandtschaft der Teile mit und untereinander, zeigte sich trotzdem eine große Verschiedenheit in der Anschauung der Dinge. Noch waren keine Schlag- und Witzworte da, die vom Thron bis zur Hütte gingen; man sprach noch sozusagen in drei Sprachen; es fehlte noch die Verschmelzung.

Aber auch diese kam, und zwar kam sie mit und unmittelbar nach Jena. Was die herüberklingende Revolution nicht vermocht hatte, die Herstellung eines bis dahin ungekannten Volkstums, das vermochte nun die gemeinsame Not, und der Aufruf vom Frühjahr 1813, der sich an alle Klassen und Stände richtete, riß mit einem Male alle die Geister trennenden Schranken und beinahe auch die gesellschaftlichen nieder. Die Befreiungskriege mit ihrem einheitlichen Fühlen und Denken besiegelten dann das Geschehene, ganz speziell in der Hauptstadt.

Und wie's war, so blieb es, was in einem ganz besonderen Glücksumstande — der die gegenteiligen, in General v. d. Marwitz (Bruder von Alexander) gipfelnden hochtoryistischen Bestrebungen zunichte machte — seinen Grund hatte. Dieser Glücksumstand war der ausgesprochen bürgerliche Charakter Friedrich Wilhelms III., der nicht bloß durch Beispiel und Anordnung einen Rückfall in alte

Die Märker und das Berlinertum.

Scheidungszustände zu hindern, sondern auch überall hin neue Verbindungsbrücken zu schlagen wußte.

Von Beispielen scheint mir das kleinste, das sich darbietet, zugleich das lehrreichste zu sein: die sogenannten "Subskriptionsbälle", des Königs eigenstes Werk, bei denen Hof, Adel und Bürgertum sich fanden. Sie sind ebenso charakteristisch für diesen Hang nach Herstellung einer gewissen gesellschaftlichen Gleichheit, wie sie nicht minder der vielleicht vollendetste Ausdruck jenes nun beginnenden väterlichen Regimentes sind, das doch etwas sehr anderes war als das gerade hundert Jahre vorher in Blüte gewesene "patriarchalische" Regiment Friedrich Wilhelms I. Unter diesem (Friedrich Wilhelm I.) konnte noch, patriarchalisch-abrahamitisch, in dem ehrlichen Glauben, daß Gott es so wolle, der Versuch einer Opferung Isaaks gemacht werden, — unter Friedrich Wilhelm III. gab es von diesem alttestamentarischen Patriarchalismus nichts mehr. Gerechtigkeit herrschte; noch viel mehr aber herrschte Duldsamkeit und Liebe. Nie hat die Welt etwas Ähnliches gesehen, auch in Duodezstaaten nicht, wie das damalige Verhältnis des preußischen Volkes, speziell der Bewohner der Hauptstadt, zu ihrem König. Auch das Konfessionelle, speziell das Jüdische (die Lessing-Mendelssohnsche[1] Zeit hatte dafür vorgearbeitet) schuf keine Schwierigkeiten mehr. Es war die recht eigentliche Zeit der jüdisch-christlichen

---

[1] Auch diese Zeit unter Friedrich Wilhelm III. hatte wieder, wie hier beiläufig erzählt werden mag, einen hervorragend espritvollen Mendelssohn, Abraham Mendelssohn, wenn er auch minder zu Ruhm und Ansehen kam, als sein Vater Moses Mendelssohn und sein Sohn Felix. Dieser Abraham Mendelssohn pflegte deshalb, als alter Herr, zu sagen: "Es ist mir eigen in meinem Leben ergangen; in meiner Jugend war ich nichts als der Sohn meines Vaters und in meinem Alter bin ich nichts als der Vater meines Sohnes."

Eheschließungen, von denen man jetzt nur deshalb so wenig weiß, weil alles, was der Art vorkam, ganz natürlich gefunden und nicht als etwas Besonderes in die Herzen oder Zeitungen eingetragen wurde. Ja, „väterliches Regiment", das alle Klassen gleich herzlich umfaßte, für alle Sinn und Verständnis hatte. Nicht nur das Bürgertum, auch das eigentliche Volk nahm an dieser Verbrüderung, an dieser von Demut und Liebe getragenen Anerkennung des Menschlichen, im Gegensatz zu der nur Phrase gebliebenen Proklamierung der Menschenrechte, teil, und jene merkwürdige Epoche brach an, wo nicht bloß „Willem, der von's Jerüste gefallen", sondern, literarisch angesehen, auch der Eckensteher Nante hoffähig wurde. Kein Offizierskasino, das damals nicht einen ausgezeichneten Nante gehabt hätte. Die Tage des Königsstädtischen Theaters, die Tage, wo der zu spät zur königlichen Tafel kommende Kronprinz sich mit den Worten Kluckhuhns: „Na, darum keene Feindschaft nich" bei seinem Vater entschuldigte, worauf dieser gnädig antwortete: „Ach, Fritze, Du kennst mir doch" — diese Tage des „Fest der Handwerker", der „Wiener in Berlin", der „Reise auf gemeinschaftliche Kosten" brachen jetzt an und schufen, indem sie die Verschmelzung vollendeten, jene weltbekannte Anschauungs= und Ausdrucksweise, die sich mit dem Begriffe des richtigen Berliners deckt, des „richtigen Berliners", der nun bei Hofe (man denke nur an den damaligen Kronprinzen) gerade so gut existierte wie draußen bei Liesens oder auf dem Wollankschen Weinberg. Das Jahr 30, vielleicht das ganze Jahrzehnt von 30 bis 40, war der Höhepunkt dieser eigenartigen Erscheinung, ein Höhepunkt der Familiarität, der freilich — was auch damals schon von sehr vielen empfunden wurde — keineswegs ein Höhepunkt in allen Stücken war. Vielfach das Gegenteil. Es war, und zwar in einem unglaublichen und auf die Daner hin geradezu staatsgefährlichen Grade, die Herrschaftszeit der Mittelmäßigkeit, Verschwommenheit und Trivialität, die Herrschaftszeit des Witzes quand même, des Witzes, dem jede Rücksicht auf anderes, unendlich Wichtigeres untergeordnet wurde. Jeder Minister war langweilig, ledern und gleichgültig, aber Beckmann war ein Gott. Ich glaube, daß man diesen Satz, soweit Berlin in Betracht kommt, zur Formel für jenes Jahrzehnt erheben kann. Dazu kam, daß die Witze, auch rein als Witze angesehen, meist sehr anfechtbar und einer aufbessernden Veränderung bringend bedürftig waren. Und diese Veränderung kam denn auch. Aber während sie für eine literarisch gebildetere Form sorgte, ließ sie doch alles, was im Kern der Sache Gutes gewesen war, fortbestehen, will sagen, es blieb in Berlin im wesentlichen, wenn auch verfeinert, bei dem Typus, den besonders die letzten 50 Jahre, also die Jahre seit dem Tode Friedrichs des Großen herangebildet hatten. An die Stelle des Witzes von Angely, Beckmann, Glasbrenner (der als jugendlicher „Brennglas" ein ganz anderer als später unter seinem richtigen Namen war) trat der Heinrich Heinesche Witz, der, gemeinschaftlich mit den Mephistopartien aus Goethes Faust, alle Klassen, bis weit hinunter, zu durchbringen begann, bis abermals einige Jahre später der politische Witz den literarischen ablöste. Die mit 48 ins Leben tretenden Witzblätter, dazu die das Berliner Leben schildernden Stücke (David Kalisch voran) und schließlich das wohl oder übel immer mehr in Mode kommende, sich aller Tagesereignisse bemächtigende Coupletwesen schufen das, was wir das moderne Berlinertum nennen, ein eigentümliches Etwas, darin sich Übermut und Selbstironie, Charakter und Schwankendheit, Spottsucht und Gutmütigkeit, vor allem aber Kritik und Sentimentalität die Hand reichen, jenes

Etwas, das, wie zur Zeit Friedrich Wilhelms III. (nur witziggeschulter und geschmackvoller geworden), auch heute wieder alle Kreise durchdringt, bei hoch und niedrig gleichmäßig zu finden ist und bereits weit über den unmittelbaren Stadtkreis hinaus seine Wirkung äußert.

Vor 400 und auch noch vor 200 Jahren war Berlin eine märkische Stadt und stand unter dem Einfluß märkischen Lebens, jetzt ist das Berlinertum eine selbständige, von dem ursprünglich Märkischen durchaus losgelöste Macht geworden, die nun ihrerseits auf dem Punkte steht, zu vielem anderem auch die nur hier und da noch Widerstand leistende Mark zu erobern und die Märker nolens volens früher oder später zu Berlinern zu machen.

VII.

In vorstehendem, wie mir jeder, der Ähnliches versucht hat, zugestehen wird, hab' ich mich an eine ziemlich schwierige Frage gewagt, und weil sie schwierig war, bin ich weit ab von dem Glauben, sie gelöst zu haben. Ich bin schon zufrieden, wenn ich einen Beitrag geliefert und es, nach der Meinung von Kennern, in diesem und jenem getroffen habe. Darf ich selbst eine Stellung zu meiner Arbeit einnehmen, so möcht' ich aussprechen dürfen, daß mir das in I, II und VI Gesagte, weil es im wesentlichen auf Beobachtung beruht, leidlich sicher dazustehen scheint, jedenfalls sicherer als das Mittelstück, wo sich's um Schlüsseziehen aus historisch Überliefertem handelte. Leicht möglich deshalb, daß ich bei III, IV, V allerlei Bedenken und Zweifeln begegne, denen ich, auch wenn die Widerspruch erhebenden Ansichten mich schließlich nicht überzeugen sollten, ein offenes Ohr entgegenbringen werde.

Anmerkungen.

S. 1 ff.: **Mathilde Möhring.** Über die Entstehungszeit des Romans sagt das Vorwort das Nähere. Der erste Abdruck erfolgte im Dezember 1906 in der „Gartenlaube".

S. 125: **Frühlingslieder.** Diese und die drei folgenden Gedichte politischen Inhalts entstammen einem größeren handschriftlichen Konvolut „Gedichte eines Berliner Taugenichts", das eine geordnete Auswahl der Jugendgedichte seit 1838 enthält.

S. 129: **Von der Tann ist da!** Abgedruckt in der ersten Ausgabe der Gedichte von 1851, aus den neueren Auflagen ausgeschieden. „Für Schleswig-Holstein war ich vom ersten Augenblick an Feuer und Flamme gewesen und hatte die preußische Politik, die dies alles in einer unglaublichen Verblendung auf den traurigen ‚Revolutionsleisten' bringen wollte, tief beklagt. Mein ganzes Herz war mit den Freischaren, mit ‚Von der Tann' und Bonin, und als dann später General Willisen an die Spitze der schleswig-holsteinischen Armee trat, übertrug ich mein Vertrauen auch auf diesen." (Von Zwanzig bis Dreißig, S. 669 f.) Nach dem Tage von Idstedt entschloß sich Fontane, den Feldzug selbst als Freiwilliger mitzumachen. Er war auch bereits auf dem Wege nach Kiel, aber in Altona erreichte ihn die Nachricht, daß er durch Vermittlung seines Freundes Wilhelm v. Merckel eine Anstellung als Hilfsarbeiter im Ministerium des Innern erhalten habe. Da er auf diese Aussicht, die ihm endlich die Möglichkeit zur Gründung des eigenen Herdes gab, nicht verzichten wollte und durfte, trat er alsbald die Rückreise nach Berlin an.

S. 131: **Edward.** Zuerst — ebenso wie das folgende Gedicht — in den „Balladen" von 1861 erschienen, aus neueren Ausgaben ausgeschieden. „In demselben Jahre [1848] kamen mir Bischof Percys ‚Relicts of Ancient English Poetry' und bald danach auch Walter Scotts ‚Minstrelsy of the Scottish Border' in die Hände, zwei Bücher, die auf Jahre hin meine Richtung und meinen Geschmack bestimmten." (Von Zwanzig bis Dreißig, S. 281 f.) Der „Edward" ist der Perchschen Sammlung entnommen, von wo ihn schon Herder für seine „Stimmen der Völker" übertragen hat. Carl Löwe, dessen geniale Komposition so viel zur Popularität von Fontanes „Archibald Douglas" beitragen sollte, hat den „Edward" nach Herders Fassung in Musik gesetzt.

S. 135: **Rumlieb.** Nach einer Abschrift im Besitze von Frau Elise Weber, geb. Fontane, des Dichters jüngster Schwester, die im Jahre 1856 bei ihm und den Seinen in London zu Besuch weilte. In diese Londoner Zeit fällt die Entstehung des Gedichtes.

S. 136: **Geburtstagsverse.** Es war ein ungeschriebenes Gesetz, das nie eine Ausnahme erlitt, daß Fontane seine Frau zu jedem Geburtstag (14. November) mit einigen Versen erfreute. Einige davon wurden für die Veröffentlichung ausgewählt. — (1859): Der Familie Merington waren Fontanes bei dem letzten mehrjährigen Aufenthalt in London nahegetreten. Die Freundschaft dauerte auch später noch lange Jahre fort und führte u. a. dazu, daß die einzige Tochter Fontanes, Martha (als „Mete" aus den Familienbriefen bekannt), 1870/71 für ein Jahr bei den Meringtons in Pension gegeben wurde. — (1867): „Mus wie Mine" ist eine alte Berliner Redensart so alt wie dunkel, etwa von der Bedeutung „Jacke wie Hose".

S. 138: **„Mai, Juni, Juli und August."** Im vierten Akt von Platens „Verhängnisvoller Gabel" singt der Amtsdiener Sirmio:

    O wonnigliche Reiselust,
    An dich gedenk' ich früh und spat!
    Der Sommer naht, der Sommer naht,
    Mai, Juni, Juli und August.

Der Sommer des Jahres 1892 hatte für Fontane eine lange und schwere Krankheit gebracht.

S. 144: **Für George.** Das von Lingg für den bekannten Münchener Künstlerbund der „Krokodile" (1856—1879) verfaßte Gedicht, das hier parodiert wird, lautet (H. Lingg, Ausgewählte Gedichte, herausgegeben von Paul Heyse, Stuttgart 1905, S. 81) im Original:

    Im heil'gen Teich zu Singapur
    Da liegt ein altes Krokodil
    Von äußerst grämlicher Natur
    Und kaut an einem Lotosstiel.

    Es ist ganz alt und völlig blind,
    Und wenn es einmal friert des Nachts,
    So weint es wie ein kleines Kind,
    Und wenn ein schöner Tag ist, lacht's.

Anmerkungen.

S. 145: **Zu Georges Hochzeit.** Justizrat Robert, der Schwiegervater von Fontanes ältestem Sohne, gehörte ebenfalls der Berliner französischen Kolonie an.

S. 146: **An Theodor Storm.** Frei nach Storms bekanntem Ottoberlied („Der Nebel steigt, es fällt das Laub"). Über Fontanes Beziehungen zu Storm vgl. die Erinnerungen „Von Zwanzig bis Dreißig" (Berlin 1898, S. 333 ff.). Die Bekanntschaft war im vorangegangenen Winter gemacht worden, als Storm nach Berlin kam, um sich wegen seiner Anstellung im preußischen Justizdienst umzutun. Im Herbst 1853 erfolgte seine Übersiedelung nach Potsdam (ursprünglich sollte er nach Pommern versetzt werden, worauf das Gedicht anspielt), die Geburtstagsverse Fontanes stellten zugleich einen poetischen Willkommengruß für den schleswig-holsteinischen Poeten dar.

S. 148: **An Franz Kugler.** Der Kunsthistoriker Professor Franz Kugler (1808—58) war damals Vortragender Rat im Kultusministerium und als solcher für Kunst- und Theaterangelegenheiten zuständig. Er war der Schwiegersohn des bekannten Kriminalisten Julius Ed. Hitzig und der (erste) Schwiegervater Paul Heyses. Sein Haus war — wovon auch Heyses Jugenderinnerungen erzählen — der Mittelpunkt eines an geistiger und geselliger Anregung reichen Kreises: Geibel, Fontane, Heyse, Lübke, Eggers u. a. verkehrten hier, Eichendorff, Storm u. a. kehrten als Gäste ein.

S. 150: **Toast auf Kugler.** Zu dessen Geburtstag (19. Januar). „Graf Nöl" ist Fontane selbst, der im „Rütli" diesen Spitznamen führte, weil er zu „nölen", d. h. im letzten Moment noch zu verziehen und sich zu verspäten pflegte. „Graf Eggers" ist Friedrich Eggers, Professor der Kunstgeschichte, Fontanes langjähriger Freund.

S. 152: **Toast auf Lübke.** Der 17. Januar war Wilhelm Lübkes Geburtstag. Der nachmals bekannte Kunsthistoriker gehörte nicht dem „Tunnel", wohl aber der davon abgezweigten „Ellora" an, die ihm wahrscheinlich auch ihren Namen dankte. Eine Elefantenfigur, die bei den im Hause der einzelnen Mitglieder abgehaltenen Zusammenkünften den Tisch schmückte und ständig von Haus zu Haus wanderte, war das Wahrzeichen dieses intimen Kreises und die Veranlassung zu der Bezeichnung „Ellora" nach dem gleichnamigen, durch seinen riesigen Elefantentempel berühmten indischen Wallfahrtsort.

S. 153: **Toast auf Ribbeck.** Assessor Ribbeck, nachmals Vortragender Rat im Ministerium des Innern, war ein älterer Bruder des bekannten klassischen Philologen Otto Ribbeck in Leipzig, Paul Heyses intimen Jugendfreundes.

S. 154: **An Zöllner.** Zöllner, damals Assessor in Potsdam, gehörte unter dem Spitznamen „Chevalier" ebenfalls der „Ellora" an. Er wurde 1876 Fontanes Nachfolger in dessen kurzwährender Amtstätigkeit als Sekretär der Akademie in Berlin, und hat diesen Posten bis zu seinem Tode innegehabt.

S. 155: **An Klaus Groth.** Über den Entstehungsanlaß dieses Gedichtes ist nichts bekannt. Nähere Beziehungen haben zwischen den beiden Dichtern nicht bestanden.

S. 169: **Wilibald Alexis.** Dieser Aufsatz erschien zuerst 1873 in der von Julius Rodenberg herausgegebenen Zeitschrift „Der Salon" (Band X, Heft 10—12): Dem hier wiedergegebenen Abdruck liegt eine von Fontane revidierte und mit Zusätzen und Kürzungen versehene Fassung zugrunde, die sich im Nachlaß vorfand.

S. 219: **Goethe-Eindrücke.** Die Niederschrift der vier ersten, bisher ungedruckten Stücke stammt aus der Mitte der Siebzigerjahre. Der Abschnitt über Herman Grimms Goethebuch ist mit starken Kürzungen der „Sonntagsbeilage zur Vossischen Zeitung" vom 17. Dezember 1876 entnommen.

S. 235: **Roman-Reflexe.** Dem handschriftlichen Nachlaß entstammen die Abschnitte über Gottfried Keller (außer der Rezension von Brahms Biographie), Spielhagen, Paul Lindau; die anderen sind s. Zt. in der „Vossischen Zeitung" erschienen.

S. 281: **Rudolf Lindau.** Aus dem handschriftlichen Nachlaß.

Lightning Source UK Ltd.
Milton Keynes UK
UKHW021944041118
331772UK00003B/315/P